UNIVERSALE
ECONOMICA
FELTRINELLI

CORRADO RUGGERI
Farfalle sul Mekong
Tra Thailandia e Vietnam

Con una nuova introduzione dell'autore

Prima edizione italiana Feltrinelli Traveller 1994
Prima edizione nell'"Universale Economica" settembre 1999
Ottava edizione (con nuova introduzione) agosto 2015
Decima edizione dicembre 2019

Stampa Nuovo Istituto Italiano d'Arti Grafiche - BG

ISBN 978-88-07-88691-1

A Carla,
Benny e Ruggero

Vent'anni dopo

Il paese del sorriso

"Come sta tua signora bionda?"

Dire moglie le riesce ancora difficile, anche se sono più di vent'anni che smozzica frasi in italiano. Sumalee, in thai significa fiore, è una delle poche orientali extralarge: cento chili di simpatia, vende borse finte, quelle imitazioni che alcune decine di anni fa erano un'esclusiva dei mercati orientali e ora hanno invaso il mondo. E se resiste da così tanto tempo, vuol dire che gli affari le vanno bene.

"Venuto a fare regalo?"

"Venuto a salutare te."

Amici no, ma ogni volta che vengo a Bangkok passo a salutarla, anche perché la bottega è davanti allo Shangri La, la mia "casa" thailandese.

"Sei dimagrita, Suma."

"Dieta. Meno riso, solo zuppe e pesce."

E ride, contenta perché non le viene più l'affanno quando deve accompagnare i clienti nello showroom, chiamiamolo così, una stanzetta senza finestre né aria condizionata dove si arriva attraversando un cortile e scalando un centinaio di ripidi gradini. Quasi non si respira in questa cella piena di borse e se non si soffoca è grazie a due potenti ventilatori.

"Belle, guarda, modelli nuovi. Compra, poco prezzo."

"Poco prezzo" è relativo: si va dai cento ai trecento euro, dipende da quanto si è bravi a trattare, per borse che in Italia costano fino a dieci volte tanto. Scatto foto con il telefono, le mando a mia moglie Carla.

"Ti faccio sapere, Suma, ritorno."

Esco, pochi passi e arrivo al Chao Phraya, il grande fiume. Anche questa è una tappa che non trascuro mai. Sono tornato a

Bangkok tante volte in questi vent'anni, il tempo trascorso dalla prima edizione di *Farfalle sul Mekong*. E non so quante altre infinite volte ho desiderato essere qui, fra i vicoli che profumano (o puzzano, dipende dalle sensibilità) di uova fritte e pesce essiccato, di pollo e scappamenti. Bangkok è la calamita per ogni sogno smarrito, è il posto giusto per festeggiare un successo, il rifugio di vinti e sconfitti, il luogo dove cominciare a guardare più in alto. È una città che non condanna mai nessuno, che sa accogliere e anche stordire, una metropoli medicinale, capace di guarire malinconie, regalare speranza, cancellare nostalgie. Come non sanno fare New York e Londra, come invece riesce ad altre città d'Oriente: Hanoi, Saigon, perfino Phnom Penh, piccola capitale di una Cambogia che è qui vicino ma resta ancora lontana, perduta indietro nel tempo.

Bangkok è diventata moderna e funzionale, ha vinto perfino alcuni dei suoi mali antichi, come il traffico, che non è scomparso, gli ingorghi sono ancora ovunque, ma alle auto private c'è finalmente un'alternativa valida che garantisce spostamenti veloci e confortevoli: metropolitana e monorotaia sono puntuali, con aria condizionata, televisori e biglietti economici. Per strada resistono i tuk tuk, ma non vanno più bene per muoversi rapidamente: meglio il mototaxi, allora, sfida senza casco per chi ha davvero fretta. Ma c'è posto solo per un passeggero.

Vent'anni dopo, adoro ancor di più questa città che è stato il mio esordio d'Oriente. E non solo perché il primo amore non si scorda mai. Bangkok ha la straordinaria capacità di rinnovarsi, di saper offrire a ognuno quello che cerca, di essere avvolgente e stimolante, di saper addormentare con dolcezza ma anche risvegliare con energia, scuotere, incoraggiare. È scoppiettante e gaudente, scintilla e ammalia, a volte perfino più di New York. Prendi il Siam Paragon, centro commerciale che sembrerebbe realizzato per lo shopping di supermiliardari. La grande hall risplende del lusso abbagliante di tre Rolls-Royce, esposte con semplicità, come fossero utilitarie. La gente si avvicina, guarda, chiede informazioni, gli addetti rispondono, spiegano, sorridono. Certo, non tutti comprano Rolls, ma al Siam Paragon si muovono oceani di denaro e di persone, più di centomila visitatori ogni giorno. Ci sono code per entrare da Louis Vuitton o Prada, nelle gioiellerie sfarzose, nelle accoglienti boutique delle griffe più blasonate, presenti una accanto all'altra in una infinita Hall of Fame, tempio del lusso e dell'eccellenza. Fuori, fontane zampillanti, con spruzzi d'acqua saettanti trasformati in paletti per lo slalom da bambini che non hanno mai visto la neve e si rinfrescano così, giocando a evitare gli schizzi. Il Siam è il posto delle favole. Anche di quelle piccole piccole. Come questa.

Lei ha gli occhi a mandorla, lui no. Lei ha un sorriso straripante di gioia, lui un po' meno. Lei scivola come una modella nei corridoi del reparto profumi, lui le cammina accanto e spinge la carrozzina con il bambino. Lei lavorava qui, dove lui l'ha conosciuta. E ora Ratana brilla come il suo nome, vuol dire cristallo, abbracciata dall'affetto delle ex colleghe che salutano il suo passaggio agitando nastrini e fazzoletti e poi la circondano, la baciano, la carezzano. Sergio, pugliese timido, prende il bambino dalla carrozzina e lo passa alla moglie, che lo presenta, lo mostra, lo espone, come fosse l'incarnazione di una felicità finalmente raggiunta. "Si chiama Mario," dice Ratana in thailandese. "Malio, Malio," è il coro delle amiche.

In tante vorrebbero essere come lei, sposate con un occidentale, finalmente tranquille, anche se il matrimonio forse non sarà per sempre, anche se sanno che quando l'abbagliante bellezza orientale si appannerà rischieranno di ritrovarsi sole. Sono capaci di sedurre come poche altre femmine riescono a fare, merito di quegli zigomi, di quegli occhi, di una dolcezza infinita, ma spesso rimangono sole, abbandonate anche da chi le ha amate alla perdizione. È il triste destino di tante ragazze thai, bamboline con lunghi capelli di seta nera, cuore generoso, maltrattate dall'età e da chi con il tempo si stanca di averle accanto. E chissà perché.

Ma ora Ratana e Sergio sono raggianti. La loro piccola favola, raccontano, cominciò in un pomeriggio d'inverno. Del nostro inverno. Per Sergio era il secondo viaggio a Bangkok, per Ratana i primi mesi di lavoro al Siam Paragon. Lui veniva da Taranto, lei dal nord della Thailandia, quasi al confine con il Laos. Si incontrarono per caso in quel magico centro commerciale dove Ratana spruzzava profumi cercando di incuriosire i clienti, distribuiva nuvole di essenza floreale, "agrumata, non la dimenticherò mai", firmata da una griffe italiana. Fu proprio quel marchio tricolore che incoraggiò Sergio fino all'azzardo: "Il profumo è italiano come me," le disse. "E feci la figura di un cretino, magari simpatico, ma cretino. Lei rise." Una parola dopo l'altra, un giorno dopo l'altro, una scatola di cioccolatini. Le thai, al contrario di quel che molti pensano, sono riservate e poco propense a farsi corteggiare dai farang, gli stranieri. "Non fu facile convincerla ad accettare un appuntamento..." Sei mesi dopo erano sposati e trasferiti in Italia: "Una follia, sì, ma siamo felici".

Frammenti di tenerezza, in una città che romantica non è.

Bangkok è ruvida, imprigionata da un'urbanistica distratta, offesa da giganteschi piloni di cemento che sostengono la monorotaia, orribilmente ornata da collane di penzolanti cavi elettrici, e poi si allaga, ci sono traffico, rumore, inquinamento. Orrida ma bellissima. Capace di stupire. Semplicemente presentandosi per quello che è. Unica. Ma abilissima nei cambiamenti. È rimasta per decenni distesa lungo il suo fiume, pigra e molle come un'anziana signora impegnata soltanto a custodire segreti e distribuire ricordi. Poi, improvvisa, la rinascita. Come se si fosse rialzata in piedi, ha cercato ispirazione verso l'alto e la notte, la vivacità, il glamour hanno trovato un nuovo spazio: fra le nuvole. Via dalla riva del Chao Phraya, dal rumore delle *long tails* e delle chiatte cariche di sabbia, via dalle zanzare e da qualche odore di troppo. Lassù, oltre il sessantesimo piano, si sfiora il cielo della Città degli Angeli.

Molti dei grattacieli vent'anni fa non c'erano. E su quelli che già esistevano non si saliva in cima, i tetti non erano popolati, non c'erano i bar che oggi sono ritrovi frequentatissimi dove una cena costa come un mese di stipendio di un impiegato e un drink come una settimana di lavoro di un tassista.

Il tramonto con vista è al Vertigo, in cima al Banyan Tree. Dress code severo per gli uomini, mai in bermuda o sandali, altrimenti si è costretti a indossare una specie di ridicolo pareo color beige. È molto frequentato, ci si viene per far colpo. A cominciare dall'ascensore: 59 piani in 43 secondi, sale come un proiettile, più veloce che nell'Empire State Building di New York. Si bevono Vertigo Sunset o Moon Lover, cocktail dai nomi stravaganti, c'è perfino il Let's go to the beach, che da quell'altezza sembra un invito rischioso e comunque più prudente del Sex on the beach, a base di vodka. La cena per due ha prezzi scanditi con cifre dettate dal profitto e dalla scaramanzia: 7777 bath, senza vini, oppure 9999, con vini, con sei ostriche e fagioli cannellini. Si sta in alto, ma la vista, per la verità, è modesta: altri grattacieli, le luci della città, il fiume è lontano, si vede appena un accenno di curva. Il vero sguardo dal cielo è altrove, in cima a un'attrazione diventata di gran moda a Bangkok, lo Sky Bar della State Tower, la stessa dove c'è il Lebua, in Silom Road. È un classico della notte irrequieta e del brivido caldo o del gelo bollente, quell'ondata che scuote il corpo e lo fa vibrare, col sangue che si gela e la carezza afosa del vento tropicale. Confonde ed emoziona, fa tremare le gambe, ridere o singhiozzare. Non c'è nel menù, ma qui l'adrenalina viaggia veloce, scatena Gran Premi nelle arterie appena si lancia lo sguardo oltre questo trampolino sul nulla, nel precipizio di duecento metri di vuoto sotto un bancone circolare dove la folla si affaccia e arretra, si sporge e si ritrae e quando prende coraggio posa per una foto che per quanto ardita non restituirà mai la splendida avventura di guardare Bangkok da quassù. Con un mojito in mano, il più buono del Sudest asiatico. Poi i guerrieri della notte, quelli che inseguono le vibrazioni dell'animo, *"warm vibes"*, quelli che cercano una vita *"less ordinary"*, meno prevedibile e più avventurosa, da Silom Road sciamano fino al vicino Sathorn Square Complex, una piazza virtuale dove si impenna un altro grattacielo, di giorno triste alveare di uffici, di notte destinazione felice dove chi arriva cammina sul red carpet dell'accoglienza, premurosi valet si prendono cura delle auto, le fanno scomparire in un parking sotterraneo, mentre i nottambuli vengono presi in consegna da hostess alte non meno di un metro e ottanta, fasciate da lunghi abiti neri con spacchi infiniti o minigonne vertiginose. All'ultimo piano c'è il Ku De Ta, filiazione di un fortunato locale di Bali e Singapore: ristorante panasiatico, bar, lounge club, niente strip o signorine a disposizione, ma cocktail e tempura, sushi e carta dei vini intercontinentale. E soprattutto strepitosa atmosfera, creata da un architetto filippino con ricami di interni in acciaio, cristalli e cemento: ha scolpito gli ambienti con le luci, li ha riempiti di chiaroscuri, inventato salottini che si rincorrono un piano sopra l'altro, a voler simboleggiare i diversi livelli della lounge e della vita, perché è solo dall'alto che si controlla il destino di chi sta sotto.

Bangkok corre. Sceglie senza imbarazzi i piaceri della vita, li propone e ne rinnova l'offerta, anche costosa, anche in controtendenza. Il lusso è cercato e, a volte, ricercato, ma mai sfarzoso: l'esuberanza esibita è bandita, semmai si sceglie un understatement in stile anglosassone, fatto di sobria apparenza e di considerevole sostanza. *"Value for money"*, la bibbia di chiunque paghi un servizio, ottenere valore dal denaro che si spende, viene qui rispettata totalmente. E non solo per gli stranieri.

Nel ribollente mondo delle novità turistiche, Bangkok è sempre una delle frontiere più avanzate. Anche negli alberghi. Il classico, quel che noi definiamo barocchetto, arredi tradizionali, tende damascate, letti larghi e alti, hall luminose e ampie, tutto quel che sa di comodo, tranquillizzante e tradizionale qui si può – volendo – collocare nell'album dei ricordi. Come gli hotel design prima versione: camere essenziali, bagni a vista, vetri trasparenti per vedere e lasciarsi maliziosamente osservare. Il viaggiatore futurista e amante delle emozioni forti può scegliere una hall in stile giungla, pezzi di tronco trasformati in lampade da terra, travi incrociate per comporre gigantesche sedie dove i "normali" esitano perfino a sedersi, perché potrebbe spuntare all'improvviso un King Kong qualunque a reclamare quella poltrona come sua. È l'estremismo contemporaneo, non gradito a tutti. Però gli arditi da viaggio, quelli che indossano canottiera e calzoncini, qui si sentono a loro agio, sono felici e lo dimostrano, chiacchierando e chiamandosi a gran voce, urlando, senza provare alcun imbarazzo. Questione di gusti. Ma un viaggio serve anche a liberare la propria personalità, quella autentica. E ognuno si manifesta per quel che è.

Non sono mai stato un cavaliere dell'etichetta, e non lo divento certo correndo avanti negli anni. Oggi, come alla fine del XX secolo, difendo la libertà di tutti, ricordando a me stesso, innanzitutto, che quella di ognuno finisce dove comincia quella degli altri. Il problema, semmai, è dove sistemare la linea di confine.

In cinque ore da Bangkok si raggiunge l'Australia. Ma ci vuole lo stesso tempo per arrivare nel parco marino di Tarutao, isole sperdute quasi al confine con la Malesia, ultimo lembo geografico thailandese verso sud e ultimi paradisi selvaggi. Lontani e bellissimi.

Ne ho visti tanti di luoghi dove si vorrebbe restare e perdersi, trasformarsi in Adamo ed Eva e vivere felici di pesca e frutti appena colti. Ma un'isola nella corrente come questa non l'avevo mai trovata. È la marea a crearla ogni pomeriggio, fra Ko Lipe e Ko Adang, in mezzo a un canale naturale dove l'acqua pennella un arcobaleno di azzurri. Le guide suggeriscono di stare attenti, perché a volte le correnti diventano troppo forti e dunque pericolose. Fregatevene e andateci, lì dove la sabbia si allarga per qualche ora e in qualche minuto scompare, quando la marea delle sei di pomeriggio sommerge tutto, cancella quel ritrovo felice di innamorati che qui si danno appuntamento e restano distesi fra mare e cielo.

La tentazione c'è sempre: far finta che questo sia davvero un piccolo e deserto paradiso terrestre, senza intrusi né testimoni e lasciarsi andare, dimenticare abiti e orpelli, trascurare galatei e regole di comportamento e offrirsi liberi e nudi alla gioia che questa meraviglia regala. Questo è il posto giusto, un luogo unico. Ma sono in tanti a pensarla così, e dunque c'è sempre qualcuno intorno, a fare il bagno o a scattare foto ricordo. Per fortuna arriva la notte. E come seguendo un codice non scritto, quando quel lembo di terra riemerge, basta una fiaccola piantata nella spiaggia per segnalare che quel sogno per due è momentaneamente occupato, c'è qualcuno a godersi una suite della natura senza porte né pareti. E, a volte, c'è perfino la coda in attesa.

Ko Lipe è ancora una piccola magia. Deve solo difendersi dal cemento, per evitare di soffocare. Non sarà impresa facile. Quando cala il buio, davanti alla spiaggia più bella, si chiama Pattaya, una mezzaluna candida con tratti di sabbia rosa, navi mostruose ancorate proprio lì scaricano mattoni, betoniere, trattori, prefabbricati e poi scompaiono al mattino presto, prima che il sole sia alto e illumini scene che nessuno vorrebbe vedere. Qui vivevano tranquilli i Chow Lair, zingari del mare, fedeli alle tradizioni di vagabondi delle onde prima di lasciarsi convertire alla religione del possesso, quando contratti e pezzi di carta che non sapevano neppure leggere li fecero diventare legittimi proprietari delle terre su cui vivevano. Poi arrivò qualcuno che offrì loro denaro in cambio di quelle stesse terre. L'idea piacque agli indigeni che ottennero pure il diritto di restare a vivere sull'isola, anche se nelle zone turisticamente meno apprezzate. Fu l'inizio del cambiamento. Oggi i Chow Lair si sono trasferiti, piccoli nuclei si sono ritirati sulle colline mentre un gruppo numeroso vive asserragliato in un villaggio tutto per sé affacciato sul mare, con una porzione di spiaggia a disposizione trasformata in una specie di parcheggio delle *long tails*, le barche tradizionali, con annesse officina e falegnameria, dove si pialla e si riparano i guasti. Ma utilizzano pure i pannelli solari, segno di un'amministrazione che non li abbandona. C'è una bella scuola e i bambini sono sorridenti e dopo le lezioni si tuffano e giocano vestiti in acqua: per loro, teen del Tropico, non c'è ancora traccia di videogames o telefonini, ma sui tetti delle case, quasi tutte in cemento, svettano antenne satellitari e nelle stanze brillano video a schermo piatto.

Il villaggio è sempre affollato, anche perché l'integrazione fra gli abitanti originari dell'isola e i turisti è molto forte. Sono loro, i locali, a gestire una cooperativa di taxi, veicoli un po' rudimentali, in pratica un carrello legato a un motorino, una versione rivisitata e improvvisata di un sidecar sul quale si viaggia anche in tre, facendo però molta attenzione alle buche, tante e profonde, perché si rischia di saltare fuori.

C'è una sola strada asfaltata a Ko Lipe, e nemmeno per tutta la lunghezza. Si chiama *walking street* ed è la via del passeggio e dello shopping, uno slalom tra minimarket e salette massaggi, ristoranti e boutique, gloriosamente annunciata sulla spiaggia di Pattaya con una specie di arco seguito da un ITALIAN PIZZA DA FRANCO, forno a legna e posizione privilegiata, ottima la "margherita", un pezzo a 100 bath, ossia 2 euro e mezzo. Ma il centro del villaggio è proprio la mezza luna di sabbia, dove troneggiano soprattutto guest house per backpacker, gli inarrestabili saccopelisti. Li vedi avanzare come hamburger a due zampe, farcitura umana di zaini colossali. Girano con un pezzo di casa caricato sulle spalle e sull'addome, pronti a cambiare indirizzo e continente, felici di farlo perché ogni novità è un'iniezione di entusiasmo che uccide la monotonia e impedisce alla routine di avvelenare la vita. Certo, si fa sempre fatica a guardarli, quando camminano sotto il sole, così carichi di peso da affondare nella sabbia soffice, e diventa impossibile non lasciarsi assalire dal solito, rovinoso dubbio: ma perché? Ma perché tanto sforzo e tanti fastidi se qui con un euro fanno fare al bagaglio il giro dell'isola? Perché ci si deve intestardire nei "viaggi sofferenza" che più si fatica e si sta scomodi e più sono belli? Ma chi l'ha mai inventata questa stupida laurea del "mi tormento, quanto sono contento"? Il fascino del lusso esagerato e cafone si è dissolto, ormai, l'eccesso non piace più: è sempre stato inutile, anche se a lungo ha avuto orde di seguaci. Ma a concedersi qualche piccolo agio non si fa mai peccato. Anche se si è giovani e forti, anche se si è abituati a essere spartani, anche se si è nati col braccio corto e si vuole risparmiare a tutti i costi. La vita è una, vale la pena godersela. Altrimenti che si viene a fare fino a Ko Lipe?

E allora, per chi vuole, su quest'isoletta meravigliosa ci sono anche resort a 4 stelle e buoni ristoranti, alcuni perfino un po' pretenziosi, illuminati dalle torce e con tonnellate di pesce in esposizione. In giro, un campionario di umanità varia che all'ora di cena si ferma incantato dalle aragoste che saltano quasi vive prima di finire arrostite o bollite a 1800 bath al chilo, 45 euro, lo stipendio di un maestro elementare. In molti ristoranti sono gli zingari del mare a gestire tutto, dalla pesca alla cucina: con i fornelli si devono ancora perfezionare, succede spesso che sbaglino la cottura.

Fra la gente, giganteggiano i Rasta Thai, occhi a mandorla e treccioline, buffi da sembrare uno scherzo, quasi avessero sbagliato continente, movenze e atteggiamento da seduttivi padroni di casa. Intorno a loro compaiono allegre comitive di ragazze francesi, qualche brasiliano, tedeschi mai senza birra, coppie australiane, rari americani, impacciati cinesi. E poi ci siamo anche noi, gli "*Italians*", sempre pronti a farci riconoscere. Ko Lipe è un'isola tranquilla, dove il rispetto per la natura e l'ambiente sboccia spontaneo. Non si grida, in genere, quasi si sussurra. Poi, quando si sente alzare la voce, si riconosce anche l'idioma che unisce Bolzano a Cefalù.

Gli italiani non arrivano a Ko Lipe, irrompono. Scatenano l'inferno. Incapaci di entrare in punta di piedi, esplodono in un luogo, come fossero araldi di loro stessi. È così che una coppia di romani – ahimè, spiace dirlo, anch'io vengo orgogliosamente dalla Capitale – porta il panico nella reception del Sita Beach.

Lui ha i capelli a spazzola, una quarantina d'anni, disperata voglia di restare in forma ma scarsi risultati. Lei è la versione compact di una signora prosperosa e proporzionata: recupera quei 15 centimetri di altezza che le mancano con zeppe da trampoliere e conquista sguardi con un bikini leopardato e la pancia superpiatta. Non parlano una parola di inglese, ma lui sa come fare.

"Evviva Ko Lipe, evviva l'amour," intona appena arrivato. E accarezza "passerotta", come chiama la sua compagna. Lei fa le fusa mentre lui si impegna in una serrata trattativa sul prezzo della camera: "Eh no, meno, devi fa de' meno," sorride minaccioso all'impiegato della reception, come se in romanesco potessero capirli.

L'addetto al ricevimento, che qualche parola di italiano ha imparato a pronunciarla, risponde: "Mangiare morning fino 10", facendo bene vedere le dita delle due mani aperte. E poi: "Mangiare dinner 9.30".

"Ma non è troppo presto?" si allarma lei.

"Magnamo fòri, darling," la rassicura lui.

Insuperabili, li avessero visti Sordi o Verdone li avrebbero scritturati.

Sorridono anche al Sita, rifugio tranquillo, piccolo resort in questa porzione di spiaggia appena fuori dal mondo. Pattaya è animata, è la baia dello struscio, dei traffici, dei pescatori, ma si vivacizza lentamente con il passare delle ore, fino a mezzogiorno resta sonnolenta, una quieta parentesi di sabbia candida che sembra strappata alle Maldive, poca gente distesa al sole e qualcuno a sguazzare nell'acqua trasparente, azzurrina, turchese, blu, verde, un arcobaleno di colori pastello animato dalla stravagante colonna sonora delle *long tails*, barche da pesca con motori da fuoriserie, rumore potente che potrebbe anche dar fastidio, ma diventa subito familiare, quasi una compagnia, in quel silenzio assoluto. Anche perché il rombo dura poco, le eliche cominciano a ruotare quando le barche devono salpare e dopo qualche minuto scompaiono alla vista e all'udito, torna a farsi sentire soltanto la carezza lieve di minuscole onde, una delicata risacca che si infrange sulla riva. È bello, qui, si sta bene, con alberi e palme fin sulla sabbia, le capanne per i massaggi, i ristorantini che diffondono profumo di zuppe. Chi cerca il nulla, lo trova dall'altra parte dell'isola, a Sunset Beach, un posto da ultimi hippy. E infatti ci sono giovanottoni sgangherati o da sogno per signora, le magliette attillate che disegnano pettorali potenti e testimoniano viaggi avventurosi, Cambogia, Laos, Nicaragua. C'è pure qualche bella non orientale, come Danya, "russa siberiana", movenze da gatta, capelli lunghi e abbronzatura integrale, volto magico e occhi magnetici: ricorda la Candice Bergen di *Soldato Blu*, film cult degli anni settanta, la storia straordinaria di una bianca che viveva con i Cheyenne.

Sorride, Danya. Incarna la voglia – contagiosa – di non omologarsi, di fuggire da una civiltà considerata corrotta, di abbandonare idee e comportamenti che non si condividono, di scegliere una vita più semplice, dove il denaro non sia così importante e i bisogni più autentici di quelli che il mondo cerca di imporre.

"Ora mi va così, sono felice in quest'isola," dice, "magari poi cambierò." Non cerca il riparo di alcuna sicurezza, insegue il brivido entusiasmante dell'improvvisazione. "Il mondo," spiega, "è diviso a metà, fra chi è convinto che ci si debba impegnare solo ad accumulare denaro e chi invece pensa il contrario, che i soldi siano un semplice strumento per vivere. C'è chi per credersi ricco deve avere molte cose e chi si sente davvero ricco soltanto se non possiede niente: la prima strada non porta da nessuna parte, l'altra alla libertà e, a volte, anche alla felicità."

Racconta della Siberia, lasciata quando era bambina, di Mosca, di un matrimonio con un uomo molto ricco, poi la fuga, la rinuncia a tutto. "Soffro," dice, "nel vedere la gente sprecare la vita: sperano in un futuro migliore ma accettano incredibili lavaggi del cervello, credono a bugie che li precipiteranno in delusioni abissali. Bruceranno i loro giorni, che non avranno mai indietro, nell'illusione che sia giusto lavorare sempre, weekend compresi. E invece è l'errore più grande, perché, anche se hai la fortuna di amare quel che fai, alla fine non ne potrai più. Non siamo nati per lavorare troppo. La nostra esistenza è breve e leggera come un soffio. L'importante è vivere i propri sogni, rallentare i ritmi, trovare il tempo per fermarsi a sentire il profumo delle rose."

Poco lontano dalla spiaggia c'è quel che resta di un mercantile. "Vedi," sospira Danya, "non voglio fare quella fine lì, sentirmi un relitto." Il tempo, gli anni, i ricordi, una nuova vita: "Qui ogni mattina ho l'idea di una rinascita che non si interromperà mai".

Dorme in un bungalow che costa meno di 20 dollari per notte: ci sono un letto con un materasso sottile, un armadio, un piccolo bagno, un ventilatore a pale: "Tutto quel che serve: altro," sorride, "sarebbe inutile".

Perfino il "National Geographic" ha dedicato loro un documentario in quattro puntate. Dal titolo chiarissimo, *Lady Boy*. In Thailandia sono l'1 per cento della popolazione, a Ko Lipe un po' di più. Corpi scolpiti, provocanti, sensuali. Sono, secondo i loro estimatori, come molte donne vorrebbero apparire. E il loro segreto sarebbe proprio l'essere stati uomini. Tecnicamente i lady boy sono i transessuali, operati o no. Certo, non tutti i risultati sono straordinari, ci sono anche quelli esteticamente discutibili. Il fenomeno è diffuso in tutto il pianeta e ovunque comincia con un bombardamento di ormoni durante la pubertà, o addirittura prima, e poi si conclude in sala operatoria. Ma quel che rende i lady boy thai diversi dagli altri è che mentre in molti paesi il cambio di sesso viene registrato anche nei documenti, un uomo diventa donna pure sulla carta d'identità, in Thailandia no, chi nasce maschio rimane tale anche dopo l'operazione.

Ecco perché guardano con invidia ad altri orizzonti, come gli Stati Uniti, ad esempio, dove il Dipartimento dell'Educazione di New York è all'avanguardia nella difesa dei diritti degli studenti transgender. "Gli americani sono garantiti fin da adolescenti e quando non c'è discriminazione," accusano i lady boy thai, "integrarsi è più facile." Qualcosa, in verità, si muove anche in Thailandia e in una scuola dell'Issan, provincia remota del nordest, i katoi, come vengono anche chiamati i lady boy più giovani, sono accolti senza scandalo. Possono andare in classe truccati ma non indossare abiti femminili e neppure portare i capelli lunghi. Però hanno bagni riservati a loro, per il cosiddetto terzo sesso. Una decisione presa dopo le lamentele delle ragazze che non li volevano con loro, mentre i maschi li tormentavano con scherzi e, a volte, facevano anche di peggio. "Così abbiamo realizzato alcune toilette soltanto per loro e va molto meglio," spiega il preside Posaporn Promprakai. "In fondo si è trattato di un elementare segno di rispetto."

Il desiderio di cambiare sesso si manifesta a volte molto presto, durante la scuola media. "È successo a mio figlio Daw," racconta il padre. "Contrastarli sarebbe sbagliato. Cosa dovremmo fare noi genitori, opporci alla felicità dei nostri ragazzi?" La comprensione non è atteggiamento molto comune: spesso i genitori si tormentano, non accettano una realtà sgradita e sorprendente. "Ma è un errore," afferma Ari Visminanda, psicologa dell'età evolutiva. "Non si può violentare un'anima. Sono nati nel corpo sbagliato: la loro mente, invece, funziona benissimo e dice che sono donne."

Il pregiudizio nasce anche da una credenza di alcuni monaci buddisti secondo i quali diventa katoi chi nella vita precedente ha commesso gravi peccati e vive la punizione di rinascere in un corpo sbagliato. Il principio che i lady boy vorrebbero veder applicato è semplice: l'identità di genere è l'essenza intima di una persona, quel che sente di essere, indipendentemente da come è nata. Per questo chi cambia sesso dovrebbe poter registrare sui documenti il nuovo nome e il genere scelto. "Negli Usa accade, per noi tutto è difficile," si lamenta Daw, "perfino viaggiare, perché il passaporto non può essere modificato e dunque superare una frontiera diventa impossibile se a un nome da maschio corrisponde un corpo da femmina. Dobbiamo per forza procurarci un passaporto falso. Ma se ti scoprono, finisci in prigione." È così che la strada dell'illegalità rischia di diventare l'unica soluzione praticabile. "È il nostro incubo," aggiunge, "perché senza i documenti a posto non si trova lavoro. E allora, o ti fai fare una carta d'identità falsa e magari conquisti un impiego, oppure ti prostituisci." La strada, i locali, i *massage parlour*, i siti internet. In tanti fanno questa scelta, con un combinato disposto fra il desiderio di lasciar esplodere la propria femminilità e il bisogno di guadagnare.

"Sento un brivido, ogni volta che un uomo mi guarda con desiderio," confessa Pim, soprannome di battaglia di una stangona che sfiora il metro e ottanta. "O meglio, sentivo il brivido, perché oggi non mi guarda più nessuno." Il tempo passa in fretta, soprattutto per loro. Ora Pim lavora a Ko Lipe, fa la cameriera in uno dei ristorantini affacciati sulla spiaggia. Alta e magra, fa ancora la sua figura, anche perché, servendo in spiaggia, è sempre mezza nuda: "Magari facessi ancora colpo," sorride, "nessuno mi vuole più. Vent'anni fa, era un'altra cosa."

Vent'anni fa era un'altra Thailandia. A Ko Lipe i lady boy non erano ancora sbarcati, soltanto nelle città più grandi se ne vedeva qualcuno. "Eravamo timidi e impauriti," dice Pim. "Allora vivevo a Bangkok, ed era durissima. Soffrivo, perché avevo un corpo che non era in sintonia con la mia anima, ma a volte riuscivo anche a divertirmi."

C'è stato un periodo in cui ha avuto successo. Racconta la sua vita con leggerezza, così come l'ha attraversata.

"Ho ballato, lavorato nei *go-go bar*, nelle sale massaggi: sì, uscivo con uomini che mi pagavano per fare sesso. Se mi piaceva? Moltissimo."

Confessa che prima di arrivare a Ko Lipe, quando il suo fascino si era già smarrito, ha lavorato in un piccolo albergo. "Facevo le camere," dice, "e pure qualche cliente..." Ride. "Che devo fare? Pentirmi? Il buddismo non funziona così e non ho mai fatto del male. Semmai ne ho subìto parecchio."

Le storie infinite. Quella del ragazzo che viene dalla risaia, del figlio dell'operaio, del giovane che voleva diventare cantante, del bambino che sognava la corona di reginetta di bellezza. Si assomigliano tutte. Poi ci sono quelle straordinarie. Una ha per protagonista Nong Tum, il pugile che ha cambiato sesso. "Il mio corpo è quello di un lottatore," diceva, "ma nel mio cuore sono una donna." E in un'intervista rimasta storica, erano gli anni novanta, disse: "A volte, quando i miei avversari sono carini, mi riesce difficile buttarli al tappeto".

La sua storia, raccontata anche nel film *Beautiful Boxer*, è quasi un manifesto di vita per i katoi. Già da ragazzino si truccava occhi e labbra, usava dosi massicce di rossetto, sognava capelli lunghi. Il padre intervenne con decisione e lo spedì in un monastero, perché i religiosi potessero curarlo e correggere le sue debolezze. Fra i monaci c'era un allenatore di Muay Thai, la boxe tradizionale thailandese, che intuì il talento di Nong Tum. Quel ragazzino odiava la violenza, ma sul ring non c'era avversario che gli resistesse: vinse 18 incontri su 22 per ko. Con i soldi che guadagnava aiutava la famiglia, ma un po' li metteva da parte per potersi operare. Cosa che fece nel 1999.

Cambiare sesso resta il sogno di tutti i katoi, un sogno comune e costoso: non meno di duemila dollari, tanto, tantissimo in Thailandia. Ma si può spendere anche molto di più, in cliniche eleganti e sofisticate, più simili ad alberghi di lusso che a ospedali. Una di queste sponsorizza ogni anno il concorso di bellezza riservato ai lady boy: offre operazioni a prezzi che sfiorano i diecimila dollari e ha clienti che arrivano da ogni parte del mondo. Un business colossale in continua crescita, anche perché i chirurghi thailandesi sono considerati i migliori per questo genere di interventi. Bravi ma, a volte, anche un po' avventurosi. Per chi vuole risparmiare, a Bangkok l'operazione si può fare anche negli spazi angusti di una specie di negozi affacciati su strada, riconoscibili dall'insegna SEX CHANGE: tre ore e si esce, si paga poco più di mille dollari. Prima di entrare in sala operatoria il paziente deve lavare bene i piedi e una volta disteso sul lettino può cantare. Capita spesso, perché l'anestetico che viene usato è un euforizzante, non fa dormire ma mette allegria. E il motivo che in genere intonano è *Fiore di plastica*, l'inno dei lady boy.

Chi proprio non ha soldi può essere operato gratuitamente grazie all'associazione creata da Nok Yollada, imprenditrice, diventata definitivamente donna e votata alla causa dei lady boy: 2500 iscritti e numerosi sostenitori finanziano quattro o cinque interventi ogni anno. "Chi non riesce a operarsi," dice Nok, "si sente incompleto e anche per questo a volte ha atteggiamenti esuberanti, eccessivi." Nok ha vinto la sua battaglia, è ricca, famosa, bella e sessualmente soddisfatta, con un compagno che conosce totalmente la sua storia. "Ma è un caso raro," spiega. "La società thailandese è formale e perbenista, c'è una tolleranza di facciata: i lady boy sono accettati solo apparentemente, in realtà vengono tenuti ai margini. Dimenticando che sono normalissime donne: nate, loro malgrado, nel corpo di un uomo."

Vietnam

Figlie delle guerrigliere vietcong sono diventate modelle e sfilano, apprezzatissime, in tutto il mondo. Stiliste vietnamite hanno conquistato il successo sulle passerelle di ogni continente, grazie all'estro orientale e a qualche influenza della cultura e della moda francesi. Giovani pittori hanno raggiunto quotazioni di tutto rispetto, e non con le lacche, che appartengono alla tradizione artistica di questo popolo, ma con un figurativo che piace, soprattutto in Occidente. E poi il caffè, forte e profumato, cresciuto in piantagioni affacciate sul Mar della Cina e importato in Europa, le fabbriche di aziende italiane e di altri investitori esteri, la Borsa vivace, una straordinaria performance che ancora non ha del tutto sconfitto la povertà, ma di certo l'ha fortemente ridotta: si è passati dal 58 per cento di famiglie indigenti nel 1993 al 18 del 2004, consentendo così al Vietnam di essere considerato un paese a basso-medio reddito. Tra Hanoi e Ho Chi Minh City questi vent'anni hanno avuto la forza dirompente di un intero secolo. Anche se resta una forte dipendenza dall'estero per tecnologia, management, macchinari, materiali, la transizione verso un'economia di mercato può dirsi conclusa. E il mondo, fra la Baia di Ha Long e i Nove Dragoni del delta del Mekong, è del tutto cambiato.

Lo sa bene Duc, scappato da Saigon con tutta la famiglia nel 1975, alla fine della guerra, per sfuggire ai campi di rieducazione dove finivano i non comunisti come suo padre, pilota dell'aviazione sudvietnamita. Duc e i suoi hanno fatto parte di quell'esercito di disperati chiamati "boat people", protagonisti di un esodo via mare cominciato su barconi malmessi, molti sono affondati, e proseguito a tappe fra campi profughi e accoglienti paesi dell'Occidente. "Arrivammo negli Stati Uniti e lì si fermarono i miei genitori. Io poi sono andato in Italia, senza un perché: mi piaceva, sono stato bene." Ora è tornato in Vietnam. "La guerra contro di noi è finita. Per un po' ci hanno considerati traditori expat, espatriati, ci hanno trattati con diffidenza, risentimento, a volte siamo stati perfino tenuti ai margini, esclusi da ogni rapporto sociale. E anche noi, appena tornati, ci siamo sentiti smarriti, pur se felici di essere di nuovo a casa. Poi hanno capito che le nostre esperienze di lavoro potevano essere utili al paese e l'atteggiamento del governo, e quindi anche della gente, è cambiato. Ed è scoppiata la pace."

In Italia Duc gestiva un ristorante vietnamita, a Saigon, diventata Ho Chi Minh City, ne ha aperto uno di cucina italiana. E poi un altro e un altro ancora. Finché si è stancato e ha spento i fornelli. "Conosco il marketing e il mercato occidentale," spiega, "faccio consulenze per aziende italiane che lavorano qui e per quelle vietnamite che vogliono esportare in Europa." Gli affari vanno bene, ma è il rimpianto che avvelena il presente. "Quando la guerra è finita," dice Duc, "ero poco più che un ragazzino. Sentivo i racconti di mio padre, vedevo morte e distruzione intorno a me. Però anche nei momenti più difficili abbiamo tenuto salde le nostre tradizioni, senza mai scordare la nostra spiritualità. Anche in America avevamo in casa una stanza delle preghiere, con un piccolo altare, gli incensi accesi, le immagini degli antenati. Oggi il Vietnam rischia di smarrire la sua storia. Non solo nei comportamenti privati, nelle antiche virtù trascurate, nel rispetto per gli anziani che si smarrisce sempre più, nella solidarietà che sembra dimenticata, ma anche nelle scelte di un governo che rincorre un sistema economico contro il quale ha combattuto. Il profitto non può essere tutto, e lo dico da uomo fedele al mercato. Siamo diventati un paese che trasforma prodotti grazie a una manodopera a basso costo. Ma gli operai non potranno accontentarsi a vita e i salari dovranno crescere: cosa accadrà quando smetteremo di essere competitivi per il costo della manodopera? Le imprese straniere andranno a investire in Cambogia o Laos? E noi come tireremo avanti? Abbiamo fatto molto contro la povertà, ora bisogna pensare a un modello di sviluppo autonomo, in grado di far crescere il paese con le proprie risorse. A cominciare dal turismo."

Ci sono posti, in Vietnam, che scaldano il cuore. E fanno friggere l'anima, scatenando il senso di colpa che tutti gli occidentali si portano dentro. Perché se immagini le bombe che cadono su villaggi di palafitte, sulle donne con il cappello a cono che raccolgono il riso, sulle ragazze che pedalano in bicicletta vestite con l'*ao-dai* bianco, l'abito tradizionale, se immagini un paese massacrato e poi risorto, pensi che troppe volte il mondo gira al contrario di come dovrebbe. Certo, non che i vietnamiti abbiano risparmiato sofferenze ai loro nemici, francesi o americani che fossero, ma si difendevano, erano a casa loro, combattevano per vivere da uomini liberi e non da sudditi. Ancora oggi, ogni giorno, mescolati in una folla di turisti, i vietnamiti fanno la coda prima di entrare nel mausoleo di Ho Chi Minh, nel centro di Hanoi, per onorare il padre della patria. Arrivano da ogni parte del paese. Anche da Sapa, l'estremo nord, al confine con la Cina, dove vivono tribù di montagnard di origine cinese, o dal delta del Mekong, l'estremo sud, dove il fiume si divide in Nove Dragoni prima di gettarsi nel mare. Statue di Ho Chi Minh sono dappertutto, e quella di Can Tho, nel cuore del delta, è fra le più curiose: di sera, illuminata da potenti fari e con il fiume che scorre lì accanto, diventa una specie di sinistra presenza, avvolta da nuvole di zanzare e da stormi di pipistrelli. Nel mausoleo, invece, lo zio Ho è quasi rassicurante, disteso al centro di una stanza gelida e protetto da una teca che gli consente di sfidare il correre degli anni. Ogni tanto il mausoleo chiude per restauro del corpo, che vola a Mosca per qualche ritocco e poi torna a casa.

In vent'anni di viaggi in Vietnam ho incontrato di tutto. Contadini che allevano galli per scatenarli in combattimenti e incassare centinaia di dollari dalle scommesse; divoratori di cani, convinti che quella carne, mangiata negli ultimi giorni del mese lunare, assicuri un futuro propizio; commesse innamorate dell'Occidente e degli Stati Uniti in particolare, capaci di risparmiare fino all'inverosimile e poi investire tutto in un seno nuovo ed enorme come le pin-up di Los Angeles, fiduciose che quelle taglie in più servano pure a rifarsi una vita; poetici costruttori di aquiloni, una passione nazionale per bambini e adulti, felici di niente, di un soffio di vento che fa volare alte le loro creazioni;

pedalatori di trisciò, distrutti nel fisico e assaliti dallo smog che respirano a pieni polmoni, quando faticano per far correre le carrozzette e guadagnare un pasto per loro e la famiglia: ne ho guidato uno per le strade di Hanoi, con il proprietario seduto al posto del passeggero, e per poco un autobus non ci ha schiacciati. Ho visto i villaggi su palafitte nella baia di Ha Long, incastonati fra preziosi faraglioni di calcare che le leggende orientali descrivono come la coda di un drago semisommerso dall'acqua, protettore vigile e potente del suo popolo: ho pescato con loro e ributtato in mare pesci orribili, ho pagaiato nelle canoe con cui vendono generi alimentari, un minimarket galleggiante, rischiando di far affondare barca e merce. Ho dormito nelle casupole delle tribù di montagna, fra le risaie a terrazze di Sapa, dove una ragazzina fiera e orgogliosa mi è venuta a rimproverare in inglese, con il dito puntato, perché avevo provato a entrare senza bussare nella loro capanna e il padre mi aveva cacciato: "Mamma non sta bene, aspetta mio fratello e non deve essere disturbata". Le ho chiesto scusa e non la dimenticherò mai. E poi prepotenti gestori di locali notturni, quelli che all'ingresso perquisiscono chiunque, per controllare che sotto la camicia o altrove non ci siano armi né droga: a Saigon – tutti la chiamano ancora così, e non soltanto perché è più breve di Ho Chi Minh City –, l'Apocalypse Now è uno spettacolo da non perdere. È adorato dai marines della notte, dagli uomini che in queste latitudini vengono a consolare qualche disperazione o a convincersi di poter vivere ancora un'avventura. Solo che per campo di battaglia scelgono pianure tranquille, avvolte dal candore di lenzuola di lino o cotone.

Ho visitato l'ospedale che un monaco santo gestisce grazie alla carità di molti, soprattutto occidentali, e nell'indifferenza del governo: decine di orfani e di sfortunati idrocefali abbracciano disperatamente chiunque li vada a trovare. Non hanno bisogno soltanto di quintali di riso, ma anche di tonnellate di affetto. Sono stato in un centro dove adolescenti portatori di handicap vendono i prodotti che riescono a realizzare, borse, magliette, scatole: in un padiglione sono esposti gli orrori figli dell'agente Orange, il veleno distribuito dal cielo dagli americani che fa ancora nascere bambini con due teste o altre terribili malformazioni, incompatibili con la vita.

Un viaggio in Vietnam, oggi, è come una chiacchierata con la nostra cattiva coscienza, una seduta con uno psicologo che detestiamo, perché è la faccia sbagliata di noi stessi. Il Vietnam ha smesso di essere una guerra, è diventato un paese che turisti di tutto il mondo vogliono andare a visitare, un luogo dove si va senza paura di essere rapinati e senza neppure il portafogli troppo gonfio. Eppure c'è ancora gente che chiede se il Vietnam "è sicuro". Certo che lo è, anche se non è libero. Internet è controllata e la libertà di espressione è un sogno da raggiungere. Il Vietnam non è un sistema da prendere a modello, ma non c'è nessuno che muoia di fame e il vagabondaggio non esiste. A Cholon, il quartiere cinese di Saigon, vendono testicoli di montone, vescica di orso, ossa di tigre, tutti con straordinari effetti energizzanti. La posologia varia a seconda del sesso, perché uomini e donne hanno un diverso numero di funzioni vitali: sette i maschi e nove le femmine. Dunque, se bisogna bere una pozione di erbe medicinali, un uomo dovrà farlo per sette giorni, una donna per nove. Loro giurano che funziona, legittimi i dubbi di chi è abituato agli antibiotici.

Restano, per il Vietnam che ho conosciuto, una passione e un amore infinito. Non dimentico i soldati americani che qui sono morti, il marine italiano, nato in Abruzzo, che ha combattuto con la divisa a stelle e strisce ed è tornato a vivere negli Stati Uniti. Credo che dalla fine di quella guerra, e dalla spaventosa esperienza della Cambogia di Pol Pot, cacciato proprio grazie al Vietnam, sia nata la consapevolezza che il mondo deve essere governato in un modo diverso dal passato. Quasi cinquant'anni dopo non ci siamo ancora riusciti, ma qualche passo avanti è stato fatto. Americani e vietnamiti si incontrano, a Washington e a Hanoi, il presidente vietnamita ha fatto visita al papa e Roma, nel suo piccolo, ha ospitato due Festival della Cultura Vietnamita, intitolati "Il Drago e la Farfalla", durati un mese ciascuno. È stata una fantastica avventura organizzata insieme a un gruppo di entusiasti appassionati del Vietnam, Maria Luisa Migliardi, Giancarlo Di Nunzio, mia moglie Carla Cirimbilla, che nelle pagine di questo libro compare fin dalla prima edizione, vent'anni fa. È stato un grande successo, a dimostrazione di quanto sia forte l'interesse per questo paese del Sudest asiatico che mi ha perfino voluto onorare con il titolo di Cavaliere della Cultura. Quando mi metto la medaglia sulla giacca e giro per Hanoi o Ho Chi Minh City, i vietnamiti mi guardano e mi salutano, stupiti che un occidentale possa esibire quell'onorificenza. E io sorrido loro, orgoglioso. Anche perché quella pataccona di metallo ha i colori del sole e del cuore. È giallorossa, come la mia Roma.

È la grande madre acqua ad accompagnare la vita di chi nasce in Indocina. Fiumi, oceani, laghi, mercati galleggianti, palafitte, canoe. Un mondo liquido. Ma anche la natura a volte impazzisce e l'acqua in un attimo può trasformarsi in matrigna crudele e spietata: allaga, inonda, spazza via tutto quel che trova. Tsunami è stato, per una breve stagione, anche il nome sciagurato di un orribile ristorante di Bangkok. Pessima scelta, pessima pure la cucina: ha chiuso dopo qualche mese. Non soltanto si mangiava male, dicevano pure portasse sfortuna.

Quella parola evoca lacrime e disperazione. E non soltanto in Oriente. Sophia aveva 12 anni e mezzo quel 26 dicembre 2004. Era in vacanza a Khao Lak, non lontano da Phuket. Veniva dalla Germania. È rimasta una sua foto in quel villaggio affacciato sul mare: è in una cornice di legno azzurro, accanto alla motovedetta 813 della polizia thailandese, arenata al centro di un bosco, ormai ricresciuto, a più di un chilometro dalla riva. La forza delle acque scaraventò quella nave fin lì, dove l'hanno lasciata, a testimoniare una tragedia. Sophia sorride in quella foto. E tanti altri sorrisi si perdono nel nulla di un ricordo che non svanirà mai, a Phuket, Phi Phi, in India, Sri Lanka, Maldive, Birmania.

Gli anni corrono, e l'acqua torna a essere madre e sorella. Non più il boato di un oceano che ruggisce e divora, ma il suono lieve di un'onda che accarezza la spiaggia, lo sciabordio di una barca di pescatori, il fiume che scorre lento e maestoso nel centro di Bangkok. Sono più di trent'anni che percorro i sentieri d'Oriente e le sue strade d'acqua, da quando nel Triangolo d'Oro si navigava soltanto scortati dai marines con gli occhi a mandorla. Questi posti mi hanno fatto innamorare subito, ma da qualche tempo li amo ancora di più e accarezzo l'idea di venire a vivere qui, magari aprendo un ristorantino sul mare cambogiano o vietnamita o thailandese: piedi in acqua e allegria. Vent'anni sono passati dalla prima edizione di questo libro, e proprio come accade nelle grandi storie d'amore, il sentimento si rafforza, diventa più solido. Accanto a me c'è la stessa donna di allora, mia moglie Carla, e con noi nostra figlia Eleonora: adorano entrambe l'Oriente e l'Indocina, e Bangkok in particolare. Il vivere inquieto – ricordate Bruce Chatwin e la sua *Anatomia dell'irrequietezza*? – non mi appartiene, ma non chiedo che si condividano le mie ragioni. Non giudico e non do voti, perché ognuno ha i suoi codici di comportamento: fa bene a seguirli, basta che non dia fastidio agli altri. A me piace raccontare persone e luoghi e quando mi muovo preferisco farlo nel modo più comodo possibile: questo mi è valso, a volte, le critiche di chi preferisce viaggiare con un altro stile, più spartano. Rispetto ogni scelta, ma non capisco perché bere un tè con una famiglia Akka o andare in barca con gli zingari del mare debba essere esperienza più frizzante o autentica se fin lì si è arrivati dopo 36 ore di treno invece che con una di aereo. O perché dormire in un albergo senza stelle debba far apparire più luminose la notte e anche le giornate seguenti. La mistica del sacco a pelo non l'ho mai avuta, figuriamoci ora. Ma non per questo mi sono sottratto a rischi e fatiche, da Papua Nuova Guinea al vecchio Zaire. Credo che ogni cosa debba avere un perché: il tormento inutile, fisico e non soltanto, lo lascio volentieri a chi se ne compiace.

Difendo quelle che considero certezze e mi piace sentire la solidità dei miei sentimenti, vedere che le mie emozioni trovano conferma nel tempo. Ecco perché chiudo queste pagine così come le chiusi allora, ancora oggi come vent'anni fa, sempre più convinto che "il caldo umido è bello quando non si ha niente da fare, quando si sta sdraiati con il corpo abbandonato e la testa persa nel nulla, perché non c'è niente da rimpiangere o altro da desiderare sulla riva del fiume di Bangkok".

PARTE PRIMA

THAILANDIA

1.

…Ma il nano rispose: “No, qualcosa di umano è più caro per me che tutta la ricchezza del mondo”.

Fratelli Grimm

Alle nove di mattina fa già caldo a Bangkok. L’aria è umida e pesante, basta un passo per bagnare la camicia. Teresa Jan Trang è candida nel suo abito bianco, coperta da capo a piedi dal vestito che le Figlie di Maria Ausiliatrice indossano così come decise Don Bosco. “Caldo? Siamo abituate.” Ha 48 anni, è suora da venticinque, si divide tra Bangkok, dove è nata, la Cambogia, dove controlla una missione, e il Vietnam, dove le suore sono ancora quasi clandestine: “Anche se ci sono più cattolici che in Thailandia”.

Ha il viso indecifrabile degli orientali: nasconde gli anni e le rughe ma non la fatica. “Lavoriamo tanto, in un pensionato vicino a Silom Road, nel centro di Bangkok. Ospitiamo le ragazze che arrivano dal nord della Thailandia in cerca di fortuna: insegnamo loro un mestiere, per evitare che si perdano.”

Ha un grande sacchetto di plastica, madre Teresa, dentro c’è una statua della Madonna: “Viene dall’Italia e la porto a Phnom Penh, in Cambogia, dove alla fine di maggio festeggiamo Santa Maria Ausiliatrice. Chissà che festa farete a Roma!”

Chissà che festa. Piazza San Giovanni Bosco a Roma è un terribile teatro di periferia, dove si affaccia una gigantesca chiesa moderna, costruita per accogliere migliaia di persone e condannata a essere desolatamente vuota. Così la piazza è frequentata più da spacciatori e drogati che da fedeli timorati di Dio. “E lei, mi dica, prega?” chiede madre Teresa.

“Madre, che le devo rispondere? In Occidente forse abbiamo perso l’abitudine.”

Inorridisce. “La preghiera non è un’abitudine. Mi raccomando, stia vicino alla Madonna.”

È lontana la Madonna da questo villaggio senza nome. Siamo a qualche chilometro da Mae Hong Son, nord della Thailandia, due passi dal confine con la Birmania. È terra di confine e di scontri: ogni tanto qualcuno viene ammazzato, com'è successo, tre giorni prima del nostro passaggio, a quattro cacciatori thailandesi. Erano venuti per divertirsi ma inseguendo chissà quale bestia sono entrati, senza accorgersene, in Birmania: le guardie di confine non ci hanno pensato un attimo. Due morti e due feriti. E vai a sapere se erano davvero cacciatori.

Il fiume Pai, che scorre lento e tortuoso tra colline verdissime, è ormai un sentiero di contrabbando: passano di qui armi, droga, pietre preziose, nascoste nelle stesse canoe che dobbiamo usare noi, le *long tails*, quelle strette e lunghe, con l'albero motore di tre metri che viene alzato o abbassato a seconda del livello dell'acqua.

"Lì c'è l'imbarcadero," dice l'autista della jeep che ci ha portato qui dall'albergo, "torno a riprendervi stasera. Buona fortuna."

Le *long tails* sono pronte, ancorate nel fango, proprio accanto a un branco di elefanti che sta attraversando il fiume. Ogni canoa è lunga cinque metri e larga ottanta centimetri: per stare comodi bisogna sedersi di traverso, con le spalle a una riva e lo sguardo puntato sull'altra.

"Andiamo?"

Andiamo, e mi sfilano davanti capanne di paglia, bambini che fanno il bagno, pescatori, bufali che pascolano nell'acqua. Scene tranquillizzanti di vita quotidiana che nascondono altre cose, oltre quelle rive, dietro quegli alberi, che non posso vedere, ben nascoste dalla giungla. E forse è meglio così, almeno per il momento. Nei dintorni, tra Birmania, Thailandia e Laos, c'è l'esercito di Kum Sa, qualche centinaio di migliaia di uomini armati e addetti al controllo delle piantagioni di oppio. Essere indiscreti può diventare molto pericoloso.

Così cerco di guardare poco anche il nostro prodiere, l'uomo che deve controllare la punta della canoa, perché non vada a sbattere su qualche roccia che affiora dal fiume. È un thailandese, animo gentile e aspetto feroce: capelli quasi a zero, corpo completamente tatuato. Lo vedo da dietro e mostra la schiena ricamata da un ghirigoro scuro che serve a proteggerlo, così mi dice la guida, dagli spiriti maligni e dagli animali pericolosi. Considerata la zona dove vive e lavora, ha preferito esagerare, e si è fatto ricoprire tutto il corpo.

Il fracasso del motore scompare all'improvviso. La canoa vira a destra, verso una specie di approdo. L'uomo tatuato salta a terra: "Siamo arrivati," dice Du, la svogliata guida thailandese. Mi guardo intorno, ma non vedo niente. Guardo Carla, la mia compagna: arriccia le labbra. Guardo Steve, il nostro anziano amico neozelandese: socchiude gli occhi, annuisce, indica il sentiero con un dito. La colonna sonora della giungla accompagna i quattro passi che ci conducono verso il villaggio senza nome delle donne giraffa. Le avevo viste in fotografia con tutti quegli anelli al collo: "Ne aggiungono uno ogni anno e quando tra la testa e le spalle non c'è più posto, li mettono alle caviglie, intorno alle braccia o ricominciano dal collo, agganciandoli di lato agli altri anelli".

Viste in foto fanno sorridere, viste da vicino suscitano un sentimento di pena. Eccole qua, sedute sulla piattaforma esterna delle loro palafitte, a far bella mostra di questa stravaganza tribale che, per rispetto alla tradizione, le condanna davvero a una vita simile a quella delle giraffe. A fare i ragionieri, si contano intorno a ogni collo fino a venti cerchi di ottone, pesanti un paio di etti ciascuno. Gesti quotidiani diventano faticosi con quegli anelli intorno al collo che si allunga fino a due o tre volte più del normale.

Hanno la faccia triste, e non è difficile capire perché. Questa tradizione dura da secoli, da quando i primi Paduang, originari della Birmania, decisero che le bambine nate nelle notti di luna piena avrebbero avuto il collo ornato con anelli di ottone. La luna aveva scelto di farle nascere in un giorno fortunato, quell'anello sarebbe stato il loro segno di distinzione e di augurio. Questo dice una leggenda. Un'altra racconta una storia un po' diversa, più suggestiva ma meno credibile, secondo la quale i progenitori della tribù erano figli del dio del vento e della femmina di un drago. Sarebbe stato proprio per assomigliare ai draghi che le donne Paduang adottarono questa strana usanza di vestire il collo.

In tempi più recenti, comunque, l'abitudine è stata estesa a tutte le donne, in qualunque giorno fossero nate e da qualsiasi genitore. Adesso non ne possono più. Oggi che sono scappate dalla Birmania, che ha massacrato i loro uomini e cancellato ogni libertà per le minoranze etniche, hanno conosciuto qualcosa di diverso dal loro universo, fino ad allora circoscritto dai villaggi della giungla. La lotta contro la Birmania ha costretto gli uomini a maneggiare armi e guidare canoe: con il motore attaccato alla poppa è facile coprire distanze anche lunghe, molto più semplice che muoversi a forza di remi. E allora anche le donne hanno conosciuto altri villaggi, dove femmine come loro si muovono con facilità, senza quell'ingessatura lucida intorno al collo. Così hanno visto che si può vivere in un altro modo e hanno scoperto la vergogna.

Maiha è una ribelle. Non sa leggere, non sa scrivere, ma sente tutta la diversità della propria vita rispetto a quella delle donne che ogni tanto incontra a Mae Hong Son o nei mercati sperduti nella giungla. Per sé non può più fare niente: "Gli anelli li terrò fino alla morte, ormai sono abituata".

Ha 28 anni e ha rispettato la regola canonica di aggiungerne uno all'anno: il primo, come vuole la tradizione, lo ha messo a sei anni e ora ha ventidue cerchi d'ottone. È in media per battere il record delle donne Paduang, venticinque anelli infilati tra la testa e le spalle: ha ancora un po' di spazio e forse ce la farà. Contenta? "Non mi interessa, ma sarei contenta per la tribù."

Rassegnata per sé, è ribelle per Mula, la figlia di 9 anni. Bella, con gli occhi scuri che incantano e sembrano esplodere dalle fessure che le tagliano il viso. Selvaggia, vestita quasi di niente, gioca a imitare i grandi del villaggio che devono liberarsi della saliva che invade la bocca quando masticano il betel, una specie di droga vegetale per poveri. Mula sputa in continuazione, e si diverte. "No, non porterà gli anelli."

Perché, Maiha? Sorride e non parla. Sa cosa vuole, ma non riesce a spiegare. Cerca di farmi capire quello che sente e mi invita a entrare in casa. Lascio le scarpe sulla terra rossa e salgo a piedi nudi due gradini di legno.

Sulla veranda, chiamiamola così, stanno distesi tutto il giorno gli uomini di casa, il marito di Maiha e il fratello. Si sono organizzati bene, la testa appoggiata sulle coperte arrotolate trasformate in cuscini, un bel pezzo di betel in bocca. Denti distrutti e labbra rosse, provano a sorridere. Non fanno niente, ma hanno già lavorato. Cominciano la mattina molto presto, verso le cinque, quando ancora deve sorgere il sole, e smettono alle dieci, perché il caldo diventa insopportabile. I lavori sono quelli normalmente affidati alle donne: coltivano qualche verdura, ma soprattutto vanno a cercare i funghi nella foresta, di un tipo particolarmente pregiato che al mercato vengono venduti a 300 bath l'etto, 1500 lire, ma a loro sono pagati meno della metà.

È dura la vita lungo il fiume Pai. Maiha ha deciso che il domani di sua figlia deve essere diverso e quello che mi vuol fare vedere, perché io capisca, è appeso alla parete della palafitta. Ben incorniciata, c'è la foto di Mula con la cartella, la blusa bianca e la gonna blu: c'è anche la data, 5 dicembre 1990, uno dei primi giorni di scuola. Questa figlia che studia sarà il suo riscatto da una vita che soltanto ora ha scoperto troppo severa e faticosa. Il suo orgoglio saranno non più gli anelli al collo, ma i libri che Mula saprà leggere e le frasi che saprà scrivere.

Maiha stende un braccio, mi indica un punto vicino al gomito e un altro sulla gamba destra: i capillari sono tutti rotti, strozzati dagli anelli. Si stende per terra, in quella che deve essere la stanza da letto e mi fa vedere il ceppo che usa come cuscino: con il collo così combinato non può dormire a pancia sotto, riesce soltanto a piegare la testa da una parte o dall'altra. Neppure per lavarsi si toglie l'armatura: e infatti usa piccole spugne con cui fa filtrare l'acqua fin sulla pelle. È stanca, ma felice per Mula che crescerà senza anelli: non sarà più la figlia del dio del vento e della femmina del drago, ma saprà spiegare al mondo perché le Paduang non vogliono più essere donne giraffa.

Ci sediamo all'ombra, sulla veranda della casa di Maiha, per riprendere fiato. Abbiamo il fiume davanti e l'intrico della foresta alle spalle.

"Qui intorno," mi spiega Steve, il neozelandese che della Thailandia ha imparato le abitudini oltre che la lingua, "ci sono villaggi che sopravvivono grazie a Kum Sa, il signore della droga: tutta brava gente, però..."

"Però che?"

"Non sanno bere."

La temperatura a 35 gradi e l'umidità ben oltre il 90 per cento non scoraggiano Steve dalla sua occupazione preferita. Svita il tappo della bottiglia di sciroppo per la tosse e dà una sorsata di medicina, metà acqua e metà whisky. È la sua specialità, alla quale si dedica con passione per tutta la giornata: "Non sanno bere," dice della gente di queste parti. "Ne ho visti tanti scolarsi senza danni bottiglie intere di mekong, una loro micidiale miscela alcolica che spacciano per whisky. Ma quando si trovano davanti a un puro malto impazziscono, finché, pieni come spugne, decidono di arrendersi: allora fanno come gli americani, salutano con il pollice alzato, per dire che tutto va bene, sorridono e crollano per terra." Il neozelandese ha altra classe, e soprattutto, altro allenamento.

Risaliamo in canoa. Il villaggio resta dietro di noi, con le sue tristezze, le stravaganze, i piccoli imbrogli. Come i prodotti d'artigianato che le Paduang giurano di aver fatto loro stesse, anche se nelle palafitte non c'è traccia di telai per tessere le stoffe né di attrezzi da fabbro per forgiare i bracciali. Ingenue truffe alle quali tutti fanno finta di abboccare, ben sapendo che questa merce arriva dai mercati di Mae Hong Son.

La canoa corre controcorrente mentre ciascuno di noi pensa a quello che ha visto. Io rivedo la donna giraffa con la croce di Cristo al collo: "Jesus, Jesus," ripeteva, e altro non sapeva dire, ma era fiera di mostrare quello che un signore con un abito scuro, il prete che vive nella "Mission, mission", le aveva dato da tenere sul petto.

Hanno imparato a credere in "Jesus, Jesus", un uomo di cui non avevano mai sentito parlare, ma nelle capanne sulla riva del fiume combattono ancora contro la malaria. Per aiutarli, il governo thailandese ha fatto appiccicare sulle palafitte manifesti in cui si spiega, più con le figure che con parole che nessuno sa leggere, che quando ci si sente deboli e la fronte scotta, allora è meglio chiamare il dottore.

"Jesus?"

"No, non Jesus, dottore."

È dura da spiegare che il dottore e Dio non sono la stessa persona: per chi nasce animista è naturale pensare che chi fa guarire dalle malattie sia pure capace di tenere lontane le zanzare e gli spiriti cattivi. È anche per questo che portano la croce: sono convinti che sia un buon amuleto.

2.

"Massaggio?" Niente brividi caldi, la sera di Mae Hong Son scivola tranquilla e senza peccato. La fama dei massaggi thailandesi è universale e sicuramente meritata, ma quassù, nella valle dello Shangri La, non c'è scelta: la pratica è rigorosamente tradizionale, senza divagazioni erotiche. Il Jimmy's Bar è il supermercato del divertimento in questa ultima frontiera della civiltà: tre piani lungo la via centrale, con il ristorante a livello della strada, la discoteca al primo piano e la sala massaggi al secondo.

"Proviamo?" Proviamo insieme, Carla e io. Centocinquanta bath per un'ora, meno di diecimila lire a testa. Certo, l'ambiente non è a cinque stelle, ma la pulizia sembra perfino accurata. La reception all'ingresso è per metà ufficio e per metà salotto di casa: la signora che segna gli appuntamenti dietro la scrivania, con la cassa e il telefono, il marito che sul divano rosso mangia zuppetta e riso e guarda la boxe thai alla televisione. Ci sediamo accanto a lui, in attesa del nostro turno.

In Thailandia vengo sempre considerato come una specie di Ufo, un simpatico extraterrestre. Perché sono alto e grosso, ma soprattutto perché la natura mi ha dotato di una pelliccetta naturale quasi sconosciuta in questa parte d'Oriente: per gli orientali i peli sul petto sono una curiosità un po' ridicola. Ecco perché quando mi levo la camicia la bruttona che mi fa il massaggio scoppia a ridere come una matta. Carla e io siamo vicini, distesi su due materassi messi a terra e coperti da lenzuola bianche, fresche di bucato. Anche la bruttina che massaggia Carla ride divertita. Guardano lei, bella, bionda, magra e fanno di sì con la testa, in segno di approvazione. Poi guardano me, ridono ancora e usano l'esperanto dell'insulto: "King Kong".

Si divertono e intanto lavorano frenetiche e indefesse. Per pagare un massaggio così, in Italia ci vorrebbe un mutuo. Toccano con sapienza tutte le parti del corpo, senza dimenticare niente: sciolgono le articolazioni con la stessa semplicità con cui noi facciamo scrocchiare le giunture delle dita, tonificano muscoli e fanno ripartire ingranaggi arrugginiti anche sotto la pianta dei piedi. E quando hanno finito, la sensazione di benessere è profonda, è come se dentro il corpo si mettessero in moto tutte quelle rotelle che per anni sono rimaste ferme, come se un interminabile brivido caldo, nulla di erotico, corresse dalla nuca alla punta dell'alluce. "Okay, King Kong?" "Okay, bruttona." Non capisce e ride mentre ci offre il tè di fine massaggio: siamo pronti e scattanti per la notte frizzante di Mae Hong Son.

Scendiamo un piano per raggiungere il night. La ragazza alla porta è di un'efficienza svizzera: appena vede la faccia da straniero che si avvicina, spalanca la vetrata di cristallo e dà il suo benvenuto nella ghiacciaia. Fa un freddo, qui dentro, che servono due maglioni per evitare la congestione. La coca-cola, al contrario, è calda ma si beve così, perché da queste parti è meglio rinunciare al ghiaccio. L'ambiente è simile a quello dei bar di paese, con i tavolini in formica, le sedie di metallo, nessun arredo alle pareti bianche, un paio di faretti sparati sul palchetto dove si esibisce la band, che non suona affatto male: tastiera, chitarra e batteria, più la ragazza che impugna il microfono, fasciata da un abito nero lungo, ma fornitissimo di spacchi. Canta una ventina di minuti, finché in pedana arriva un Little Tony del Triangolo d'Oro che distribuisce sorrisi e baci al pubblico. Tranne che a noi, i soli che nella platea non siano suoi amici. Sarà una serataccia, per lui: travolto dal ritmo di una libera interpretazione dei Police, inciampa, cade e sfonda la batteria. Resta col sedere dentro il tamburo e le gambe fuori, poggiate sui cerchi di metallo, a tirar calci nel vuoto. Sembra l'Italia anni cinquanta: le stesse ingenuità, la stessa voglia di divertirsi.

La notte muore giovane, qui a Mae Hong Son, perché la mattina ci si alza all'alba. Alle sei il mercato è già un ingorgo di gente che vende, mangia, grida, cucina, baratta: lo scambio merce contro merce è ancora pratica frequente, e non deve stupire, perché le tribù che vivono sulle montagne stanno imparando adesso l'uso e il valore del denaro. E allora un duran, frutto farinoso dal sapore gustoso ma dall'odore nauseante, vale ancora una confezione di pane in cassetta, un pollo si scambia con una quantità infinita di verdura. Nel supermarket gestito da una famiglia cinese, sugli scaffali si trovano creme abbronzanti, acquistate soltanto dai turisti, e in giro si vedono jeepponi Suzuki e perfino Mercedes 300, ma nei negozietti sulla strada principale, in mezzo a tanta paccottiglia per vacanzieri, si vendono pure i portapranzo birmani, tre scatole di lacca incastrate una nell'altra.

"È quello che resta di un mondo che piano piano sta scomparendo," dice Presha, 25 anni, di etnia Shan, cioè mezzo cinese e mezzo birmano, che ci farà da guida. È una persona rara anche quassù, perché è capace di parlare tutte le lingue delle tribù che popolano monti e vallate: Karen, Lisu, Laho, Akha, Meo, Yao. Vive come sa e come può, si arrangia tra lavori e lavoretti. Non lo confesserà mai allo straniero conosciuto da poco, ma quando serve si arruola nell'esercito di Kum Sa, lascia la famiglia e va nelle colline dell'oppio.

"Dove stanno?"

"In montagna, sopra i mille metri."

"Sì, ma dove?"

Sorride, Presha. Vige anche qui un codice d'onore che impone rispetto e silenzio: l'esercito di Kum Sa ha ufficiali feroci e una parola di troppo può costare la vita.

"Quasi tutte le piantagioni sono fuori della Thailandia," dice Presha, "perché la polizia di Bangkok è molto efficiente. Chi ci va a lavorare fa una vita durissima, anche se viene pagato bene."

"Quanto?"

"Bene, per vivere come si usa da queste parti. Nessuno nelle tribù e nessuno dei contadini diventa ricco con l'oppio."

Kum Sa, invece, l'imprendibile Kum Sa, è ricchissimo. Chi l'ha incontrato racconta di crudeltà raccapriccianti e di smodate ricchezze: compare tra gli uomini del suo esercito in sella a un cavallo bianco e distribuisce ordini e punizioni. Si dice che sarebbe pronto a compiere quella che gli industriali chiamerebbero riconversione: sarebbe disponibile a bruciare le colline dell'oppio per piantare qualunque cosa, dal granturco al caffè.

"Però vuole che la comunità internazionale lo finanzi," precisa Presha.

Né Onu, né Unesco, né la Fao hanno mostrato disponibilità e così la polizia thailandese continua a cercare le piantagioni e quando le trova le brucia.

"Per le popolazioni di montagna, per gli Akha e i Mong, soprattutto, l'oppio è parte della cultura tribale," spiega Presha. "Soltanto pochissimi abitanti dei villaggi capiscono perché la polizia brucia piantagioni e scorte di oppio. Gli agenti danno fuoco a tutto ma non arrestano nessuno, e fanno bene; però non spiegano perché non si deve coltivare l'oppio, e fanno male. Così, appena se ne vanno, le tribù piantano altri papaveri."

L'oppio è considerato, secondo la tradizione, un ottimo rimedio contro tutti i dolori, dal mal di schiena al mal di testa, dai reumatismi al mal di denti e le tribù di montagna sono convinte che faccia bene anche per la tosse e aiuti perfino ad addormentarsi. "A volte," aggiunge Presha, "viene usato anche nei festeggiamenti, nelle cerimonie importanti: come l'alcol nella vostra società."

L'aereo è già decollato. È un piccolo turboelica, diretto a Chiang Mai, la seconda città thailandese. Per Presha è il terzo volo.

"Paura?"

"Un po'," sorride. "Da ragazzino," racconta, "andavo a Chiang Mai con mamma e papà: marciavamo una settimana, su e giù per le colline. Prima che nascessi io, loro due si spostavano a dorso di elefante."

È gente abituata ad adattarsi, a non chiedere alla vita troppe comodità. Questa valle del Paradiso, come chiamano la zona intorno a Mae Hong Son, ha panorami stupendi, ma chi arriva dall'Occidente preferisce osservarli dall'alto, spaventato dall'idea di dover affrontare almeno tredici ore di macchina e 1864 curve. Con venti minuti d'aereo si arriva a destinazione.

Presha non è troppo d'accordo. Suda e non riesce a guardare sotto. Mi ricorda un "uomo blu" che incontrai nel Sahara. Sotto la sua tenda bevevamo un tè che mi terremotò lo stomaco per una settimana: mi chiese da dove arrivavo e quando gli risposi "Dall'Italia" dimostrò di sapere, più o meno, dove si trovava. Allora mi domandò quanto tempo ci avevo messo per arrivare fin lì: "Tre ore d'aereo," risposi e credo di averlo spaventato, perché chiuse gli occhi, come si fa quando si ascolta qualcosa di incredibile. Presha è un po' come quell'uomo blu, affezionato agli elefanti come il Tuareg lo era ai cammelli. E fa tenerezza. Si distrae soltanto quando la hostess della Thai, servizio perfetto anche su un volo di venti minuti, offre il vassoio della colazione con tramezzino e caffè.

"Va meglio?"

"Sì, grazie."

A terra Presha si sente più a suo agio e riguadagna perfino il sorriso, per niente infastidito dalle centinaia di curve che affrontiamo per arrivare a Fang dove all'imbarcadero ci aspetta un'altra canoa. Servirà per discendere il Mekok, affluente del grande Mekong, quello che sfocia a sud-ovest di Saigon, oggi ribattezzata Ho Chi Minh City.

La fascia rossa intorno alla fronte affascina e mette paura. Questo soldato thailandese che ci scorta sulle canoe del Mekok ha il compito di proteggerci: è un Rambo con gli occhi a mandorla, un ragazzone con muscoli costruiti in palestra e coltivati con anabolizzanti. Imbraccia un fucile mitragliatore d'assalto, cinque chili di ferro che danno sicurezza a lui e agitano noi. È fermo sulla punta della piroga: controlla una sponda e poi l'altra. "Hanno sparato, qualche giorno fa: da quella collina su una barca. Ma non hanno colpito nessuno."

È terra di straordinaria pace naturale, con il fiume che scorre lento e gentile, e accompagna senza fatica tonnellate di piante acquatiche, fiorite e non, che possono essere semplici giardini galleggianti o diventare micidiali trincee travestite da cespugli. I racconti del Triangolo d'Oro sono storie che non conoscono invenzione: la fantasia, da queste parti, non riesce a essere brutale come la realtà.

La leggenda delle crudeltà di Kum Sa narra di teste di suoi soldati disobbedienti fatte saltare con un colpo di scimitarra, di contadini crocefissi agli alberi per aver chiesto un po' di denaro in più e frustati per punizione fino a scoprire le ossa della schiena. Un dittatore senza scrupoli, protetto da complicità internazionali, da amici potenti ai quali va il suo concreto ringraziamento sotto forma di narcodollari, come quelli della Colombia.

La paura di Kum Sa arriva fin qui, dove un tempo si estendevano le sue piantagioni. C'è silenzio, la solita placida calma dei villaggi sul fiume, con i bambini che sguazzano nell'acqua e inseguono le canoe che scivolano lente. Ma c'è pure tensione, per quello che il soldato ci ha appena detto: "Hanno sparato, qualche giorno fa".

Come cambiano le situazioni: adesso sono io a essere più agitato di Presha, che invece è tranquillo, ben acquattato sulla canoa.

"Paura?" mi sfotte.

"Come te sull'aereo," rispondo. E lui ride. Il Rambo con gli occhi a mandorla ci butta un'occhiata e socchiude la bocca in un ghigno: "Tutti a terra!"

Ma è solo perché siamo arrivati.

3.

Come benvenuto non c'è male in questo villaggio Akha. Si passa sotto la Porta degli Spiriti, una piccola architrave di legno, ornata da sculture di ogni tipo, animali, uccelli, elicotteri, perfino la sagoma di un M16. Ma soprattutto dalle figure un po' rozze e a grandezza quasi naturale di un uomo e una donna pronti, anzi prontissimi, a fare l'amore: lei a gambe divaricate, lui in posa da *homo eroticus*. "Si divertono qui, eh?"

"Piantala," mi rimprovera Presha, "ti porto a casa di un amico."

La casa è identica a quella delle donne giraffa, una capanna di bambù costruita su pali che la tengono sollevata da terra per consentire una migliore circolazione dell'aria, e l'amico è Niti, 28 anni, cacciatore, una faccia tagliente che non ispira una gran simpatia. Perché, lo scoprirò più tardi, è come tutti gli Akha, indolente e sporco. Presha capisce: "Se credi di poter giudicare quest'uomo e la sua tribù per come appaiono, è inutile che restiamo. E se non ti piace perché pensi che traffichi in droga, hai ragione: è stato tre anni in carcere a Bangkok. Te ne vuoi andare?"

Un orientale offeso o arrabbiato è peggio di un tornado. Guardo istintivamente verso il Rambo dagli occhi a mandorla, come a cercare la protezione della legge. È rimasto vicino alla porta del villaggio, con il mitra piantato per terra in mezzo alle gambe. "Scusa," mormoro a Presha, e mi costa un po' di fatica. "Vieni," dice, "ti spiego come vivono."

Ritorniamo indietro, verso la Porta degli Spiriti: "La chiamano law-kah," spiega Presha. Poi guarda Niti e gli fa cenno di parlare: "La rifacciamo ogni anno. Prima di cominciare, lo sciamano della tribù prende zuppa di riso, il whisky che facciamo noi con il grano, succo di zenzero e acqua fresca, versa tutto in una tazza di bambù, mescola uova e riso e lo offre agli spiriti degli antenati. Soltanto allora si comincia a lavorare". Perché possa essere davvero efficace e sprigionare tutti i suoi benefici effetti, la porta deve essere costruita a qualche decina di metri dal villaggio, ma non oltre l'inizio della foresta. Gli Akha fanno dipendere la buona e la cattiva sorte proprio dalla scelta del luogo: "Se si ammalano molte persone o si incendiano alcune case, dobbiamo spostare la porta. E se succede qualcosa di peggio, dobbiamo spostare tutto il villaggio". È un luogo ritenuto sacro, al punto che durante la costruzione, alla quale partecipano tutti, nessuno può togliersi i pantaloni e nemmeno arrotolare gli orli: chi osa avvicinarsi senza maglietta, viene punito e obbligato a sacrificare un maiale agli spiriti degli antenati.

"Niti, il farang vuole sapere a cosa servono quelle sculture, quei nudi di uomo e donna." Il farang sarei io, è il sostantivo vagamente dispregiativo con cui si indicano gli stranieri. "Per gli Akha," spiega Faccia Tagliente, "non c'è nulla di male se un uomo e una donna si abbracciano o si baciano in pubblico, o anche se fanno l'amore prima di essere sposati."

"Succede anche da noi," rispondo.

"Le nostre donne," continua, "non fanno l'amore con tutti, come gli animali; le nostre donne devono amare l'uomo al quale donano il cuore e il corpo, devono amarlo molto."

"Anche le nostre," rispondo, con la faccia di chi sa che sta mentendo.

Proprio non funziona tra me e Niti. C'è tra noi una diffidenza che raramente mi è capitato di provare: lui non mi piace e la sua arroganza mi infastidisce. Pure lui deve sentire la mia ostilità. Però siamo a casa sua, e dovrei essere io ad adattarmi. Prendo Presha sottobraccio con una scusa: "Che devo fare?"

"Nessuno ci ha obbligati a venire qui e nessuno ci trattiene: sei libero di scegliere."

Non è un grande aiuto, ma un minuto di conversazione ci consente di allontanarci da Niti, che forse non aspettava altro e torna nella sua capanna. Presha mi racconta che Niti ha già lasciato tre mogli, e ora sta per piantare la quarta perché ha trovato una nuova fidanzata.

"Ho capito," sdrammatizzo, "perché è così nervoso."

"Non scherzare: non riesce ad avere un figlio e allora cambia donna in continuazione."

"Non sarà colpa sua?"

"Impossibile, un uomo Akha non è mai sterile."

La scienza è un pianeta sconosciuto per chi si affida alla Porta degli Spiriti. Però, che pace tra questi vialetti polverosi. Le case di bambù allineate una dopo l'altra sul crinale della collina, i bambini che corrono e si rotolano per terra, sporchi da far paura ma forse davvero felici, sicuramente spensierati. Non soffrono la fame e nemmeno il freddo, perché in questa terra fortunata che è la Thailandia basta buttare un seme per terra per veder spuntare una pianta e a questa altitudine, poco più di mille metri, le giornate sono calde e le notti dolci.

Da qualche anno, però, è arrivata una preoccupazione anche per i bambini. Il governo ha deciso di avviare un programma di educazione delle tribù, perché almeno le nuove generazioni possano parlare il thai, oltre ai loro dialetti, e siano in grado di leggere e scrivere. Così in mezzo al villaggio hanno costruito una capanna e l'hanno chiamata scuola.

"Abbiamo lezione dalle sei alle otto di mattina e dalle sette alle nove di sera; qualche volta facciamo scuola anche nei campi": Meesia ha 9 anni, la pelle scura e gli occhi arrossati da qualche infezione.

"Che vuol dire fare scuola nei campi?" chiedo a Presha.

"La vita delle tribù," risponde lui, "si svolge nei campi e i bambini aiutano le mamme che vanno a lavorare nelle piantagioni. Così i maestri seguono i bambini e qualche volta le lezioni si fanno tra l'oppio e i broccoli."

"La mia maestra," dice Meesia, "viene da Bangkok ed è grassa: arriva nelle piantagioni sempre stanca e affamata. La sera è più contenta, quando facciamo lezione nella scuola del villaggio: c'è una grossa lampada a olio, fa molta luce."

È buia, invece, la casa di nonna Boo-Se, 82 anni, il viso ricamato dalle rughe, la bocca devastata dal betel, il corpo sfinito dall'oppio. È una *addicted*, un'oppiomane: "Non ho più niente per colpa dell'oppio, ho venduto tutto ma non riesco a smettere di fumare. È tardi per me, sono troppo vecchia e senza l'oppio potrei anche morire".

Non ha collezioni di pipe, non ha l'animo gioioso di chi si abbandona al piacere. Non sta in piedi, è intontita, magra come Gandhi nei giorni del digiuno, sembra condannata a spegnersi tra un attimo. La gente del villaggio non l'ha dimenticata e l'aiuta come può: ma nessuno le regala l'oppio. È suo marito che glielo porta: "Fumava anche lui, ma lo hanno ricoverato nell'ospedale di Chiang Mai ed è riuscito a smettere. Anch'io ci sono stata, tre volte; ma non sono servite".

Nonna Boo-Se, che pena fai. È talmente minuta che sembra una bambina di pochi anni, fatica a respirare, non mangia quasi più, le dà fastidio la luce del sole. Seduti per terra con le gambe incrociate, rimaniamo un'ora a parlare con lei, quasi senza farle domande, semplicemente ad ascoltare quello che ha voglia di raccontare. E come succede a tutti i vecchi, il pensiero corre indietro, quando gli anni erano pochi: "Da giovane provai l'oppio per scherzare. Vivevamo nelle montagne e nella giungla non c'era nessun posto dove andare, non avevamo radio o automobili: l'oppio diventò il nostro divertimento. Mi piaceva fumare un po' e allora nessuno ci condannava per questo, non era contro la legge e potevamo coltivare la nostra piccola piantagione. Adesso arriva la polizia e brucia tutto: per questo l'oppio è diventato così caro, il prezzo cresce ogni anno".

È un sussurro di rimpianti: "Che bello che era: potevo prendere la mia pipa, andare nei campi, stendermi sull'erba e fumare". E adesso, nonna Boo-Se? "È dura, adesso. Mio marito guadagna trenta o quaranta bath al giorno (duemila-duemilacinquecento lire) ma a me ne servono almeno cinquanta (circa tremila lire). Quando non ho abbastanza denaro uso gli scarti già bruciati che mischio con un pezzetto di oppio puro: meglio di niente."

Si spegne all'improvviso, come se avesse finito la carica. Lascia che la testa scivoli indietro, sullo stesso cuscino rigido di cotone che la sorregge quando stringe la sua pipa. Nonna Boo-Se si è addormentata: "Ha ancora il sonno leggero, basta un rumore e si sveglia. Andiamo fuori". Provo un impeto di affetto, per questa vecchia malata e stanca, così indifesa nel suo vizio: la accarezzo sulla guancia, come forse non ho mai fatto con le mie nonne. Penso a loro quando mi allontano e mentre mi volto, vedo Niti affacciato alla porta: ci guardiamo negli occhi, per la prima volta senza cattiveria.

Stasera si dorme qui, forse nella casa di Niti. Hanno già messo le pentole sul fuoco, tra poco si mangia. Presha mi chiama: "Ti devo dire una cosa".

"Dimmi."

"Questa gente ha tradizioni antiche e in questo villaggio non hanno ancora confidenza con gli stranieri, non sono in molti ad arrivare fin qui."

Se la prende così da lontano, vuol dire che il pericolo è grosso.

"Dimmi, Presha, che succede?"

"Bene, il menù non è proprio a scelta, si mangia quello che c'è."

"Nessun problema."

"Beh, ecco, gli Akha sono famosi per le loro stravaganze."

"Presha, per favore, dimmi qual è il problema."

"Mangeremo cane."

Carla quasi urla. Non riesce a guardarmi mentre mangio le lumache o le rane, figuriamoci se riesce a sopportare l'idea di addentare un pezzo di cane arrostito. Poverina, mi guarda con l'aria smarrita di chi capisce che non c'è soluzione: non partecipare al banchetto sarebbe offesa troppo grande per la tribù ma immaginare di assaggiare una coscia di cane è, per Carla, impresa troppo ardita. Presha si preoccupa. Io, invece, trovo tutto molto divertente e perfino eccitante. I miei amici hanno sempre sostenuto che deve esserci qualcosa di patologico nella mia mania di voler provare sempre e comunque qualunque cibo mi venga proposto. Una strana malattia, secondo alcuni, una perversione di origine psicologica secondo altri. Personalmente mi ritengo un seguace di Marvin Harris, l'antropologo americano famoso per aver scritto *Cannibali e re* e *Buono da mangiare*. "Considerato che gli indù esecrano il consumo della carne di manzo," scrive Harris, "che ebrei e musulmani aborriscono quella di maiale, che gli americani hanno una certa difficoltà a trattenere il vomito al solo pensiero di uno stufatino di cane, si può nutrire il fondato sospetto che ci sia qualcosa al di là della pura e semplice fisiologia della digestione a influire sulla definizione di ciò che è buono da mangiare." Enigmi del gusto e consuetudini alimentari dipendono da complessi condizionamenti ambientali ed economici e i cibi "buoni da mangiare" sono quelli che fanno pendere il piatto della bilancia dalla parte dei benefici pratici rispetto ai costi. "Buoni da pensare," suggerisce Harris, "prima ancora che buoni da mangiare. Se si vogliono spiegare preferenze e avversioni relative al cibo, la spiegazione non deve essere cercata nella qualità delle derrate alimentari, bensì nelle strutture mentali di un popolo."

Convinto sostenitore del relativismo culturale, in giro per i continenti ho divorato un ottimo pipistrello arrosto su una spiaggia di Mahè alle Seychelles, uno straordinario canguro alle fragole in Australia pochi giorni prima di assaggiare i *wittchetty grubs*, i vermi grossi come lombrichi che vivono dentro le radici delle piante del deserto e che una famiglia aborigena mi ha arrostito con tanto amore sotto la sabbia ardente. Ho gustato un altro verme in Messico, affogato nel mescal e sopportato un mediocre spiedino di coccodrillo in Papua Nuova Guinea. Ho anche conosciuto un ex cannibale, Francis, convertito al pollo dai missionari cattolici. Sul fiume Karawari mi ha parlato benissimo della carne umana: "*Delicious*," mi diceva, riferendosi ai lombi. Mi ha scatenato una tremenda curiosità. Gastronomicamente, nulla mi spaventa e tutto mi diverte. Figuriamoci se mi creo problemi per un arrosto di cane.

Che poi non è nemmeno un arrosto. Perché la tradizione Akha vuole che il cane venga prima bollito e poi sminuzzato a farne polpette impastate con maiale, pollo e uova. È un'antica ricetta molto usata contro la malaria, diventata poi un piatto tipico. "Ma dai, Carla: sono polpette." Certo, non c'è il tritacarne, e le polpette più che macinate sono un assemblaggio di pezzi di carne tenuti insieme dalle uova. Fanno un po' schifo anche a guardarle, però è il sapore quello che conta. Seduti per terra intorno al fuoco, siamo in attesa.

"Mmm." Carla mugugna. L'odore non aiuta. Dal marsupio legato alla vita, tira fuori con discrezione una boccetta di profumo: serve per distrarre le narici dagli aromi del villaggio e per ottenere una sferzata di energia. Insomma, un effetto Cynar.

"Assaggio, eh."

Allungo una mano verso la ciotola di bambù. Carla si gira, perché nessuno dei cinque sensi presti attenzione a quello che secondo lei è un orrore. Un attimo di debolezza mi costringe a deglutire: do un'occhiata in giro e vedo mezza tribù che mangia senza problemi e l'altra metà che mi guarda, come se un galateo primitivo li spingesse naturalmente ad aspettare che l'ospite apra il banchetto. Allora impugno la polpetta con tre dita, la stringo bene e sento che è bella dura, la alzo, come se dovessi fare un brindisi e butto tutto in bocca.

La gente mormora anche nei villaggi Akha e adesso il mormorio è proprio compiaciuto: sono contenti di vedere che il farang apprezza. Non so ancora cosa succederà e ignoro il sapore di questo cocktail di carne, perché ho parcheggiato la polpetta in un angolo della bocca, in fondo a sinistra. Mi guardano in tanti: Carla, Presha, e da lontano anche Niti. Sorrido, a bocca ancora chiusa, naturalmente. Inspiro e azzanno.

"*Good*," dico.

Bugiardo. Assalita dai denti, la polpetta esplode come una mina anticarro e lancia schegge di carne dappertutto: in alto a destra il maiale, a sinistra il pollo, in basso il cane. Non posso dire di cosa sappia l'ex cucciolo, non riesco a gustarne il sapore: riconosco soltanto il pollo ma il giudizio complessivo è assolutamente insufficiente. So che non posso fermarmi e devo prenderne almeno un'altra. Mi soccorre il riso, quello appiccicoso che usano da queste parti, ottimo per fare una specie di scarpetta nelle salse piccanti: mischio tutto e distribuisco sorrisi.

Sudo come una fontana, perché per nascondere sapori spiacevoli sto usando tonnellate di peperoncino. Non ce la faccio più, sto a bocca aperta per rinfrescare labbra e lingua, ogni tanto metto in bocca una palletta di riso senza niente, per assorbire il fuoco.

"Bevi."

Niti mi è arrivato vicino senza che me ne accorgessi. Mi porge una tazza con dentro un liquido che fuma e sembra acqua.

"Che cos'è?"

"Bevi."

"Non bevo se non so cos'è."

"È acqua bollente, purificata, serve per far passare il bruciore del peperoncino."

Non ho scelta, e bevo. Pochi secondi e mi sento molto meglio, scompare anche quella sensazione fastidiosa di presvenimento: avevo le idee annebbiate, sentivo la testa alta qualche centimetro sopra il collo. Niti mi guarda, mi batte una mano sulla spalla e per la prima volta mi sorride.

4.

Rileggo spesso Chatwin e Crichton. Mi piace il loro considerarsi sempre "in viaggio," la sfrenata ansia di arrivare il più lontano possibile, da qualunque cosa si parta, mi piace il coraggio di mettersi sempre alla prova per superare limiti e paure. Per Bruce Chatwin, morto a 49 anni, la vita è stata "un viaggio fatto a piedi". Non si è mai seduto: "Che ci faccio qui?" scriveva pochi mesi prima di morire. "Sono disteso supino in un ospedale del National Health Service e continuo a sperare, a pregare che i brividi e le febbri che mi tormentano da tre mesi siano sintomi di malaria, anche se dopo molti esami del sangue non mi hanno trovato nemmeno un parassita."

Che ci faccio qui?, è il titolo dell'ultimo libro di Chatwin. È l'attimo di debolezza o di smarrimento, la tentazione della resa. Sensazioni ben conosciute anche a Michael Crichton che in *Viaggi* scrive: "Mi trovo in una casa di paglia nel Tari, una regione sperduta tra le montagne della Nuova Guinea. Seduti intorno al fuoco ci sono sei uomini muscolosi, nudi se non per gonne di paglia, becchi di buceri al collo, bastoncini nel naso e pittura colorata sul viso. All'esterno sento il fruscio dei pipistrelli nella notte... Anne Marie e io ci ritiriamo nella stanza accanto e ci infiliamo nei sacchi a pelo. Topi squittiscono e razzolano qua e là. Nelle stanze vicine si sentono discussioni, bambini che piangono. Pulci saltano all'interno del sacco a pelo, pungono, mi arrivano nel naso. Finalmente riesco ad addormentarmi. Il mio ultimo pensiero è: cosa ci faccio qui?"

"Che ci faccio qui?" me lo chiedo anch'io, disteso per terra dentro la capanna di Niti. La testa appoggiata sullo zainetto, lo sguardo verso l'alto, l'occhio che ogni cinque minuti corre ansioso a guardar l'orologio sperando che il tempo passi in fretta. Ogni sguardo è una delusione: "Ancora..."

"Che fai, dormi?"

Carla risponde come i pastori sardi, con quello schiocco secco e infastidito della lingua contro il palato: "Nnzz, che vuoi dormire?"

Siamo una comitiva, dentro questa capanna. C'è la famiglia di Niti, con genitori e fratelli, ci siamo noi, c'è la guida e ogni tanto sale pure qualche cane scampato alle battute di caccia che lo avrebbero portato in pentola: Fido arriva scodinzolando, annusa chi dorme, si accuccia vicino a chi ispira simpatia e si addormenta.

Gentili e ospitali, i parenti di Niti ci hanno offerto la sistemazione migliore, non proprio un appartamentino ma una camera, come dire, riservata, separata dal resto della capanna da una sottile parete di canne intrecciate. Ripenso a Crichton e alla sua notte tra gli aborigeni della Nuova Guinea: noi siamo più fortunati, perché non sentiamo le liti dei vicini, non ci sono bambini che piangono né pulci che saltano, non si sentono né si vedono topi, anche se questo non basta ad avere la sicurezza che non ci siano. Condizioni ideali, si fa per dire, per un buon riposo.

"Perché non dormi?"

Carla detesta la volgarità ed evita, per quanto può, le espressioni più colorite. Ma questa volta non rinuncia all'insulto.

"Che fai, ti arrabbi?"

"Che bisogno c'era, dico, di dormire qui? Ci sono bellissimi alberghi a pochi chilometri."

Che rispondo? Che sono stato ammaliato dal fascino dell'esotismo? Oppure che sono preda di una voglia selvaggia di avventura? Evito di affrontare un dibattito alle due di notte: "Ormai siamo qui," dico, "resistiamo".

Ci tiriamo su e poggiamo schiena e testa contro una parete. C'è luna piena e tra un bambù e l'altro filtra la luce. Dormono tutti, e qualcuno russa. Dormono con i vestiti, distesi su piccole stuoie identiche a quelle che usiamo noi sulle spiagge, non hanno cuscini e riposano girati su un fianco.

"Ancora le due, che si fa?"

Decidiamo di affrontare la notte fuori della capanna: troppo noioso restare svegli quando il resto della casa è un dormitorio. Scendiamo la scaletta, cinque gradini, e siamo nel viale. Assolutamente deserto.

"Adesso?"

"Adesso siamo qua, sotto la luna, nel Triangolo d'Oro."

"Ma perché non riusciamo a dormire?"

La domanda sembra seria. Azzardo la risposta più semplice: "Perché non siamo abituati a dormire per terra".

Carla non risponde.

"Forse sarà anche la cena a base di cane, magari è un po' pesante."

Lei, però, non l'aveva nemmeno assaggiato.

Decidiamo di fare una passeggiata. Siamo nella parte alta del villaggio, dobbiamo percorrere qualche centinaio di metri in lieve discesa per arrivare fino alla Porta degli Spiriti. C'è un silenzio irreale, inquietante. Camminiamo lentamente, come se all'improvviso avessimo paura di qualcuno che non riusciamo a vedere, come se stesse per accadere qualcosa.

"Torniamo nella capanna": più che un invito è una richiesta. Carla è impressionata e anch'io non sono completamente tranquillo. Eppure, non c'è alcuna ragione per essere nervosi. Le capanne quasi in fila, una dietro l'altra, danno una sorprendente idea di ordine. E il cielo, così carico di luce, squarcia l'angoscia della notte. Nessun ululato, nessuna bestia strana in giro: il ballo coi lupi non è rischio che si corre.

È in fondo al viale che c'è buio, sul confine della foresta, appena oltre la Porta degli Spiriti, dove le statue di due Akha, un uomo e una donna, danno il benvenuto o l'arrivederci a chi arriva o se ne va. È la pace notturna di un villaggio qualunque: fossimo in Maremma o sulle Ande, avremmo le stesse sensazioni.

"Chi è?"

Sento la mano di Carla che stringe il mio braccio.

"Chi è?" ripete.

Qualcuno corre tra gli ultimi alberi della foresta e la Porta degli Spiriti.

"Che succede? Andiamo via."

Non è la corsa sfrenata di chi sta scappando, non si sentono le urla di chi cerca aiuto. E infatti è una donna che gioca, nuda, a farsi rincorrere dal suo amico di questa notte. Esce anche lui dall'intrico di foglie: quattro salti e la cattura. Ridono, e ci tranquillizzano. La tensione diventa curiosità e la diversità etnica è solo una scusa pseudoculturale per giustificare la tentazione di abbandonarsi a qualche minuto di voyeurismo. Ci nascondiamo dietro una casa e guardiamo quello che succede.

Succede quello che accade a ogni latitudine del mondo. Solo che qui, nel villaggio degli Akha, è più normale che altrove. Le case sono troppo affollate per diventare teatro di sfrenati rodei del sesso e i giovani, ricchi di energie, preferiscono i campi di broccoli o il sottobosco della foresta per i loro appuntamenti erotici. Nessuno aveva sentito sussurri o grida, nessuno si era accorto dell'assenza dei due: e comunque, se qualcuno se ne fosse accorto, aveva deciso di ignorare l'evento. Lo aveva detto Niti: "Non c'è nulla di male se un uomo e una donna si abbracciano o si baciano in pubblico, o anche se fanno l'amore prima di essere sposati".

Quello che non riusciamo a capire, continuando a guardare verso la foresta, è cosa succede proprio accanto a una delle statue. C'è qualcosa che oscilla, come fosse un pendolo. Ma mosso da chi? "Non andare," suggerisce Carla.

Non è che abbia torto. Avvicinarsi troppo ai due allegri ragazzi sarebbe sicuramente un gesto poco educato e, considerato che siamo a casa loro e la faccia da stranieri ce l'abbiamo noi, potrebbero anche scambiarci per intrusi pericolosi e reagire con violenza. Restiamo a guardare, protetti dalla casa.

Il pendolo continua a oscillare tranquillamente e proprio in quella direzione si avviano, mezzi nudi e abbracciati, i fidanzatini Akha. Si baciano ancora, si accarezzano. Si fermano, proprio davanti a quell'oggetto che ha smesso di oscillare. I ragazzi alzano una mano, come se stessero salutando qualcuno e quello strano oggetto cambia movimento: prima oscillava da destra a sinistra, adesso si muove dal basso in alto.

"Ma che cos'è?"

Non capisco e non riesco a immaginare. L'unica cosa che possiamo fare è acquattarci ancora meglio dietro la casa, lasciare che i fidanzatini Akha se ne tornino a dormire e poi andare a vedere.

Non c'è bisogno di aspettare, perché dal buio spunta un'altra persona, un pendolo umano che oscilla a destra e a sinistra e tiene in mano una bottiglia.

"È Steve."

Dannato neozelandese. Aspettiamo che i ragazzi rientrino nelle loro capanne prima di andargli incontro.

"Anche tu non riuscivi a dormire?"

"Assolutamente. Avevo un sonno terribile, ma avevo anche bisogno di un sorso di whisky."

Non è nelle sue peggiori condizioni: bere da solo non gli piace molto, lo intristisce e per svuotare bottiglie intere ha bisogno di compagnia. È felice di averci incontrato: "Venite, ho scoperto un posto stupendo, festeggiamo con un brindisi". Inevitabile. Torniamo indietro, verso la Porta degli Spiriti.

"Questa statua è comodissima," dice sedendosi per terra, con la schiena appoggiata sulla gamba dell'Akha di legno. "È un ottimo punto di osservazione," aggiunge, "da qui mi sono gustato uno spettacolino..."

"Sporcaccione," lo rimprovera Carla.

"E perché?" chiede Steve, "loro sapevano che ero qui, mi avevano visto."

Il bar è ufficialmente aperto. Dalla busta di plastica Steve tira fuori la bottiglia portatile di Johnny Walker, la bottiglietta d'acqua e tre bicchieri di plastica.

"Grazie, Steve, per me solo acqua."

Non amo il whisky, lo trovo più indigesto di un piatto di fagioli con le cotiche.

"Ti farà male," osserva Steve, "tutta questa acqua."

Si brinda, ciascuno con il suo cocktail. "A captain Steve," propone il neozelandese, "e al suo whisky bar."

"Che è questa storia del whisky bar?"

"Ho un locale, da queste parti, una capanna che devo trasformare in bar."

"Ma dove?"

"Non saprei esattamente, dev'essere qui vicino, su qualche collina. Ricordo che quando l'ho comprato faceva freddo, dunque più in alto di qui."

Sembra il racconto di un pazzo, ma Steve non è completamente ubriaco e almeno un fondo di verità ci deve essere. Insisto: "Hai comprato un bar?"

"Non proprio un bar, ho comprato una capanna che voglio trasformare in bar. L'ho pagata ottocento dollari."

"Ma come ti è venuto in mente?"

"Direi che non mi è affatto venuto in mente. Solo che quando il capotribù mi ha detto di aver riunito il consiglio degli anziani e che tutti insieme avevano deciso di accettare la mia proposta, non potevo più tirarmi indietro."

Mi viene da ridere, perché sembra veramente folle che un neozelandese, con tutte le attività in Italia, decida di comprare una capanna nel nord della Thailandia per aprire, chissà quando, un whisky bar.

"Steve, eri ubriaco?"

"Completamente."

Storce la bocca in una smorfia divertita, ma anche un po' triste. Ogni volta che si guarda con distacco, ogni volta che si giudica, Steve viene colto da una tristezza infinita perché quelli sono i soli momenti in cui non si giustifica e si rende conto della sua condizione. Racconta la sua ultima follia con la faccia contratta, gli occhi rossi e invasi da quella patina lucida che non è commozione ma un avviso di garanzia per le malattie del fegato: o smette, e presto, o saranno guai.

"Eravamo saliti fino a quel villaggio, credo fosse una tribù Meo, per vedere come vivevano. Una bellissima tribù, talmente accogliente che ci siamo fermati a cena e poi a dormire, proprio com'è successo qui, con questi Akha. Solo che lassù faceva freddo e non bastavano coperte e falò per scaldarci. Abbiamo cominciato a bere, whisky e mekong: chiacchieravamo intorno al fuoco, qualcuno ballava. Di sicuro devo aver parlato della bellezza del panorama, del fascino di questa zona e mi sembra di ricordare di avere indicato una capanna con il dito, mi sembra di aver detto qualcosa su un whisky bar. Poi ho il vuoto, perché devo essermi addormentato. Mi sono risvegliato nel cuore della notte nella capanna del capo: ero steso su una stuoia, accanto a una parete con molte altre persone. Nel centro della capanna c'era un fuoco al quale badava una delle figlie del capo: per le loro credenze, quel fuoco non si deve mai spegnere e a turno, anche di notte, c'è chi lo tiene acceso. La bevuta della serata stava dando i suoi frutti e dovevo fare pipì: ricordo di essere andato, con fatica, fino alla porta e di averla subito richiusa con spavento, perché ero sull'orlo di un precipizio. Forse avevo sbagliato uscita, ma la vestale del falò non mi ha dato alcuna indicazione e sono tornato a letto. La mattina dopo, il capo mi ha battuto una mano sulla spalla e mi ha detto che potevo considerare concluso l'affare. Mi ha spiegato che aveva riunito il consiglio degli anziani e avevano accettato la mia proposta di acquisto. Ho fatto finta di ricordare e ho pagato ottocento dollari. Evviva, alla salute."

Steve abbandona la testa sul ginocchio dell'Akha di legno e si addormenta subito. Anche Carla si arrende al sonno, appoggiata alla statua della donna. Resto sveglio, tra le capanne e la giungla, con l'occhio che brucia e lo stomaco che si lamenta: non ho mangiato molto a cena, il cane non stimolava l'appetito, e metterei volentieri qualcosa sotto i denti. È in questi momenti che si ripensa al frigo di casa: apri e zac, afferri l'acqua minerale o la marmellata, il formaggio o un frutto. Meglio qui? Meglio la vita naturale e spartana?

Ripenso alla danza dopo cena, a quei ritmi lenti, ai passi cadenzati, ai movimenti goffi. Per gli Akha, il tema fondamentale dell'esistenza è la continuità e ogni membro della tribù considera se stesso un anello nella catena della vita. Per questo hanno un codice poetico di diecimila versi che governa il loro universo, dal risveglio al sonno, dalla nascita alla morte e regola tutto, dalla religione alla medicina, dall'agricoltura alla lavorazione del ferro. Il capo religioso del villaggio deve imparare il codice a memoria e tramandarlo verbalmente perché gli Akha non usano alcun tipo di scrittura.

Vivono così, alla vigilia del 2000, e non sembrano scontenti. Non conoscono altro, non hanno desideri inappagati. Hanno imparato l'uso del denaro e questo li sta cambiando, perché hanno capito che ci sono tondini di metallo e pezzi di carta chiamati monete con cui si possono comprare delle cose. Già questo, per una popolazione che vuole custodire tradizioni antiche, è un cambiamento notevolissimo. Quando si smette di utilizzare soltanto oggetti prodotti da se stessi, dalla famiglia o dalla tribù, quando si usa qualcosa che è fabbricato o coltivato da altri e si ottiene non barattando ma spendendo denaro, allora si smette di essere primitivi. Capacità di adattamento, direbbe qualcuno. Claude Lévi-Strauss, antropologo e teorico dello strutturalismo, spiega tutto con un aneddoto in *Tristi tropici*: "Un indiano, l'ultimo miracolosamente scampato allo sterminio delle tribù californiane ancora selvagge, visse per molti anni ignorato da tutti aguzzando punte di pietra per le sue frecce che gli servivano per la caccia. Ma a poco a poco la selvaggina sparì e l'indiano fu trovato un giorno, nudo e morente di fame, all'entrata di un sobborgo. Finì così pacificamente la sua esistenza come guardiano dell'Università di California".

Ho paura che non sia troppo lontano il giorno in cui anche qui smetteranno di costruire la Porta degli Spiriti. Mentre ci penso, mi accorgo che è quasi l'alba. Uno dei galli dà già segni di nervosismo e comincia a cantare: lo imitano in molti e in pochi minuti il villaggio è in piena attività. Le donne sono già pronte per andare nelle piantagioni: in testa hanno il copricapo più ricco di tutte le tribù, decorato con monete, palle e monili d'argento, i simboli della ricchezza femminile. Indossano casacche scure e gonne corte, bordate da strisce multicolori, e ghette di tessuto nero che coprono le gambe dal ginocchio alla caviglia. Gli uomini vanno a caccia, i bambini a scuola. Noi torniamo a Chiang Mai.

5.

Inguaribili igienisti. Sono appena due giorni che non ci laviamo e già diamo segni di insofferenza. Non siamo abituati a fare a meno della doccia e il caldo umido crea qualche problema in più. Mi sento distrutto, questa mattina, perché una notte senza dormire e la pelle appiccicosa mi danno un senso di sfinimento contro il quale non so cosa fare. Mi affido all'autoironia, per tentare un recupero: "Che dici, mi lascio crescere la barba?"

"Ma ti sei visto?"

"Credo di non aver notato lo specchio nella capanna."

Però la curiosità mi è venuta. Mi punto la telecamera in faccia, giro qualche secondo, blocco, mando il nastro indietro e mi rivedo.

"Sono così?"

Ho sempre avuto una relativa facilità a entrare in sintonia con le persone e le loro abitudini, così due giorni nel villaggio Akha sono stati sufficienti per farmi somigliare a uno di loro: ho l'occhio a palla e la stessa faccia allucinata di chi si è massacrato d'oppio — io l'ho soltanto preso in mano, giocando con una palletta come fosse un pezzo di pongo — ho gli spunzoni della barba e brandelli di pelle che cominciano a staccarsi, bruciati dal sole. Confesso di essere uno di quegli uomini che contribuiscono a tenere alto il fatturato dell'industria cosmetica maschile e ho il viso abituato all'idratante: non mi lamento se dopo essere stato al sole non posso mettere l'*aftersun*, ma mi viene via la pelle.

Non è che ci siamo lasciati contagiare dalle credenze Akha e abbiamo scelto la sporcizia. Questa tribù è convinta che l'acqua, così diversa da tutti gli altri elementi naturali, possa anche nascondere degli spiriti maligni: per questo evitano contatti che ritengono a rischio e si lavano una volta l'anno, in una giornata scandita da riti particolarissimi. Noi avevamo i nostri beauty, pieni di cremine, deodoranti, rasoi, ma abbiamo lasciato quasi tutto a Chiang Mai, per non portare troppo peso: abbiamo rimediato alla meno peggio, usando salviettine igieniche.

"Andiamo, si parte."

Le canoe sono pronte, Niti ci accompagna all'imbarcadero: "Credo che andremo via da qui," dice, "il terreno si è inaridito, non riusciamo più ad avere buoni raccolti. Tra due giorni andremo a fare il 'lancio dell'uovo' con Dzoe Ma, il sacerdote".

Non finiamo mai di imparare qualcosa in questo villaggio: "Cos'è il lancio dell'uovo?" chiedo.

"È il sistema che usiamo per stabilire se un posto è propizio e ha la protezione del 'Signore della Terra.' Con stecche di bambù viene circoscritto un metro quadrato di terreno, al centro del quale è stato scavato un piccolo buco. Il sacerdote prende un uovo, lo porta all'altezza del suo orecchio e poi lo lascia cadere nel buco. Se l'uovo si rompe vuol dire che gli spiriti invisibili sono favorevoli alla costruzione del villaggio, se invece non si rompe, la cerimonia deve essere ripetuta da qualche altra parte."

Furbi, gli Akha. Perché di sicuro è più facile che l'uovo si rompa. Non è vero, Niti?

"Succede raramente che resti intatto."

"Dove pensate di andare?"

"Qui vicino, forse abbiamo già trovato un posto."

Dovranno tagliare qualche decina di alberi per far posto alle capanne, dovranno costruire la Porta degli Spiriti.

"E con i farang? Come farete ad avvisare del cambio di residenza gli stranieri che vi vengono a trovare?"

"Io non sono contento che i farang vengano a mangiare e dormire nelle nostre case. Il capo, però, vuole così, dice che portano denaro. Dice che avviseremo le guide e metteremo un cartello."

Proprio come gli artigiani nelle nostre città: "La ditta Rossi si è trasferita, continua l'attività in via Archimede".

È lunga e bella la strada per Chiang Mai, ma confesso di non aver visto quasi niente. Troppo stanco e troppo sonno: appena salito sulla jeep ho abbandonato la testa all'indietro e mi sono risvegliato alle porte della città vecchia: "Già arrivati?"

Frastornati da curve e colline, affamati e assetati, ripiombiamo nella civiltà: traffico, luci al neon, ristoranti, negozi. "Sento odore di casa," si lascia sfuggire la guida thailandese, il sempre meno amato Du: è sposato con una donna di Chiang Mai e vola da lei. Giusto e meno male, così si toglie dai piedi.

Hanno fama di grande bellezza le donne di Chiang Mai. Sembra che la loro pelle sia straordinariamente levigata, setosa, e curata con oli e creme per farla rimanere bianchissima. Più chiare sono, le donne del nord, più ritengono di essere affascinanti. Così vanno in giro issando ombrellini multicolori, vanto della loro produzione artigianale, per ripararsi dal sole del tropico.

Ed è divertente vederle in giro come tanti funghetti colorati. Non abbandonano mai l'ombrellino, di carta o in tessuto impermeabile, perché se non devono difendersi dal sole devono ripararsi dalla pioggia. Uniche al mondo, hanno imparato uno straordinario gioco di prestigio nel quale mi sono cimentato decine di volte, sempre con pessimi risultati. Con la mano destra guidano il motorino, cioè impugnano la manopola del gas e controllano il manubrio, mentre con la sinistra tengono l'ombrello. Non ci sono mai riuscito e avrei tanto voluto nelle giornate piovose di Roma, quando il traffico impazzisce e l'acqua costringe a rinunciare allo scooter. Ci riproverò.

"Mica mi sembrano così belle."

L'esercizio critico è virtù femminile molto praticata, soprattutto quando ha per obiettivo altre donne. Le signorine thai sono minute, con i capelli neri, lunghi e lisci, il naso piccolo e spesso schiacciato, gli occhi, guarda un po', a mandorla. Ma nel viso nascondono, questo sì, qualcosa di inquietante, che può farle sembrare cattive e ostili oppure renderle affascinanti ammaliatrici. Personalmente ho una decisa predilezione per il gentil sesso dai colori chiari, con i capelli biondi, possibilmente lunghi, e l'occhio che tinteggia sguardi azzurri o verdi: in più, apprezzo le donne alte e robuste, la cui presenza si veda, non si intuisca soltanto. Con le thai, dunque, so essere giudice distaccato, perché loro sono l'esatto contrario della donna dei miei desideri: se dovessi chiedere una grazia penserei a Claudia

Schiffer, loro sono una versione in miniatura di Lara Saint Paul.

"Allora, ti piacciono?" Carla sa di giocare in casa, e sfotte.

"Bisognerebbe toccarle," rispondo, "non sono famose per la pelle?"

Presha ride. Sa che nel mondo si favoleggia delle donne thailandesi, delle loro stupefacenti capacità erotiche, di un uso magistrale dei muscoli addominali mentre fanno l'amore. È nato da queste parti e dunque le sue fidanzate hanno gli occhi a mandorla come lui, ma facendo la guida di gruppi internazionali ha avuto più di un'occasione per verificare stili e modi dell'intimità di altre nazioni. Ed è diventato un convinto sostenitore dell'autarchia sessuale: "Non ho conosciuto donne migliori delle thailandesi e tra le thailandesi non ci sono donne migliori di quelle di Chiang Mai".

"Boom!" Non mi ero reso conto di trovarmi nel giardino incantato dell'erotismo: chissà quale tempesta ormonale o quale particolare condizionamento climatico fa scattare a questa latitudine capacità sessuali così straordinarie.

"Ci vogliamo fermare qualche mesetto?" propongo. "Magari possiamo imparare qualcosa."

Ride ancora, Presha.

"Perché pensi che non saremmo in grado?" chiedo.

"Tutti voi italiani fate gli stessi discorsi."

"E già, siamo tutti malati di sesso."

"Non lo so, ma ci pensate sempre."

"Perché, è un errore?"

"No."

"E allora che vuoi? Anzi, dovresti apprezzare l'umiltà di chi riconosce la superiorità altrui ed è pronto a imparare. Ecco, perché non organizzate un corso di specializzazione? Mi piacerebbe esporre il diploma..."

È ora di cena e ci aspettano al Khantoke Dinner, una tradizione di Chiang Mai. Il posto, che non è soltanto un ristorante, vanta un nome un po' pretenzioso: Old Chiang Mai Cultural Center e propone ogni sera la cena Khantoke e lo show delle tribù di montagna. Si attraversa un cancello di legno e si entra nel piazzale: i pullman parcheggiati fanno venire un sussulto, penso immediatamente alle cene romane dei turisti tedeschi deportati a Trastevere e violentati acusticamente dagli stornellatori armati di chitarre e mandolino.

"Sarà un orrore?"

"Stai tranquillo, ti piacerà."

Diffido, ma concedo la chance. L'Old Chiang Mai Cultural Center, che mi dicono funziona con successo dal 1971, ci obbliga a toglierci le scarpe prima di entrare nella sala grande, quella che sembra attrezzata "per banchetti": al centro c'è un palcoscenico rialzato, con il pavimento in teak lucido e profumato dove si esibiranno le ballerine, mentre mancano completamente, e per fortuna, tavoli e sedie. Si mangia per terra, seduti su stuoie di cocco intrecciato: chi vuole può anche lasciarsi andare appoggiando la schiena su grandi triangoli di cotone imbottito, comodi ma anche sufficientemente rigidi per evitare di finire stesi per terra come Fantozzi. Questi triangoloni servono come sostituto di un triclinio ma anche come ideale separé tra un "tavolo" e l'altro, cioè tra diversi gruppi di persone. Inevitabile che in una situazione di questo tipo si stabilisca un'immediata intimità gastronomica tra bande di commensali confinanti che, fortunatamente, non sono tutti turisti.

È un aspetto piacevole, e per certi versi sorprendente: alla cena Khantoke partecipano spesso i thailandesi, per riscoprire il piacere di una tradizione che nelle case private è stata praticamente abbandonata.

Sento che mi sta piacendo, anche se conosco già le danze thai e confesso di non amarle molto. Sono come i balletti indiani o l'opera cinese: tre minuti bastano per tutta la vita, le repliche sono una devastazione dell'animo. Comunque, ci siamo. "Il khantok," spiega il direttore del centro, che si era cortesemente avvicinato, "è un vassoio con un supporto che consente di appoggiarlo in terra. In pratica è un piccolo tavolo sul quale vengono poste le ciotole con le pietanze, dalle quali ciascuno attinge."

È un'antica forma di socializzazione: non porzioni singole, ciascuno con il proprio piatto come accade nella nostra civiltà, dove è l'individuo il punto di riferimento, ma un recipiente comune per tutti quelli che mangiano insieme, perché nell'antica cultura thai tutto era concepito per il gruppo, fosse la famiglia o l'insieme dei partecipanti alla cerimonia. Con il correre del tempo e il riconoscimento della proprietà, l'importanza della collettività e il desiderio di stare insieme andavano diminuendo, mentre cresceva la frammentazione in sottogruppi e la voglia di affermazione individuale: è il passaggio dall'epoca dell'identità collettiva a quella dell'individualismo. Anche a tavola, dove il grande piatto comune a tutti è stato sostituito dalle porzioni singole.

Il khantok al centro, dunque. Questo vassoio può essere fatto di legno di teak, come quello usato qui nel nord della Thailandia, dove viene chiamato yuan khantok, oppure di strisce di bambù e rattan intrecciate insieme, come quello che usano nel Laos e nella provincia dello Yunnan in Cina.

Per terra, in attesa che arrivi il khantok, siamo ancora un po' scomodi perché dobbiamo capire come ci conviene stare seduti, se a gambe incrociate, come fanno i turisti, con le gambe piegate da una parte e il sedere poggiato a terra proprio accanto ai piedi, come fanno i thailandesi, oppure stravaccati alla romana, buttati con la schiena sul triangolo di cotone imbottito. Mi sistemo secondo la mia tradizione culturale e per il momento sto comodo.

"Desidera qualcosa per aperitivo?"

Refrattario all'alcol, chiedo senza entusiasmo una minerale, ma sono incantato dalla cameriera. Non perché sia bella, ma per il modo in cui aspetta che io risponda: è in ginocchio, con le mani incrociate sul grembo e la testa bassa. "È l'antica tradizione thai," spiega il direttore del Centro. "Un cameriere non può mai trovarsi più in alto di chi deve servire: ecco perché si inginocchiano." Fascino dell'Oriente. È anche per questo che lo amo più di ogni altra parte del mondo.

È un altro cameriere, anche lui in ginocchio, che annuncia l'arrivo del khantok. Sposta i bicchieri dell'aperitivo, suggerisce sorridendo a chi tiene i piedi in posizione invadente di retrocederli un po' e poi, finalmente, fa segno al collega di portare il vassoio. Un trionfo. La tradizione vuole che il vassoio di teak fosse usato per le feste importanti, matrimoni, inaugurazioni di nuove case, nascita di figli, anche funerali. Capisco già che sarà una devastazione, un'invasione di calorie con ore e ore di straordinario per l'apparato gastroenterico costretto a smaltire trigliceridi e colesterolo. A disposizione ci sono pollo fritto, maiale birmano al curry, cavolo fritto, salsa di pomodoro, peperoncino e maiale, ciccioli di maiale, cetrioli freschi, banane fritte. In una coppa di ceramica c'è riso bollito, in un cestino di vimini è invece servito il riso glutinoso, una specialità del nord della Thailandia, che si usa per accompagnare le pietanze in modo simile al pane. Posate non ce ne sono, ed è divertentissimo mangiare con le mani. Si fa così: si prende un pizzico di riso glutinoso, lo si inzuppa nella salsa, si prende un pezzetto di carne o di cetriolo o di quello che si vuole e si assaggia. "Non esagerate, alcune salse sono molto piccanti."

Buono, buonissimo. Questa specie di spezzatino di maiale è un concerto sinfonico di gusti. Il bello di questa cena, per chi ha la passione della tavola, è che si può continuare all'infinito: basta alzare leggermente lo sguardo per far capire al cameriere che si ha bisogno e lui corre, si inginocchia e aspetta. Basta domandare per avere sul khantok un'altra ciotola piena di quello che si vuole. Il mio problema, quando ci sono piatti di portata comuni, come in questo caso, è la voracità. Forse nelle mie altre vite devo aver sofferto la fame, perché in questi casi mi scateno come un forsennato e mangio con una fretta inimmaginabile, per la sfortuna di chi mi è accanto. Stasera do un notevolissimo contributo allo svuotamento di quattro ciotole di maiale birmano al curry e consumo tre cestini di riso glutinoso: "Prevedo qualche guaio per te," dice Presha. Almeno in parte, avrà ragione.

Un contributo a rendere faticosa la digestione lo danno anche le danze. A un certo punto della cena, disgraziatamente, cominciano. La musica è, più o meno, sempre la stessa, ripetitiva come i movimenti, complessi arabeschi disegnati agitando braccia, mani e chilometriche unghie finte. C'è addirittura una danza dedicata alle unghie, di cui i thailandesi del nord sono molto fieri e che viene eseguita in occasioni speciali, come cerimonie di benvenuto per ospiti illustri. Il passare del tempo ha contribuito al cambiamento di qualche particolare. Le ballerine, ormai, sono donne moderne e le unghie lunghe sono un'appendice ingombrante nella vita di tutti i giorni, così preferiscono appiccicare artigli di plastica sulle unghie vere tagliate cortissime: una contaminazione americana dell'antica civiltà siamese, dove le unghie si facevano crescere veramente per decine di centimetri. Il problema, semmai, era un improvviso attacco di prurito.

6.

Strana gente, da queste parti. Tutto ciò che è lungo deve scatenare un fascino particolare se le donne giraffa hanno deciso di sopportare decine di anelli intorno al collo per distanziare il più possibile la testa dal torace e somigliare alle creature disegnate da Modigliani, artista di cui, peraltro, ignorano l'esistenza. Pure le unghie lunghe vanno molto, anche se ormai alla crescita naturale, che crea qualche problema di cura e di praticità, viene preferita l'invenzione occidentale in plastica adesiva oppure un altro artificio, rigorosamente orientale, piccole capsule acuminate nelle quali si infila il dito per raddoppiarne la lunghezza.

È così che si presentano alcune danzatrici della seconda parte dello show, quella che si svolge nel più rustico palcoscenico all'aperto, un anfiteatro con tribune in legno, al centro del quale, sulla nuda terra, si esibiscono i ballerini delle tribù.

Piove a dirotto e l'acqua che cade sul tetto fa un rumore infernale. Cancella perfino i sussurri affannosi di un flauto rudimentale nel quale soffia con fatica uno dei rarissimi ciccioni delle tribù. È l'entusiasmo dei bambini, un plotoncino di sei giovani avanguardisti delle danze, che mi scuote da un vago senso di tristezza. Perché mi turba vedere offerte tradizioni e culture di diversi popoli come fossero un digestivo da servire dopo cena. Rispetto troppo la dignità dell'uomo per non sentire la loro sofferenza, ma capisco pure che ormai non hanno altro modo per esprimersi e riproporre quello che gli antenati hanno tramandato.

La vita sulle colline è dura e in molti hanno scelto la città: stipendio garantito di cinquanta dollari al mese per diventare cittadini di Chiang Mai e ballare davanti ai turisti o ai thailandesi che rimpiangono emozioni antiche. Il Cultural Center mette a loro disposizione una casa, dove magari vivono stretti ma riparati, hanno pasti assicurati, una percentuale sulle vendite dei prodotti di artigianato. Lin e Mang vivono così. Felici?

"Stiamo bene," e probabilmente sono sinceri perché hanno bisogni semplici. Appartengono ai Mien, un sottogruppo degli Yao, gli unici tra le popolazioni tribali a usare la scrittura cinese: tra i commercianti sono i migliori, perché hanno stoffe bellissime e un'abilità straordinaria nella trattativa. Hanno una capacità rara di riuscire a integrare nel loro gruppo altre etnie, al punto che il dieci per cento della loro popolazione è adottata.

Familiarizzano con facilità e nel camerino dei ballerini sono loro a sorridere più degli altri. Tutti insieme si sfilano i calzoncini firmati Lakers, la squadra di basket di Los Angeles, o Bulls, quella di Chicago, e le magliette "I love New York" prima di indossare i vestiti tradizionali, tessuti a mano chissà quanti anni fa, ornati con perline e monete: alcuni sono talmente ricchi di metallo che sembrano corazze medievali. Tra assi di legno incrociate, tra raffiche di vento e spruzzi di pioggia, sembra di prepararsi a una sfilata di giochi olimpici delle tribù di montagna. Akha, Meo, Karen, Lao, Lisu, Yao sono una tavolozza di colori di pelle, di sfumature nel taglio degli occhi, di fisici slanciati o tozzi, visi gentili o scolpiti dal sole, gambe affusolate e polpacci da ciclista, seni appena accennati e toraci larghissimi.

"È tutto un mondo che sta per scomparire."

Steve risorge dal letargo e si commuove: "Abbandonano i villaggi per ingolfarsi nelle città perché sperano di vivere meglio. Queste antiche civiltà stanno per lasciarci: la loro vita diventerà forse più comoda, scopriranno anche l'aria condizionata ma perderanno le loro radici, dimenticheranno storia e origini. Diventeranno come noi, piccoli automi in cerca di denaro. Per fare che, poi? Il whisky qui costa così poco".

Tamburi e flauti annunciano l'arrivo di Kinggala, re degli uccelli. È una danza Shan, il gruppo etnico di Presha, è l'assolo di una bravissima ballerina professionista, non una ragazza di tribù, che si muove con grazia e leggerezza sotto un'intelaiatura di piume logorata dall'uso e dagli anni, un mosaico di sete multicolori alto quasi due metri. Le ali di Kinggala hanno qualche strappo ma continuano ad agitarsi: "Anche la nostra fantasia vola lontano". Mang si siede accanto a me, sulla tribuna di legno duro, nemmeno ingentilita da un cuscino, e mi fa da Cicerone in questo viaggio tra ritmi e simbologie.

Siamo vicino alle quinte, da un angolo riusciamo a vedere cosa succede dentro quello che abbiamo chiamato camerino: "Guarda," mi dice, "si stanno preparando i Meo".

Le donne raccolgono i capelli in uno chignon e indossano gonne pieghettate: "Queste sono le blu," spiega Mang, "quelle, invece, sono dei Meo bianchi" e indica un altro gruppetto di ragazze con pantaloni e turbanti. "Tutta la loro vita," continua Mang, "è votata all'indipendenza. Credono di avere tre anime: la prima, destinata a raggiungere gli spiriti degli eletti nell'aldilà, la seconda, che rimarrà nel sepolcro insieme al corpo del defunto, e la terza, che si reincarnerà in un altro essere vivente."

Continuo a scoprire similitudini inimmaginabili tra paesi lontanissimi e la teoria Meo del Diluvio universale è affascinante: "Dalla pioggia purificatrice," racconta Mang, "si salvarono soltanto due persone, Fu Hsi e Nuwa, fratello e sorella. Dalla loro unione incestuosa nacque la stirpe dei Meo."

"Per noi Yao è diverso," dice Mang. Sa che la sua tribù è considerata la più colta, ricca di antenati illustri, con una storia che si perde alle origini del mondo. La leggenda Yao comincia 2300 anni prima di Cristo, quando le popolazioni del regno di Kao Ksin erano terrorizzate dalle continue scorrerie della bellicosa tribù di Chuang Jong, guidata dallo spietato condottiero Wou. Disperato, l'imperatore promise la mano di sua figlia a chi fosse riuscito a liberare il regno dal flagello. L'appello fu raccolto da Pan Hou, mostruoso essere dalle sembianze di cane multicolore, che riuscì a uccidere Wou e a portarne la testa a corte. Kao Ksin fu costretto a mantenere la promessa.

"I due sposi," prosegue Mang, "fecero l'amore fra le montagne: nacquero sei figli e sei figlie che furono i capostipiti dei dodici clan Yao."

Mang sa tutto delle antiche tradizioni, ha quindici anni e come tutti i ragazzi della sua età porta cappellini con grosse nappe rosse, ricami e monete d'argento: sa che a sedici anni gli

Yao che vivono in tribù ricevono un nome religioso e un sigillo da apporre sui messaggi che vengono inoltrati agli dei con le preghiere. Ma sa pure che per lui questa cerimonia non ci sarà: "Viviamo lì, in quella casa".

Oltre la siepe, spunta l'antenna di una televisione. Ti piace, Mang?

"Moltissimo."

D'altro non si parla. Inutile domandargli cose che non conosce, inutile chiedere delle notti al villaggio intorno al falò.

"Guarda, guarda," mi interrompe, "tocca ai Lao."

Sono abituati a farsi benedire, perché la loro tradizione religiosa risente sia dell'influenza buddhista, e dunque del rito delle abluzioni, sia della tradizionale aspersione cattolica, religione alla quale in molti si sono convertiti.

"Poveri ragazzi," dice Mang.

"Perché?"

"Perché per sposarsi devono pagare e lavorare."

Il matrimonio è una tragedia per il giovane Lao: è obbligato a lavorare nei campi dei suoceri per almeno tre anni oppure a riscattarsi pagando un migliaio di bath, circa 60.000 lire, che da queste parti sono una bella cifra. I Lao gialli, chiamati Shehleh, praticano la poligamia: generalmente la prima moglie ha la stessa età del marito mentre le successive sono molto più giovani, a volte hanno appena 13 anni.

"Arrivano i pavoni delle colline, i Lisu."

"Perché pavoni?"

"Perché hanno gli abiti più colorati, e sono contenti di farsi ammirare."

Li fanno ballare per ultimi perché amano divertirsi e far festa, servono per lasciare al pubblico un ricordo allegro della serata. Hanno fama di essere gioviali, buontemponi, ospitali. E ricchi. Le donne Lisu sono tempestate di gioielli e non soltanto d'argento, metallo usato normalmente in tutte le tribù, ma anche di oro e pietre preziose. Anche gli uomini hanno imparato a essere vanitosi e per le loro camicie, generalmente di velluto nero, usano bottoni d'argento. Tanta ricchezza provoca, inevitabilmente, qualche problema. Gli aspetti economici del matrimonio sono scoraggianti per i giovani uomini in cerca di moglie: "Le ragazze Lisu," ride Mang, "hanno prezzi altissimi". A volte oltre i 10.000 bath, più di 600.000 lire, una vera fortuna. Almeno, chiedo a Mang, li valgono? È giovane, arrossisce: "Non so, mi sembrano più belle le Yao".

Così succede che molti Lisu vadano a caccia di prede femminili in altre tribù più abbordabili, dove il matrimonio è offerto a buon mercato. Una moglie "in saldo", che però non deve essere mai maltrattata: chi si comporta male, nel severo mondo Lisu, può anche essere condannato a morte. Ogni villaggio di montagna custodisce la sciabola sacra: un fendente e la testa di chi ha sbagliato rotola a fondo valle.

"*Goodbye.*"

"Buona notte."

"*Au revoir.*"

Lo speaker dice qualcosa pure in giapponese per annunciare che lo spettacolo è finito. La piccola folla sciama dall'anfiteatro e imbocca un vialetto che porta verso il piazzale dove i pullman aspettano con il motore acceso e l'aria condizionata al massimo. "Se sei abile si possono fare buoni affari," suggeriscono Lin e Mang. Il mercatino è un corridoio di bancarelle con la merce di sempre: bluse, zainetti, sarong, cappelli, magliette, pipe. Prodigi del commercio: questa gente di montagna non sa né leggere né scrivere, ma ha imparato gli elementi fondamentali della comunicazione marketing in tutte le lingue. In italiano sanno dire perfettamente: "Buon prezzo, costa poco, solo cento bath, seimila lire".

Comprare non è mica così semplice in Oriente: magari fosse un'operazione "a prezzo fisso" dove si sa quanto costa una cosa, si valuta l'oggetto e si decide in piena libertà se comprare o lasciar perdere. Qui no, funziona in un altro modo. Per una camicia chiedono, per esempio, 300 bath, 18.000 lire: prezzo in definitiva accettabile per la nostra tasca, ma si sa perfettamente che quel prezzo è almeno il doppio del valore al mercato locale. E allora comincia la contrattazione che è divertente per qualche minuto ma poi, almeno per qualcuno, finisce per diventare snervante e crudele. Perché in chi compra scatta una vergognosa molla al ribasso e si vede gente, in Thailandia come in Marocco, che si impegna per decine di minuti a cercare di strappare qualche bath o qualche dirham di sconto che per noi si traducono in cinquecento o mille lire, cioè niente, e per chi vende possono significare anche uno o due o tre giorni di lavoro e di cibo assicurato per la famiglia.

La trattativa, dunque, scatta inesorabilmente e al prezzo richiesto si ribatte con un'offerta. I thailandesi, più le donne degli uomini, sono diventati talmente abili da riuscire a colpire il lato sensibile dell'italiano. Puntano spietati sulla commozione: "Ci rimetto, ci rimetto. Non posso vendere al tuo prezzo".

Allora impugnano la calcolatrice, spingono alla rinfusa qualche tasto per far finta di calcolare il loro margine di guadagno, riflettono un attimo, ribattono sui tasti, poi girano la calcolatrice verso il cliente. Quello è il prezzo. "Ma che sei matto?" ribatte immancabilmente l'italiano. Che ha capito come funziona e si scatena: prende la calcolatrice dalle mani del commerciante, fa finta di fare due calcoli, riflette, batte una cifra e la mostra al venditore. Può durare anche un'ora ed è snervante.

"Ci rimetto."
"Ma che sei matto?"
"Ci rimetto."
"Ma che sei matto?"

È la colonna sonora della notte di Chiang Mai tra Suriwong Road e Tha Phae Road, un chilometro quadrato di affari dalle cinque del pomeriggio fino a notte fonda o anche all'alba. Ma è pure un villaggio che vive all'aperto, perché con un orario così lungo, la gestione della bancarella attraversa l'ora della merenda e della cena, del sonno e delle tenerezze. Alle cinque, quando dalle cassette di metallo dei furgoncini o dei risciò cominciano a sbucare magliette e jeans, arrivano anche i bambini: il figlio del venditore ambulante ha la divisa bianca e blu del college e si appoggia alle casacche accatastate degli Akha e dei Meo per giocare più comodo con il computerino made in Japan. Ha gli antenati sulle montagne e spara ai marzianetti con il raggio laser: come le palme del deserto, con i piedi nell'acqua e la testa nel fuoco.

La grande contraddizione della Thailandia è tutta qui, in questi viali affollati di gente e di traffici, ed è una contraddizione di una semplicità disarmante. Il nuovo, che è moderno, comodo, ricco, produttivo, sconfiggerà l'antico, che è superato, faticoso, non redditizio: scompariranno gli Apa muhi, gli altari dedicati agli spiriti e messi a guardia dei villaggi, spunteranno sempre più computer. Ma intanto, in attesa che il tempo passi, è ancora godibile la passeggiata tra le bancarelle. Rinuncio a tenere a freno Carla, in preda a sussulti invincibili di sindrome da shopping e torniamo in albergo carichi di sacchetti. Anche per colpa mia, cercatore di papere in tutti gli angoli del mondo, collezionista accanito e, dunque, condannato a portare sagome animali in legno e ceramica.

La via del ritorno, tra montagne di sete vere e Lacoste finte, spudorate imitazioni di qualunque oggetto, dalla cintura all'orologio, è una passeggiata nello splendore della civiltà orientale. Di necessità virtù, dicevano gli antichi. E allora chi è ogni giorno con la propria bancarella tra Suriwong Road e Tha Phae Road, si è adeguato e ha trasformato il pezzo di mercato intorno a sé nella sua piccola casa: un telo in terra per distendersi e riposare quando l'affluenza alla bancarella è scarsa, un fornelletto per riscaldare tè o riso. Per i bambini, per i figli che sono amatissimi dalla gente thai, qualche accorgimento in più: un ripiano di bambù che isola dall'asfalto del marciapiede o dalla polvere della strada, uno strato di cotone per rendere più comodo il sonno, una cupola di plastica a mo' di zanzariera per proteggere dall'assalto dei pungiglioni. Finché si smette di incassare, si ripone la merce, si caricano i furgoncini, e si va a casa. E il giorno dopo, si ricomincia come il giorno prima.

7.

Piccola e dolce Chiang Mai.

"Scommetto che non ce la fai," provoca Presha. "Vedi lassù, su quella collina? Quello è il Wat Doi Suthep."

È una specie di imbuto dorato sistemato in cima alla collina con la parte stretta in alto: nel linguaggio tecnico dell'architettura sacra si chiama Chedi.

"Non ce la faccio a far che?"

"Ad arrivarci a piedi."

Non sembra vicino. "Sono undici chilometri," precisa Presha, "e tutti in salita, un quarto d'ora di taxi, ma i veri fedeli salgono a piedi."

"E allora? Presha, sono battezzato e cresimato, ufficialmente cattolico anche se non praticante; tra le tante cose che potrebbero avvicinarmi a Buddha mi sembra di scoprire soltanto una paurosa tendenza a ingrassare. Per quale diavolo di ragione dovrei salire a piedi?"

"Ma non mi hai raccontato l'altra notte di aver scalato l'Ayers Rock, la montagna sacra degli aborigeni australiani?"

"E allora?"

"Sei forse un animista?"

"Che vuoi dire?"

"Che non c'è una ragione precisa per fare le cose. Si fanno e basta."

Parto alle nove di mattina, perché ho l'impressione che ci vorrà parecchio tempo prima di arrivare in cima.

"Ai bonzi bastano meno di due ore."

"Ti credo, lo fanno tutte le mattine."

Normalmente a piedi faccio undici chilometri al mese, anche se mi massacro in palestra per mantenere una buona forma e controllare il peso. Ma ho un fisico massiccio e le gambe devono sopportare novanta chili: farli muovere in salita e per undici chilometri a mille metri d'altezza non è proprio una passeggiata.

"Sei sicuro?"

Carla mi guarda perplessa, decisa a non accompagnarmi. Non mi ha chiesto nessun perché, forse sa che non saprei risponderle, ma sa pure che se ho deciso è perché sento di volerlo fare. Niente di eroico, per carità, nessuna impresa epica. Forse una semplice, banale voglia di sofferenza fisica e il desiderio di misurarsi. Proprio come mi era successo in Australia.

Ero da solo, allora, in uno dei viaggi più impegnativi che abbia fatto, sia dal punto di vista fisico, sia, soprattutto, da quello psicologico. Duecento chilometri prima di Ayers Rock comincia il vuoto assoluto, e cresce la consapevolezza che anche una natura meravigliosa può diventare una terribile nemica: si può morire disidratati in poche ore in mezzo al continente australiano. Tornano in mente le raccomandazioni lette e ascoltate: "Non avventurarsi sulle piste sconosciute senza avere un'adeguata attrezzatura, radio a bordo, acqua e viveri; se capita un guasto alla macchina rimanere con l'auto finché non si ferma qualcuno". L'uomo con la pelle bianca, da quelle parti, è delicatino e mostra tutta la sua fragilità, fisica e psichica, fuori dei locali con aria condizionata, frigobar e televisione. Ma si va avanti e quaranta chilometri prima di arrivarci, Ayers Rock si vede già. Appare sulla sinistra, all'improvviso, appena superata una collina. Davvero dà l'idea di essere pieno, come dicono gli aborigeni, sembra veramente che debba contenere qualcosa. Secondo gli scienziati due terzi del suo volume sono sottoterra. Ha un aspetto familiare e rassicurante, forse perché lo si è già visto decine di volte in fotografia, e al perverso occhio italiano appare, da lontano, come un panettone, soffice e ghiotto, con le stesse irregolarità di quelli fatti artigianalmente nelle buone pasticcerie di Milano. Visto da vicino propone, secondo gli aborigeni, un campionario di rocce a forma di animali: il cane, l'elefante, la coda di canguro, ma anche una serie di bocche e di volti. Ognuno può "leggere" quello che vuole, dipende soltanto dalla prospettiva e dalla fantasia.

Nessuno sfugge al fascino di questa roccia e molti sono quelli che tentano la scalata, *The Climb*, come dice la freccia che indica il punto esatto dove si può azzardare la salita. Servono due ore per andare e tornare, con l'unico sostegno di una catena di ferro alla quale aggrapparsi nel primo tratto della scalata, quello più ripido. Dura mezz'ora, e basta per spezzare le gambe a chi non è esperto scalatore: perché la roccia è ripida e liscia e le vertigini vengono pure a chi non le ha mai provate. Mai guardare in basso e fare passi corti e lenti: solo così si può sperare di arrivare fino in cima. La catena di ferro si interrompe in una specie di pianoro, chiamato "cresta di pollo" perché lì la gente si arrende e torna indietro, senza sapere di aver già superato il tratto peggiore; poi *The Climb* è meno dura ma comunque faticosissima.

Mentre salivo, pensavo ai guerriglieri afghani che si sono massacrati per anni in arrampicate come questa, ma per un obiettivo nobile e preciso: qui lo sforzo è enorme e servirà soltanto a soddisfare l'ambizione di essere riusciti a fare una cosa difficile. Difficile, inutile e pericolosa. Una ventina di morti per infarti e cadute è il bilancio medio di ogni anno. Gli australiani, che sono la maggioranza della gente che si incontra, salgono a qualunque età. Da bambini, accompagnati da genitori che litigano sulle capacità di tenuta sportiva dei figli di 6 anni: "È troppo piccolo", "Vedrai che ce la fa". Oppure si arrampicano a 60 anni, con trenta chili di sovrappeso. Poi a volte tornano giù in elicottero, con il lenzuolo bianco tirato sul viso.

In cima, alla fine della striscia bianca che segna il sentiero da seguire, il panorama è davvero mozzafiato. È un posto al di là del nulla, con il nulla intorno e la sola vista delle Olgas, un insieme di formazioni rocciose a venti chilometri da Ayers Rock. Ancora storditi dalla stanchezza si comincia la discesa, su e giù per cunette e dossi prima di raggiungere la catena e affrontare quel pendio da discesa libera. È proprio la posizione da sciatore, con il peso a valle, che consente di arrivare in fondo senza cadere anche se il quadricipite femorale resterà indolenzito per tre o quattro giorni.

The Climb, ormai, è attrazione turistica e prova di coraggio: la fatica, una pendenza terribile, più del 60 per cento, la mancanza di protezione, la coscienza che basta scivolare per precipitare giù a valanga e schiantarsi a terra, tutto questo toglie le forze e consegna alla disperazione. Però, o ci si pensa prima e non si sale, oppure è inutile rifletterci a metà strada. Questo vale per i turisti. Perché gli aborigeni arrivano senza farsi vedere, a volte chiusi in vecchie Datsun sgangherate: i Loritja e Pitjanjatjaria, le tribù della zona, pregano a modo loro davanti a Ngaltawadi o Djudajabbi, luoghi sacri della loro civiltà. Quando hanno voglia o bisogno di parlare con gli dei salgono su Ayers Rock. Di notte, e senza tenersi alla catena.

I bonzi si comportano nello stesso modo. Non esibiscono la loro fede e all'alba scendono dal Wat Doi Suthep coperti appena dalle tuniche arancioni, senza scarpe né sandali, con una borsa o una pentola che servono per raccogliere le offerte dei fedeli. Quello sarà il loro cibo, al quale non aggiungeranno null'altro: "Perché Buddha," spiega Presha, "non vuole che il bonzo possegga delle cose o abbia denaro". Non sempre è così, non sempre la parola di Buddha viene rispettata pienamente. Però in cima a questo colle, il sentimento religioso è più forte e puro che altrove.

"Allora, ciao."

"Ci vediamo al tempio."

Attraverso la città, la "rosa del nord," come la chiamano ancora, anche se il tempo l'ha fatta un po' appassire. Aumenta il cemento e sparisce il legno delle tradizionali case thai, che però resistono, magari nascoste dai venti piani di un albergo. I fiori di loto ingentiliscono i canali, forse avvelenati dalla troppa gente che gli vive intorno, e spuntano anche nel fossato che corre intorno alle mura costruite quando Chiang Mai era città di combattimenti, intorno al 1300.

È presto, ma già si lavora: rifanno l'argine di un canale, che forse ha provocato qualche guaio, lasciando uscire troppa acqua. Lavorano le donne, come è tradizione da queste parti. Non mi fermo a guardare e ben equipaggiato, Lacoste e bermuda, vado a passo spedito: ho seguito il suggerimento di Carla e ho messo dei calzettoni per evitare che gli undici chilometri mi facciano bollire i piedi dentro le Timberland.

Scopro che per davvero Chiang Mai è una specie di piccola Roma del buddhismo, con un tempio in ogni strada, luoghi sacri che dietro le mura e oltre i cortili, diffondono ancora la pace del Buddha, a due passi dai viali affollati. Imbocco Prasinga Road per dare un'occhiata al Wat Pra Sing, il tempio del

Buddha Leone, con una statua di Buddha che, secondo la leggenda, viene da Ceylon. Attraverso il fossato, ma servendomi di un ponte, esco dalle mura fortificate e giro a destra verso una specie di autostrada, la Huey Kaeo Road. Il rosso al semaforo mi fa guadagnare una sosta e a qualche decina di metri di distanza vedo una piccola folla che si accalca intorno a un autobus azzurro: costa trenta bath, porta senza fatica al Wat Doi Suthep. Come san Pietro, resisto alla tentazione.

C'è traffico, più di motorini e biciclette che di auto. C'è anche gente che va a piedi, ma non troppa. Il Doi Suthep, adesso, si vede bene, ed è sempre lontano. La fatica non si sente, è ancora troppo presto, cammino appena da una ventina di minuti. Cominciano i mercatini, le bancarelle con la solita mercanzia e anche i ristorantini che in Thailandia si trovano ovunque: un carrello con bollitore e fornelletto, riso, spezie, carni strane, quattro tavolini, sgabelli e venti bath a pasto.

Un due, un due: la strada sale. Sulla destra, accanto a un parcheggio di taxi collettivi, mi incuriosisce una serie di grandi manifesti dalla grafica stravagante che fanno pensare a qualcosa legato all'astrologia: intorno si agita un po' di gente. Potrebbero essere cartomanti o astrologi, ma non mi fermo, ho il "muscolo caldo".

Un tornante dopo l'altro, passo davanti allo zoo, al centro di ricerche tribali, al Chiang Mai Arboretum, oasi per tutte le specie vegetali della Thailandia. Cambio passo, piego leggermente il busto per spostare il peso in avanti, metto le braccia dietro la schiena, una mano sull'altra. Cammino contromano, che in Thailandia significa a destra, per vedere le macchine che arrivano, e quando sono sul ciglio dello strapiombo il panorama è straordinario. La piccola scalata comincia a farsi sentire, è tempo di passare la lingua sulle labbra per inumidirle. Come uno sciocco, non ho pensato a portarmi da bere, ma non c'è nemmeno stato chi me l'abbia ricordato.

Serve una distrazione e infilo le cuffie del walkman. Ho due cantanti che da sempre mi accompagnano nei viaggi, Zucchero e Vasco Rossi. Non ho l'animo del disperato, ma mi piace la loro voglia di essere cantori di chi soffre, la loro ansia di cambiamento, la loro ricerca di giustizia. In questa marcia verso il tempio, trovo adattissimo il *Miserere* di Zucchero: con gli acuti di Pavarotti e la raucedine di Fornaciari, sento il brivido dell'emozione e salto come un grillo. Mi dà talmente energia questa colonna sonora dei miei sforzi fisici, usata spesso anche in palestra, che passo dopo passo mi sento un Coppi della scalata a piedi e raggiungo un gruppetto di bonzi. Magri magri, vanno piano piano: un problema di calorie, presumo. Li guardo, sorrido, e loro niente, impassibili, forse anche un po' infastiditi. È questa la pace buddhista?

La leggenda racconta che un bonzo affidò a un elefante bianco il compito di trovare un luogo adatto per custodire una sacra reliquia di Buddha. Il pachiderma partì e fece molta strada: arrivato nella piana di Chiang Mai vide questa collina e cominciò a salire. Ci mise molto tempo e arrivò in cima esausto: si lasciò cadere a terra e morì. Proprio in quel punto, a 1053 metri di altezza, re Keuna fece costruire il tempio: era il 1370.

Banchi di nuvole nascondono spesso la sommità della collina e anche oggi, con il cielo completamente sereno, la vetta è avvolta dal bianco. Manca poco ormai, alla fine: cammino da un paio d'ore e le gambe cominciano a far male. L'aria è meravigliosa e il profumo straordinario. "Stanno studiando un progetto per costruire una nuova strada, più larga e con meno curve, e anche una funicolare," aveva detto Hans Banziger, un entomologo svizzero che da anni vive e lavora a Chiang Mai. "Speriamo che non lo facciano: sarebbe un colpo mortale a tutto l'ecosistema della collina, circondata da una foresta ancora integra dove vivono esemplari rarissimi di farfalle notturne."

Manca poco a mezzogiorno, e sono nel piazzale dove parcheggiano i pullman. È come la Valle dei Re in Egitto, o Delfi in Grecia: gli autobus scaricano i turisti proprio davanti ai mercatini allestiti per loro, con paccottiglia e cianfrusaglie, con gli ambulanti che ti inseguono offrendo balsamo di tigre, seta ricamata, cappellini. Poco più in là c'è il mercato vero, quello per i thailandesi. È qui che smetto di ansimare e fermo le gambe: per arrivare al tempio mancano ancora 290 gradini oppure una manciata di secondi in cremagliera. Salirò le scale, ma ora voglio vedere quello che succede.

Anche il commercio ha una sua poesia, e qui si comprano speranze. Donne anziane, con la bocca senza denti, grasse o magre, i capelli neri e lisci legati, espongono fiori di loto, venti bath ciascuno, milleduecento lire, da offrire a Buddha e gabbiette di paglia intrecciata piene di uccellini in vendita anche loro a venti bath ciascuno. Una giovane coppia ha appena comprato una gabbietta con due passerotti: "Vanno liberati dentro il tempio, o comunque in cima alla collina. Siamo sposati da poco, facciamo volare gli uccellini perché Buddha faccia volare la nostra felicità". Il rito è antico e semplice. Il desiderio va espresso con forza, pensato intensamente prima di aprire la gabbietta: più sono gli uccelli che volano via, più è intensa l'invocazione a Buddha e più si può sperare nella sua benevolenza. Non sono ricchi gli sposini che liberano soltanto due uccelli, ma si tengono per mano mentre salgono la scalinata e si abbracciano e si baciano e sono felici di amarsi. Li rivedo qualche minuto dopo, su una terrazza del tempio, mentre offrono alla bontà di Buddha venti bath con le ali. Il frullo del passero passa sulle case dei bonzi e scende verso le tuniche appese ad asciugare, poi cambia direzione e la coppia di uccelli si esibisce in una retromarcia e in una giravolta sui due ragazzi, come se li volesse salutare e rassicurare, garantire che il loro desiderio di felicità sarà esaudito.

Al momento ho poco da chiedere: mi basterebbero una sedia e una bottiglia d'acqua ghiacciata. Li trovo in cima al naga, il terrificante serpentone sacro che serve da corrimano per tutti i 290 gradini della scalinata. Passo sotto una specie di porta e sono nel Wat Doi Suthep: "Poco meno di tre ore, però ce l'hai fatta". Presha è quasi fiero di me, Carla finalmente rassicurata. Sento il suono delle campane: "Per me?" chiedo ridendo. So che sono un altro tipo di invocazione e che i fedeli le fanno suonare per assicurarsi la protezione degli spiriti.

Dall'esterno non sembra così curato, questo luogo sacro e venerato: in terra scatole di rullini Kodak, segno internazionale di maleducazione, confusione di comitive, lattine di coca-cola. Guardo il muro screpolato che nasconde i padiglioni sacri, vedo una serie di vasi per raccogliere l'acqua piovana, piante bonsai, le scarpiere dove si lasciano sandali e mocassini. "Non dare giudizi affrettati, come fai spesso: entra e vedrai."

"Non vorrei darti ragione troppe volte, caro Presha: al momento sono soltanto stanco e deluso."

Entro e il cuore si spalanca. Anche se non sono buddhista; anzi, forse soprattutto perché non sono buddhista. Qui l'emozione è profonda, perché tutto è bello e la fede sembra vera.

"Guarda quella famiglia, guarda cosa fa."

Padre, madre e figlio piccolo, un monello senza capelli e con un berretto che lo ripara dal sole. Si muovono all'unisono, si spostano verso un piccolo altare senza mai alzarsi. Avvicinano alla statua del Buddha pietanze che basterebbero per un banchetto di dieci persone: pollo, anatra, la testa di un maiale con le orecchie che si muovono ancora ogni volta che spostano il piatto bianco sul quale è sistemata, dolci gelatinosi, rotondi e quadrati, verdi, rosa, gialli.

"Hanno chiesto aiuto a Buddha e ora ringraziano perché hanno ottenuto quello che volevano."

Il bambino è guarito: stava male, malissimo, adesso gioca. Sotto il cappellino porta i segni dell'intervento, avvenuto ormai più di un anno fa: "Ringraziano ogni mese, lo faranno per tutta la vita".

È con loro uno dei monaci anziani, parlano mentre sistemano il cibo: allineano i piatti e il bonzo benedice con delle sottili bacchette di bambù immerse in acqua e agitate con movimenti secchi e rapidi, una serie di colpi di polso completamente diversi dai gesti ampi e lenti delle nostre benedizioni. Tra sette ore riprenderanno le pietanze e mangeranno tutti insieme.

È bellissimo il Wat Doi Suthep. Superata la soglia, appare la meraviglia del cortile, con il chedi completamente ricoperto d'oro. È la struttura centrale del tempio, una specie di imbuto rovesciato con la parte larga in basso e la sottilissima punta in alto, a ventiquattro metri d'altezza. Intorno al chedi ci sono dei parasole, incredibili lavori di cesello ricoperti d'oro e pannelli di cemento con i simboli dei tredici mesi del calendario buddhista sui quali i devoti applicano lamelle d'oro, naturalmente in corrispondenza del proprio segno zodiacale.

In minuscole salette i bonzi anziani ricevono per consigli e benedizioni: "Da dove vieni?" chiede un monaco magrissimo a una giovane donna che si è inginocchiata davanti a lui.

"Dal Vietnam," risponde.

"Mmh, Vietnam. Come state ora?"

"Possiamo pregare."

Gli occhi sono sorprendenti. Chi ha una grande fede comunica serenità. Ed è quello che capita a questi monaci. Tornavo dall'India, alcuni anni fa, e sull'aereo dell'Alitalia era salito il Dalai Lama. Lo steward addetto alla sua fila non aveva affatto l'aria di chi si lascia affascinare da un santone, eppure rimase turbato, quasi stordito dalla pace che emanava dallo sguardo di quell'uomo. Che non disse niente, forse semplicemente un "*Thank You*", ma costrinse lo steward a riflettere.

Accade lo stesso quassù. Non parlo con i bonzi, li guardo soltanto. Ma i loro occhi e i loro gesti bastano per accompagnare l'anima verso una pace che non conoscevo.

8.

Caveman, lo chiamano. Perché ama grotte e caverne e infilarcisi dentro è la sua passione. Al punto che ha abbandonato una vita dorata tra California e Hawaii, lasciato la cattedra all'università di Honolulu e trasferito la sua anima irrequieta nella baia di Pang Nga, Thailandia del sud, di fronte a Phuket.

"Ciao, italiano."

Ha una mano grossa come un piede e piedi giganteschi per tenere in equilibrio i suoi due metri d'altezza, ha la barba lunga e l'aspetto non curato di un vero cavernicolo. Però profuma di lime e di cocco, perché ha una moglie thailandese che lo cura con la passione e l'amore delle donne orientali e quando vede che il sole gli ha seccato la pelle, prende la crema fatta in casa e lo unge.

"È la mia terza moglie. Ho cominciato con una bionda californiana, una splendida modella, poi un'americana-giapponese di Los Angeles, e adesso sono il marito di Emporn, la migliore compagna che abbia avuto. Ci siamo sposati in una fattoria di riso, con i bufali a cinque metri: forse è meno carina delle altre, ma ha un grande cuore e bisogni semplici."

Mi piace questo *Caveman* che sui documenti è segnato come John Gray, 48 anni, professore. L'incontro è sul malandato molo di Ao Po, cinquanta chilometri da Phuket, un imbarcadero con le traversine di legno sconnesse, popolato da una comunità di ex zingari del mare che passano la giornata a pescare e a giocare a biliardo sotto un pergolato che si affaccia sul mare. Niente male come situazione, non fosse per l'odore nauseabondo che sale dalla spiaggia, dove senza farsi troppi problemi, gli ex zingari che hanno smesso di vagare di onda in onda buttano lische e altri avanzi di pesce. Per le pulizie si affidano alla marea, che ogni sei ore sale e fa da spazzino naturale portando via tutto: intanto, però, si schianta dalla puzza.

Siamo nel versante meno frequentato di Phuket, isola di vacanze da sogno, paradiso tropicale per chi in pieno inverno lascia il cappotto nell'aeroporto europeo e sbarca in mezze maniche e calzoncini. Era una foresta di caucciù, adesso è un supermercato di divertimenti dove è possibile costruirsi un su misura della vacanza perché tra baie e baiette si può scegliere tra l'albergo isolatissimo e il litorale stile Rimini Rimini: questione di gusti e di tasche, ma ognuno trova quello che vuole.

Caveman cercava la pace e l'ha trovata, anche se già dà segni di nervosismo: "La natura in questo posto era straordinaria, adesso si è già rovinata, ma non potrebbe essere altrimenti se ogni giorno arrivano migliaia di persone. Io sono venuto qui perché non ne potevo più di una civiltà dove tutto era subordinato al denaro, dove l'uomo era considerato soltanto per quanto guadagnava. Ho lasciato l'America affascinato dalla semplicità dei thailandesi e da una natura straordinaria: ora mi sembra che questa gente stia smarrendo la semplicità e la natura stia subendo minacce gravi. Voglio difendere l'ambiente e lo farò dimostrando che si può fare un tipo di turismo intelligente, rispettando la natura ed entusiasmando l'uomo".

Propone l'avventura, John *Caveman*, un viaggio in canoa dentro le isole di Pang Nga. "Non sai che meraviglia lottare con le onde e la marea per riuscire a entrare in una grotta e poi ritrovarsi lì dove nessun altro è mai stato." Nella baia che è la sua palestra di emozioni, ci sono 75.000 scogli e isolotti calcarei, faraglioni che possono raggiungere anche i cento metri d'altezza. "Se li vedi da fuori, come si fa normalmente, dal comodo ponte di uno yacht, sembrano massicci e inospitali, vere e proprie montagne. Invece non serve scalarli: basta trovare il buco giusto per entrarci, e quando sei dentro..."

Gli si illuminano gli occhi, come un bambino. Questo gioco, che può anche diventare pericoloso, è la sua invenzione, la sua passione, il suo modo di guadagnare denaro.

"È la mia vita."

Divide tutto con altri due pazzi scatenati come lui, un gallese e un inglese, Simon e Darry, 30 e 32 anni. Hanno mollato quello che avevano, venduto case e abbandonato famiglie e si sono arruolati nel plotoncino del *Sea Canoe, clean air clean water*. Come i vecchi "figli dei fiori", amano la natura e si contentano di poco: figli del vento o delle meduse, sgobbano come dannati e si fanno bastare meno di mille dollari al mese per mantenere la famiglia. *Caveman* e Simon sono sposati, Darry gioca ancora a fare il playboy: "Ma non è mica facile da queste parti," spiega l'inglese. "Nessun problema per passare una notte con una donna, la scelta è ampia. Ma se vuoi una donna tua, se hai bisogno di sentimenti e non soltanto di sesso, allora è durissima. Le ragazze thailandesi sono serissime, passano mesi prima di poter uscire con una di loro: e non per andare a cena o al cinema, ma per prendere un tè di pomeriggio."

Ridono come vecchi camerati, come vecchi compagni di guerra. Una battaglia, in questa vita, l'hanno sicuramente combattuta e se loro sono sicuri di aver vinto, chi li guarda con gli occhi dell'Ovest, dell'occidentale ancora integrato, ha il dubbio che invece siano degli sconfitti.

"Non avete mai un rimpianto, non vi viene mai la tentazione di tornare, non vi mancano la tradizione, un concerto, il teatro?"

"Abbiamo le nostre donne, il sole, il mare. Abbiamo splendida frutta e ottimo pesce. Qualche volta non c'è la luce elettrica e ogni tanto dobbiamo riparare il tetto perché la pioggia lo sfonda quando viene giù troppo forte. Cosa possiamo chiedere di più?"

Insistono.

"A te non viene mai la tentazione di lasciarti dietro le spalle il traffico, l'inquinamento, la smania di denaro, la corruzione, i compromessi, le falsità?"

"Sì."

"Lo vedi? E allora perché non vieni con noi?"

Bella domanda. Potrei rispondere che credo nei valori della civiltà occidentale, che sono convinto che ogni uomo debba contribuire, per quello che può, al miglioramento della società, potrei rispondere che considero la loro scelta una resa, o perfino un gesto di vigliaccheria. Potrei raccontare un sacco di cose. Ma sono in barca, su questo vecchio peschereccio chiamato Chok Prinun, porto indosso soltanto un paio di calzoncini colorati e mi sento libero, seduto sotto un sole che spacca la pelle con in mano un rambutan da succhiare, un frutto dal sapore dolce come quest'aria. E guardo l'acqua, verde, azzurra, bianca, chiara, scura, guardo i faraglioni che si specchiano nel mare, guardo l'orizzonte segnato dalle gobbe di queste isole e ricordo la leggenda del drago gigantesco affogato in questa baia: ogni scoglio è un pezzo della sua coda.

"Bello, eh? Dacci retta, qui si sta meglio."

Mi costa rispondere la verità: "Forse mi piacerebbe, ma mi manca il coraggio".

La prua è verso Krabi.

"Oggi c'è alta marea, forse troppo alta. Alle 15,10 in punto dobbiamo entrare con le canoe, altrimenti non abbiamo tempo per uscire."

"E che succede se ritardiamo?"

"Che restiamo dentro."

Non capisco bene cosa vuol dire, perché non mi sono ancora reso conto esattamente di cosa possa accadere attraversando quelle rocce, non so quanto dura la traversata fra stalattiti e stalagmiti anche se *Caveman* mi rassicura: "Per un paio di minuti siamo con le rocce che ci accarezzano il naso e la pancia, poi esplode la meraviglia di un posto dove sono entrato per la prima volta quattro giorni fa: tu sei il secondo".

Sono onorato di tanto privilegio, ma confesso pure qualche timore.

"Il posto dove andiamo," spiega John, "è una laguna che abbiamo appena scoperto. L'abbiamo battezzata Krabi Klong, cioè il canale di Krabi, perché prima di arrivare alla laguna dobbiamo risalire un fiume per un paio di chiometri. Vedrai, è straordinario, unico."

"Ci sono coccodrilli?"

È il pragmatismo femminile di Carla: raro, ma quando appare è capace di schiantare pure le certezze più radicate.

"C'erano sicuramente," risponde John, "lunghi un paio di metri. Non ne abbiamo incontrati, ma ripeto, siamo entrati soltanto una volta. Perché sappiate quello che fate: se un coccodrillo ci blocca mentre con la canoa siamo sotto la grotta, può essere la fine."

"Grazie per avercelo detto."

"Figurati, dovere."

È sensibile, il *Caveman*, capisce che con quella frase ha provocato qualche timore e ci lascia soli a discutere. Ma non è che la conversazione tra me e Carla possa essere brillante o approfondita: è soltanto un elenco di ipotesi analizzate con qualche variante. Se il coccodrillo c'è, se ci assale appena entrati oppure in mezzo alla caverna, se ci salta addosso all'uscita.

"Beh, tra tutte mi sembra la soluzione migliore, almeno vediamo questo diavolo di faraglioni dall'interno."

"Senti, Corrado, facciamo così, non parliamone più: quando arriviamo decidiamo cosa fare."

Approvo senza esitazioni e finalmente ci godiamo barca e mare.

Chok Prinun è un barcone comodo e simpatico, colorato di bianco e azzurro, con il nome scritto in rosso. A poppa, in alloggiamenti costruiti apposta, sono sistemate le canoe che useremo per entrare nelle grotte: ce n'è una dozzina, progettate da John proprio per questo tipo di escursioni. Sono lunghe quattro metri e mezzo e larghe uno, costano, così mi dicono, duemila dollari ciascuna, più di tre milioni di lire: "È la terza generazione di canoe, ormai ad altissima tecnologia," spiega Simon, "ci sono due robustissimi strati di protezione per evitare che rocce e conchiglie rompano la plastica. Sono inaffondabili e vanno dove le vecchie canoe non riescono ad andare." Come *Caveman*, che si diverte soltanto se entra dove gli altri restano fuori.

"John, dobbiamo essere davanti alla grotta alle tre meno dieci, altrimenti non abbiamo tempo per uscire," dice Simon facendo chissà quali calcoli su una carta nautica distesa sul tavolo del ponte superiore, accanto alle tazze del tè e ai biscotti appena sfornati dalla cucina dove armeggia una coppia di thailandesi, piccoli ed efficienti.

"Sono d'accordo," risponde il capo, con la naturalezza di chi sceglie il colore di una tovaglia: se sbagliano un conto, invece, sembra che possiamo rischiare di restare prigionieri della grotta.

"Beh, tranquillo lui..."

Sono ancora le undici, c'è tempo. Distesi a prua, prendiamo il sole godendoci uno dei più bei panorami del mondo. L'acqua è verde e le isole sono una meravigliosa quinta di questo teatro naturale: una dopo l'altra, come in un'interminabile fuga verso l'infinito, si rincorrono fino all'orizzonte con i contorni sempre meno incisi, sempre più sfocati. Tiro fuori la macchina fotografica e scatto un paio di rullini.

"Quella è Ko Kalat," dice Simon.

È famosa perché c'è una grotta alta novanta metri dentro la quale migliaia di rondini fanno il nido, una ricercatezza gastronomica molto apprezzata in Cina. Di un giallo tenue, trasparenti come la porcellana, i nidi sono prodotti dalla saliva di un tipo particolare di rondine che migra in Thailandia verso la fine di novembre e si ferma qui. La raccolta e la vendita dei nidi è diventata la maggiore attività economica dell'isola perché il prezzo arriva fino a due milioni di lire al chilo, come i tartufi.

"I cinesi li usano per preparare una zuppa," spiega Simon, "convinti che renda forti e potenti, anche sessualmente."

"È buona?"

"Mai assaggiata."

Staccare i nidi non è facile, perché bisogna arrivare molto in alto. I ragazzi di Ko Kalat si sono organizzati in questo modo. Utilizzano delle canne di bambù che legano una sull'altra, fissano un'estremità a terra e poggiano l'altra alla parete di roccia, poi con l'agilità delle scimmie si arrampicano fino in cima. È una faticaccia, e anche pericolosa. Perché oltre al rischio di schiantarsi a terra, bisogna pure badare a difendersi dalla rabbia dei rondoni che si infuriano e attaccano con il becco chi porta via i nidi. Un'offerta di cibo e fiori può servire, secondo i raccoglitori, a evitare il peggio: sistemano piccoli cesti accanto all'asta e salgono più tranquilli, convinti che lo spirito buono dell'antro li protegga dalle insidie di chi in quella caverna ha perso la vita.

"Ogni tanto qualche ragazzo muore, è inevitabile. I funerali però sono molto belli, lunghissime processioni di barche."

Tace, Simon, e si tocca il lobo sinistro, dove brilla un orecchino a forma di cuore. Ha i capelli rossi e le lentiggini, è piccolo di statura, la faccia da topolino, col naso piccolo e la bocca sottile.

"Non sono diventato cinico, è che ormai sono abituato alla cultura di queste parti e per loro la morte non è tragica come per noi."

"Da quanto vivi qui?"

"Ormai sono due anni, ma per la prima volta venni in vacanza alla fine del 1987 e mi piacque molto. Avevo una smania inarrestabile di girare il mondo e due mesi dopo mi spostai in Australia, a Darwin: bella cittadina, con un tramonto dai colori incredibili, però non sopportavo le macchine, i semafori, tanta gente. Cercai lavoro nel Kakadu National Park, a duecento chilometri da Darwin: mi misero a badare alla Ubiri Rock, un posto sacro per gli aborigeni."

"Ubiri, me lo ricordo, ci sono stato. Ricordo quegli spazi sterminati e le pitture murali, realizzate con una tecnica chiamata ai raggi X perché gli animali sono riprodotti con i loro organi interni. Incredibile, se si pensa che sono state fatte decine di migliaia di anni fa."

"Già, incredibile davvero. Ancora oggi i due gruppi di aborigeni che vivono nella zona si ritrovano sotto quelle pitture per le loro cerimonie, quando i turisti se ne sono andati. Li ho spiati, qualche volta, ed è stato emozionante. Sono stato bene in Australia, è stato un bel periodo, anche se il lavoro non era entusiasmante: dovevo occuparmi della strada, badare che serpenti e coccodrilli non attraversassero la carreggiata. Però non ho resistito molto, ho sentito presto e forte la nostalgia della Thailandia."

"E sei tornato."

"Esattamente. Sono rimasto qualche giorno a Bangkok per organizzarmi e poi mi sono trasferito in un'isoletta davanti a Phuket, Ko Yao Noi: la vedrai, credo che dormiremo lì una notte."

"Com'è andata."

"All'inizio ho faticato un po'."

"Perché?"

"Ero *single*, non avevo un posto dove stare, conoscevo soltanto poche persone: è stato un esordio affatto romantico. Poi ho aiutato un amico che aveva un pezzo di terra a costruire una casa e alcuni bungalow: è un thailandese che ha sposato un'italiana, conoscerai anche lui. Siamo diventati una famiglia e sono stati loro a farmi incontrare Tim, mia moglie."

"Anche tu affascinato dalle donne thailandesi?"

"Innamorato di Tim, più semplicemente. Vivevo facendo il pescatore, come i suoi genitori, ci siamo piaciuti e mi sono sposato."

"In una fattoria di riso, come John?"

"No, nell'isoletta dei genitori di Tim. Questa qui."

Allunga il braccio e a babordo, sulla sinistra della barca, spuntano cinque palafitte poggiate su una lingua di terra prigioniera di due pareti di roccia che si impennano verso il cielo per un centinaio di metri. Non bisogna nemmeno suonare la sirena per avvisare quelle venti persone che la barca di Simon sta arrivando: talmente lontano dalle rotte turistiche, questo posto è ignorato da tutti, o quasi, e quando si sente il motore di una barca tutti si affacciano a guardare. E poi, l'affetto fa capire anche quello che non si vede: "Non sbagliano, indovinano sempre quando a bordo ci sono io".

"Ma come si fa a vivere qui? Ci sono migliaia di isole più grandi di questa e moltissime hanno villaggi, come dire, normali. Come si fa a vivere addossati a due pareti di roccia che fanno ombra per parecchie ore al giorno?"

"Non vivono lì, vivono sulle loro barche: sono pescatori, stanno fuori quasi tutta la giornata."

"Va bene, ma dico, non potevano scegliere un posto migliore?"

"Stanno bene lì, credimi."

I suoceri agitano le braccia, Simon grida qualcosa in thailandese. Lo provoco: "Vai spesso a trovarli? E ti fermi a lungo?"

"Vado abbastanza spesso e se posso resto qualche giorno. Vedi, quando sono partito da Cardiff ero stanco di tante cose, alle quali ora sono felice di aver rinunciato. In Europa, ma anche in America, e probabilmente pure a Bangkok, abbiamo perso la capacità di apprezzare il senso di alcuni eventi semplici e importanti della vita. Non sai cosa vuol dire sentirsi amato da una famiglia che ti ha offerto la figlia in sposa e non sai come loro possono dimostrare profondamente il loro affetto."

"Cosa fanno di tanto straordinario?"

"Sorridono."

Sto zitto io, adesso, mentre Simon continua ad agitare la mano. Sento, però, che devo spiegarmi bene per evitare che mi fraintenda: "Non credere che non capisca e non pensare che non apprezzi la tua scelta. Se insisto con le domande è perché voglio sapere, per sforzarmi di capire. Te l'ho già detto, la tentazione di mollare tutto, di dimenticare impegni, competitività, desiderio di affermazione, ce la portiamo dentro tutti, e proprio per le ragioni che hai detto tu: perché qui tutto è più semplice e puro. Dormire per terra, invece che in un letto, non è un problema: quante volte ho pagato decine di dollari per provare, disteso su una stuoia, l'ebbrezza di una notte avventurosa in mezzo al deserto o nella giungla? Il corpo dell'uomo si abitua a tutto: è la mente che deve restare libera e la nostra, in Europa, è stretta da catene d'acciaio che rischiano di non farla muovere più."

Simon mi dà una manata sulla spalla: "Sai che per sposarmi mi sono dovuto convertire?"

"Ma va, al buddhismo?"

"No, i thailandesi del sud sono musulmani."

"E adesso credi a Maometto?"

"Non esageriamo: diciamo che sono musulmano come molti di voi sono cattolici, senza troppo impegno. Ho accettato di convertirmi, lo confesso, più per fare felici Tim e la sua famiglia che per una mia convinzione: in realtà, non mi è cambiato nulla."

"A Cardiff cos'hai lasciato?"

"Mamma e papà, che però mi vengono a trovare un paio di volte l'anno: in realtà vorrebbero trasferirsi qui."

"Tutti insieme appassionatamente, magari nell'isoletta con le palafitte?"

"E perché no? Ho riscoperto anche questo, il piacere delle grandi famiglie, la gioia di stare tutti insieme, di vedere i genitori invecchiare sereni perché sentono l'affetto di chi gli vuole bene e vive con loro mentre i figli crescono sereni, coccolati da nonni e zii. Credimi, è un'altra vita."

9.

Ci siamo, il Krabi Klong è davanti a noi. È un piccolo Rio delle Amazzoni, largo appena un centinaio di metri, una serie di curve d'acqua tra una vegetazione fittissima, una foresta di mangrovie che crescono con le radici nell'acqua.

"E la grotta?"

"Non si vede, è a un paio di chilometri da qui, la raggiungeremo con le canoe. Stiamo calmi e andiamo a poppa, c'è il briefing."

Adesso ci spiegano come dobbiamo comportarci e cosa, invece, non dobbiamo assolutamente fare. È Darry che fa il maestro: "Allora, l'ambiente nel quale ci troveremo dopo aver superato la grotta è assolutamente intatto. Nessuno è mai entrato prima di alcuni giorni fa: questo significa che gli animali che possiamo trovare lì dentro non sono mai stati disturbati dall'uomo e non dobbiamo essere noi a dar loro fastidio per primi. Allora non parleremo e non toccheremo nulla, né fiori né rocce. Il nostro impegno è rispettare la natura e, tanto per capirci, se per entrare fossimo costretti a rompere una stalattite che è lì da qualche decina di migliaia di anni, noi rinunceremmo: preferiamo tornare indietro piuttosto che danneggiare quello che invece vogliamo assolutamente preservare".

Il tono è improvvisamente imperioso, comanda più che spiegarci cosa dobbiamo fare. Perdo il sorriso anch'io, perché non mi piace sentirmi in caserma, e Darry se ne accorge: "Scusate, ma abbiamo imparato che è una grossa sfida dire agli italiani di non toccare niente e di restare in silenzio. Con voi non c'è bisogno di essere severi, ma è stata l'abitudine: perdonateci".

Tornano sorrisi e armonia, c'è l'atmosfera giusta per fare la domanda che, al momento, ci preme di più.

"Scusa, ma i coccodrilli?"

"Abbiamo ragione di ritenere che non ce ne siano, ma non possiamo esserne sicuri. Di certo c'erano, e probabilmente non ci sono più. Se li incontriamo, noi siamo preparati ad affrontarli."

"Noi chi?"

"Io, John, Simon e gli altri."

"E io e Carla?"

"Che fareste se ci aggredisse una banda di rapinatori?"

"Okay, vi daremmo una mano per quello che possiamo."

"Perfetto. Ma non credo che ce ne sarà bisogno."

Calano a mare le canoe. Su ognuna c'è posto per tre persone: a poppa la guida con la pagaia in mano, e poi i due passeggeri. Partiamo con tre siluri gialli: su uno Simon, Carla e io, sull'altro John ed Emporn, sull'ultimo Darry e Ari, una sua amica. Le ultime istruzioni prima di salire: "Quando entreremo nelle caverne, dovete distendere le gambe in avanti e tendere al massimo le punte dei piedi mentre la testa va reclinata all'indietro: dovete sforzarvi di appiattirvi il più possibile sulla canoa, per sfruttare al meglio anche i passaggi più bassi. Buona fortuna".

Non fossimo un po' agitati per quello che ci aspetta, riusciremmo a goderci un meraviglioso relax. Visto dall'acqua, il panorama cambia completamente. Seduti sulle canoe, il punto d'osservazione è più basso di alcuni metri rispetto al ponte del Chok Prinun e la prospettiva è totalmente diversa. I faraglioni sembrano ancora più alti, le mangrovie più vicine e avvolgenti, si sentono i profumi dolci dei tropici, il caldo umido lucida la pelle di sudore.

Risaliamo lentamente controcorrente. Simon pagaia con calma e decisione: "È importante caricare il peso della spalla sul braccio che spinge". È l'inverso di quello che pensiamo noi: quando si pagaia a destra è il braccio sinistro che fa forza. Chiedo di provare: "Dopo, al ritorno," dice Simon, "adesso non possiamo perdere tempo."

Ci mette agitazione questo appuntamento al quale non si può arrivare in ritardo per non rischiare di restare prigionieri della grotta. In più c'è pure la possibilità di incontrare coccodrilli: "Come va, Carla?"

"Bene."

"Sicura?"

"Forse."

Il ritmo delle pagaiate aumenta: "Siamo in leggero ritardo. John, acceleriamo". Procediamo in fila indiana, tre siluri gialli tra l'acqua e le mangrovie. "Ma possibile che nessuno abbia mai messo piede dentro queste grotte, nemmeno i pescatori della zona?"

"Vedi pescatori?"

"No, in realtà non vedo nessuno."

"Ecco, appunto."

Quello che rende diverso questo posto dalle altre isole è la laguna di acqua dolce: il mare è ormai abbastanza lontano e nemmeno la barca si vede più. Per i pescatori non è zona interessante ed è per questo che non ci viene mai nessuno.

"Coraggio, entriamo nel Grande Klong."

Lasciamo il primo canale per immetterci nel fiume principale, più impetuoso, con più corrente. Simon rema con energia, adesso, cercando di aiutare l'avanzata della canoa con un colpo di reni alla fine di ogni pagaiata.

"Sdraiatevi, starete più comodi."

Simon sistema un triangolo di plastica, una specie di cuscinetto, all'altezza dei suoi piedi: "Carla, poggia qui la testa".

Ne dà uno anche a me e lo piazzo al centro della canoa, tra le gambe di Carla.

"Bene, posizione perfetta: tenete pure i piedi sui bordi, se daranno fastidio per entrare nelle grotte li tireremo dentro."

È melmoso, il fiume, di quel colore marroncino che dà l'idea di sporcizia e che invece significa soltanto che l'acqua trasporta molta terra: nei giorni passati ci sono stati temporali violentissimi e la pioggia ha eroso la campagna. Oggi, invece, il cielo è chiarissimo, il blu cobalto thailandese, quel cielo che incanta e ti fa sentire in pace col mondo. Mi viene in mente la Polinesia, la luce di quelle isole che Gauguin scelse per la sua vita e i suoi quadri. Butto la testa indietro e non vedo altro che cielo e mi piace perdermi in quell'azzurro senza pensare a niente, giocare a rincorrere qualche piccola nuvola che passa veloce, spinta via dal vento. Restiamo tutti in silenzio, ora, perché abbiamo capito che siamo vicino alla grotta, contenti di essere arrivati e rispettosi di quello che ci hanno detto: "Non parlare e non toccare". E abbiamo anche paura. Ho la caviglia di Carla all'altezza della guancia: la bacio e la stringo forte con la mano. Lei mi accarezza la testa. Simon punta la pagaia in acqua dalla parte destra della canoa. Giriamo: "È lì".

A cinquanta metri da noi c'è una piazza d'acqua, uno slargo dove tutto è immobile, come imprigionato da pareti di roccia altissime che spariscono nell'acqua e si perdono verso il cielo. C'è vegetazione ovunque, cespugli che spuntano dalla pietra, alberi ritorti, mangrovie che fioriscono a dieci metri d'altezza e lanciano le radici verso l'acqua come dita sottili e assetate. Perfino il sole fatica a entrare in questo sottobosco simile a una giungla, dal cui groviglio di foglie e rami sbucano raggi visibili che, diventando strisce luminose, illuminano polvere, pulviscolo, polline. Anche l'acqua è verde in questa bomboniera della natura dove non riesco a vedere quello che cerco: la grotta. Ho timore ad aprire bocca, non c'è silenzio, solo i rumori della natura e mi sembra di commettere un peccato a usare la voce e sovrappormi al canto delle cicale e degli uccelli, all'urlo isolato di qualche scimmia, che c'è ma non si fa vedere, allo sciabordio della pagaia. L'emozione è forte e siamo tutti con il naso in su, a guardare verso la volta di questa cattedrale, a scrutare il mondo che qui resiste così da sempre, da quando Dio, o chi per lui, l'ha creato. È questo che ci impressiona, che impressiona me e Carla in particolare: decine di migliaia di anni e noi siamo qui, per scoprire il mondo com'era.

"Dai, andiamo," sussurra Simon.

"Ma dove?" bisbiglio io.

"Entriamo lì," e punta il dito verso la roccia che a me sembra assolutamente compatta.

"Lì dove?"

Ci siamo davanti, adesso. E vedo un taglio sottile, due labbra appena socchiuse sotto una montagna di roccia.

"Lì? E come facciamo?"

Forse c'è un palmo di spazio tra l'acqua e la pietra e la grotta sembra minacciosa, penso che può diventare una grattugia dolorosissima.

"Aspetta, Simon, come si fa?"
"Ho paura," dice Carla.
"Simon aspetta, fermati."
"Non abbiamo tempo."
"Cristo, Simon, aspetta!"

Va avanti senza nemmeno starci a sentire, e noi non abbiamo scelta: o ci buttiamo subito in acqua, e non ha senso anche perché tornano in mente i coccodrilli, oppure andiamo. Ma fa davvero paura entrare.

"Dài Carla, chiudi gli occhi."
"Quanto dura?"
"Un paio di minuti e siamo dall'altra parte."

La plastica gialla della canoa sparisce dentro una vorace bocca di roccia, inghiottita dalla grotta. Seduto a prua, sono il primo a essere divorato dal buio: non vedo niente, penso soltanto a schiacciarmi il più possibile sul fondo ormai bagnato, a stendere al massimo le punte dei piedi per non farle sbattere contro le stalattiti. Sento Carla dietro di me che fa la stessa cosa e penso a Simon che era seduto sui bordi e non immagino in che modo possa abbassarsi per non urtare con la testa e il resto.

Scivoliamo lentamente. Ho la roccia sul naso, forse a un millimetro, sento che mi sfiora: se non avessi tolto gli occhiali, li avrei rotti. Gli occhi si sono abituati al buio e ora vedo qualcosa. E vedo che così non possiamo andare avanti perché c'è un muro che blocca la canoa. E infatti sbattiamo, ma la punta di gomma impedisce che il piede si massacri. Sento la plastica che gratta le conchiglie sotto di me, ripenso al "Non dobbiamo toccare niente, non dobbiamo rovinare un ambiente intatto": con questa strusciata avremo portato via mezzo chilo di roba. Simon poggia la pagaia sulla parete, e provoca di sicuro qualche altro danno, ma la canoa gira a sinistra e ci togliamo dalla secca.

C'è di nuovo acqua davanti a noi, e si procede, ma con molta cautela. Carla si lamenta, dà segni di insofferenza. Non c'è aria qua sotto, per chi soffre di claustrofobia è un tormento.

"Non respiro Corrado, non respiro."

Non rispondo, perché non so cosa dire. È vero che si fatica a respirare e non so neppure quanto manca per ritrovare aria e luce: la fine del tunnel non si vede e non possiamo neppure accendere le torce elettriche, perché non c'è spazio sufficiente per tenerle in mano. Non riesco nemmeno a fare una carezza a Carla perché non c'è proprio possibilità di movimento, non posso azzardare di alzare un braccio, rischio di farmi portare via un pezzo di pelle. Siamo l'hamburger umano stretto tra due fette di roccia. Per incoraggiare Carla le mando un bacio con uno schiocco che rimbomba in tutta la caverna: nessuno mi rimprovera, perché tutti abbiamo paura.

"Okay John?"
"Okay. Okay Darry?"
"Okay."

Si chiamano, i tre dell'Ave Maria, per controllare che tutto sia a posto. È il loro lavoro e, prima ancora, la loro passione. Devono avere litri di adrenalina che vanno a duecento all'ora su e giù per il corpo.

"Attento, mi spacchi un piede." Il mio piede destro è contro la parete. Sento lo stesso dolore di quando si cade sul brecciolino, un gigantesco colpo di lima sul dorso del piede: è bastato un attimo di distrazione, qualche secondo di relax mentale e adesso sto con la pelle alzata e un liquido caldo che mi scivola sulla caviglia e sulla gamba: non può essere che sangue.

"Fa male?" chiede Simon.

"Sì, fa male."

"Andiamo via." Carla sta per cedere e siamo di nuovo bloccati. Simon armeggia con la pagaia, innervosito: nemmeno lui si aspettava tutte queste difficoltà. Dietro di noi c'è John, attaccato con la prua alla nostra poppa.

"Vai indietro, John, non posso muovermi."

"Stai attento, Simon, non rischiare."

Dobbiamo infilarci in un buco largo come un tubo, sarei pronto a scommettere che non ce la faremo mai. "Simon, dove andiamo?" La punta della canoa si infila nel nero e passano pure le mie gambe.

"No, non ce le faccio, Simon, non passo, ferma!"

C'è uno spunzone di roccia bloccato sul mio sterno, puntato come una pistola all'altezza del diaframma.

"Come ti muovi mi fai male, stai attento."

Ho il fiatone perché ho paura e mi manca l'aria.

"Corrado, Corrado," si lamenta Carla.

"Simon, devi tornare indietro, però aspetta che te lo dica io, altrimenti mi spacchi il petto. Devo svuotare i polmoni e abbassare la cassa toracica."

"Va bene, Corrado, dimmi tu quando mi devo muovere. John, lasciami spazio dietro."

Faccio uscire quella poca aria che ho dai polmoni e mormoro: "Adesso". Simon è prontissimo, teso come una corda, dà un leggero colpo di pagaia e vedo lo spunzone che si allontana. Respiro profondamente e questa fessura nella roccia mi sembra improvvisamente una caverna gigantesca.

"Simon, proviamo un'altra volta soltanto, una sola." John non è più tranquillissimo: lui è il capo, è lui che decide. Ripartiamo con la prua più spostata a sinistra: lo spunzone mi sfiora sulla destra, qualche centimetro lontano dal corpo. Passo, passa Carla, passa pure Simon.

"Dietro, dietro, vai indietro!"

È Emporn che urla: "John è sott'acqua, Darry vai indietro lo schiacci con la prua!"

"Cristo!"

L'acqua ribolle frustata dalle manate di John che non riesce a tirare fuori la testa, schiacciata dalla canoa e stretta di lato dalla roccia. Non ha riserve d'aria: una manciata di secondi e soffoca. La pagaia di Darry sbatte sulle pareti di roccia, la plastica gratta sul fondo e la canoa torna finalmente indietro: il faccione di John riemerge dall'acqua, sanguinante ma sorridente: "Tutto okay," e fa una carezza a Emporn. Era successo che per passare in quel buco minuscolo, il *Caveman* aveva usato la tecnica solita di chi impugna la pagaia: flettere la schiena all'indietro e lasciare che la testa vada in acqua. Nel buio, Darry non si era accorto di essersi avvicinato troppo e di esser finito sulla testa di John, impedendogli di riemergere.

Emporn abbraccia il suo uomo. "Amore, hai avuto paura?"

"Dolcezza, credi che *Caveman* possa avere paura? Darry, mi devi una birra."

"Con piacere, John."

Sono felici del pericolo scampato, noi siamo al limite della sopportazione. Sembra davvero di non riuscire più a respirare, la poca aria che c'è è carica di umidità e pare solida, pesantissima, ho la lingua impastata dal sapore amaro della paura e faccio fatica a deglutire. Sono fradicio di sudore, schiacciato dal buio e credo che Carla stia peggio di me. Ai coccodrilli non pensiamo più, ma se ci prendessero qui sotto potrebbero fare di noi qualunque cosa, perché non riesco a immaginare come difenderci, stretti come siamo tra la canoa e la roccia. Giuro, non ne posso più: "Per favore, ragazzi, portateci fuori di qui".

"Tranquillo, Corrado, è finita: dietro quel gomito c'è l'uscita."

Un soffio di aria fresca: spalanco la bocca e ringrazio Dio. Inspiro profondamente e chiudo gli occhi per assaporare il momento di gioia: quando li riapro vedo un chiarore e la volta di una grotta che è finalmente qualche metro alta sopra di noi. Poggio i gomiti sui bordi e mi tiro su: "Fuori, fuori, siamo fuori!" grido con le braccia in alto e i pugni chiusi, proprio come fanno i calciatori quando segnano un gol. Mi giro per aiutare Carla: è ancora distesa e ha le mani sul viso. Capisco che singhiozza, e capisco pure che non vuole farsi vedere: se controlla il senso della vergogna e per orgoglio si nasconde, vuol dire che il panico non l'ha travolta. Meno male, poteva uscirne peggio.

"Siete pazzi, è un rischio troppo grosso. Se lì sotto qualcuno si sente male per davvero, mi dici cosa fate?"

"Non costringiamo nessuno a venire: si può anche restare fuori," risponde Simon.

"Già."

Non siamo sereni, serve ancora qualche minuto per riacquistare tranquillità. John frustra subito ogni tentativo di rilassarci: "La marea sta salendo, uscire sarà più difficile che entrare. Non perdiamo tempo".

Peccato essere ancora troppo agitati per la traversata che abbiamo fatto e già troppo ansiosi per quella che dobbiamo affrontare: "Non riesco a godermi questa bellezza," si lamenta Carla. E ha ragione. Siamo dentro un ciambellone di roccia farcito di acqua e vegetazione. E tutto è incredibilmente immobile: ferma l'acqua, perché non c'è corrente, ferme le foglie degli alberi e delle mangrovie, perché non c'è vento, fermi anche noi, perché per rispetto di dove ci troviamo stiamo zitti e non muoviamo nemmeno le pagaie. Facciamo girare gli occhi, per catturare le immagini del mondo come doveva essere. Un fremito di retorica: "Adamo ed Eva devono aver vissuto in un posto così".

Questo potrebbe anche essere il paradiso e il paradiso potrebbe davvero essere così. Più che bello, è emozionante. Per il silenzio assoluto, rotto soltanto da cori di cicale e dagli acuti di chissà quale uccello che passa senza farsi vedere o canta senza farsi scoprire.

Le canoe non sono più in fila indiana, adesso i tre dell'Ave Maria vogliono stare uno vicino all'altro, per abbracciarsi con gli sguardi e comunicarsi gioia e soddisfazione. Restiamo qualche minuto appaiati a guardarci intorno e tra noi. Le mani di John accarezzano la schiena di Emporn che si abbandona tra le braccia del suo uomo. Darry è meno ardito, e prende la mano della sua amica. È strano, sento anch'io il bisogno fisico di comunicare con il corpo e mi faccio stringere da Carla, con le braccia intorno al torace. Poggia la testa sulla spalla e sussurra all'orecchio: "Non so se mi sembra di assistere alla creazione o di stare sul set di un film di fantascienza. Non mi stupirei di vedere Dio, ma neppure Tarzan o Sandokan".

Un tuffo nel misticismo. Comprensibile, direi inevitabile in un posto così.

"Corrado, a che pensi?" chiede Carla.

È una domanda che mi fa spesso quando mi vede con lo sguardo fisso nel vuoto.

"Non so, credo di non pensare a niente: osservo soltanto. E tu a che pensi?"

"A Dio. Ma non come mi hanno insegnato in chiesa, penso a Dio per come riesco a sentirlo, per come mi appare qui."

Un'ondata di panteismo, anche questa rigorosamente logica. È tutto così ordinato, perfino l'intrico delle mangrovie sembra studiato da un architetto di giardini e i pescetti che si vedono sguazzare in pochi centimetri d'acqua sembrano quelli degli acquari casalinghi.

"Pppssss... Pppsss."

È John che ci chiama: vuole che andiamo vicino a lui, con il dito indica un punto quasi in cima a una parete di roccia. Simon si avvicina con due colpi di pagaia.

"C'è un gibbone," dice *Caveman*.

La vista non è il mio senso più forte e tra gli arbusti non riesco a scoprire la scimmia.

"È là, guarda bene. Vedi quel cespuglio, il più grande, e quella pianta che si sporge per riuscire a prendere luce? Sulla destra, proprio su quello sperone di roccia, c'è il gibbone."

"John, passami il binocolo."

Armato di lenti, finalmente inquadro la scimmia. Sta seduto sulla roccia, e ogni tanto butta un'occhiata verso di noi. Chissà cosa deve pensare, chissà cosa immagina possano essere quegli affari gialli con sopra strani esseri che un po' somigliano anche a lei? Ci guarda e poi punta gli occhi verso l'infinito: da là sopra forse riesce a superare con lo sguardo i confini di quest'isola e il Krabi Klong, a guardare oltre, ancora più lontano, dove non è mai arrivato e forse vorrebbe andare.

"Ha lo sguardo perduto," dico a Carla, "chissà cosa pensa."

"Bisogna andare, o la marea cresce troppo." John cancella con una frase la serenità che stavamo riconquistando. Sembra preoccupato e corregge l'ordine della fila indiana: "Vado io davanti, Simon dietro di me e Darry in fondo".

Non si scherza più, non si ride, non c'è allegria. Perfino il cielo si imbroncia e mette qualche nuvola di troppo: "Sento odore di pioggia. Tra poco arriverà il vento".

Peggio di un profeta: la prima folata piega gli alberi sopra l'antro selvaggio, la grotta nella quale ci dobbiamo infilare. La guardo e penso a Dante e al suo Inferno, a quel passaggio che porta nella "città dolente": sconteremo anche noi le pene dell'inferno per uscire di lì? L'ultima cosa che vedo, prima di chiudere gli occhi dentro il buio della caverna è un cielo basso e cupo, violentato dalle nuvole grigie e nere e bianche che vengono velocissime verso di noi.

L'acqua è decisamente più alta di prima ma sembra che le cose vadano meglio.

"Simon, dietro di me, restami attaccato, non spostarti nemmeno di un millimetro."

Caveman si fida dei suoi ragazzi, ma si considera il migliore. E ha ragione: la scelta della traiettoria, anche in spazi così angusti, è fondamentale. In un paio di minuti arriviamo a metà strada, più o meno all'altezza dello spunzone che avrebbe tanto voluto conficcarsi nel mio sterno. Non so come faccia, ma *Caveman* calcola i millesimi di millimetro.

"E vai, Carla, tra poco siamo fuori."

È muta, Carla. La conosco al punto che posso immaginarla, gli occhi serrati, talmente stretti da farli diventare una fessura con il sopracciglio attaccato allo zigomo, le mani chiuse a pugno con il pollice sotto le altre dita. E il cuore a duemila. Perché nemmeno questa è una passeggiata: l'aria è la stessa, irrespirabile miscela di prima, due parti di umidità e un soffio di ossigeno, la pelle è già coperta di sudore e l'adrenalina va per il corpo come una Ferrari in un circuito di Formula Uno.

"Piano, Simon, piano."

La curva a gomito, quella stretta a sinistra, costringe al tamponamento.

"Non fate danni, ragazzi, cercate di non rompere niente."

Ancora le pagaie contro la roccia, ancora la plastica che raschia il fondo. Giriamo e vediamo un filo di luce che si infila in basso: "Ci siamo, è andata".

Mancano una ventina di metri, il rettilineo finale. Non ci sono curve, non ci sono spunzoni, arriva perfino un filo di vento. Però restiamo fermi, in attesa che escano John ed Emporn. Non mi posso muovere, perché ho la roccia proprio sopra la testa e non riesco a vedere quello che succede. Sento rumore, come se qualcuno cercasse di scivolare sulla plastica: "Simon, che fanno?"

"Non vedo, ma credo che stiano cercando di appiattirsi il più possibile, perché il passaggio dev'essere molto stretto."

Sembrava troppo facile. Non ce la faccio ad aspettare senza far niente, il parcheggio lì sotto è qualcosa di assolutamente spiacevole, è come un lettino solare al centro della terra: opprimente, soffocante e senza via d'uscita. Comincio a contare, come si fa con le pecorelle per addomentarsi: con la mente scandisco i secondi per vedere quanto ci mettono a uscire e avere un'idea del tempo che passerà prima di tornare liberi. "Novanta, novantuno, novantadue..." Sento la fronte che produce bollicine come un geyser, un'ondata di nervosismo che sale precipitosamente. "Calmo, mi ripeto, resta calmo." Smetto di contare e mi concentro sul diaframma per controllare il respiro: ispirazione ampia ma non troppo, altrimenti si sbatte alla parete superiore della caverna, espirazione lenta per svuotare bene i polmoni. Mi serve per tenere il cervello impegnato e non far impazzire il ritmo del cuore.

"Aiuto, crolla tutto, aiutooooo!"

"Cos'è, cos'è?!?!"

"Corrado, crolla tutto!"

"Fermi, state fermi!"

Scatto per coprire Carla, ma sbatto con il fianco sulla roccia e non riesco a girarmi: sono bloccato, spingo ancora ma non c'è niente da fare, non riesco a voltarmi. Porto le mani sulla testa, stringo i gomiti per proteggermi meglio. Il boato gigantesco è finito da qualche secondo ma pietre e sassi non mi sono ancora caduti addosso.

"Era un tuono," dice Simon, "probabilmente sta piovendo."

Ride, lui, e non si capisce dove trovi la voglia. Il panico scompare ma la parte destra della canoa annuncia nuove ansie: trema tutto, come se stesse per arrivare un terremoto. Riconosco il ritmo veloce della gamba di Carla, un battere continuo del piede che serve a scaricare la tensione: brutta cosa perdere la calma, ma due raid del coraggio sotterranei in meno di un'ora metterebbero a dura prova chiunque.

"Che aspettate? Venite fuori." *Caveman* è uscito, beato lui. Adesso tocca a noi cominciare le grandi manovre. Saremo rimasti fermi quasi cinque minuti, dobbiamo riaccendere i motori, imboccare la rotta giusta e pregare che tutto vada bene.

John ci guarda da fuori, da quella bomboniera della natura che tanto ci era piaciuta: non sognamo altro che di tornare lì.

"Va bene così, sei perfetto."

"Perfetto un corno, Simon, non ci passo."

Sono io che blocco la canoa: il mio torace, orgoglio di mamma e papà, si incastra e impedisce l'uscita.

"John, che facciamo?"

"Dovresti scivolare verso la metà della canoa, dove è più bassa: forse così ce la fate."

"Ma c'è Carla, come faccio?"

"Vieni indietro, Carla, appoggiati pure qui in fondo, io scivolo con la schiena fuori," dice Simon.

Aspetto che Carla arretri, faccio perno sui gomiti e vado indietro verso il centro della canoa: "Buono, ho guadagnato almeno due o tre centimetri. Ce la dovremmo fare".

"Proviamo," dice Simon. Scivola lenta, la plastica gialla.

"Okay, passo, passo."

La canoa va avanti, ho superato la parte più stretta e dopo di me passa anche Carla. Aspetto con ansia l'uscita dal tunnel, aspetto di rivedere la luce, di sentire l'aria, aspetto di rimettermi dritto.

"Fermi, non passo." È Simon. Si era seduto sul bordo del gommone e aveva arcuato al massimo la schiena per poter comunque governare la canoa e dirigerla dove voleva. Era convinto di riuscire a farcela: invece, anche se è magro, la roccia l'ha bloccato.

"Il problema è che siete tre, non c'è spazio per allungarvi e diminuire di spessore."

"Cristo, non ci potevate pensare prima? Adesso come usciamo?"

"Litighiamo dopo, ora fai quello che ti dico," ordina John.

"Simon, non ti curare della canoa e sistemati dentro, abbassati più che puoi. Carla, poggia la testa sulla pancia di Simon; Corrado, poggia la tua testa sulla pancia di Carla. Okay?"

È il momento più difficile, perché abbiamo la stramaledetta paura di non poter uscire e sappiamo che l'acqua continuerà a crescere: il rischio, concreto, concretissimo, è che l'alta marea ci schiacci contro la parete della caverna. Però John riesce, per quello che è possibile, a tranquillizzarci. Non c'è esitazione in quello che dice e dover soltanto obbedire, in questi momenti, fa riconquistare, se non la calma, almeno un po' di speranza. "Sistematevi, adesso, cercate di schiacciarvi più che potete sul fondo della canoa. Fatto?"

"Ma, John," protesta Simon, "come faccio a spostare la canoa?"

"Non ti preoccupare, vengo a prendervi io."

Il tuffo di *Caveman* è rumoroso, entra in acqua con foga mentre Emporn lo implora: "Stai attento, John, ti prego stai attento". Due metri di pronto soccorso arrivano in un attimo e agganciano la plastica per strapparci dai tentacoli della grotta. Mi dà una manata affettuosa sul piede: "Italiani, vi faccio resuscitare". La faccia attaccata alla prua, afferra la canoa e la tira lentamente indietro, con il corpo praticamente appoggiato sulla roccia. Siamo disperati, talmente esausti di giocare a questa roulette russa dell'uscita che forse interveniamo sulla chimica dei nostri corpi e compattiamo molecole e cellule per ridurre l'ingombro dei tessuti: insomma, forse diventiamo veramente più sottili. *Caveman* sbuffa, ha la bocca invasa dall'acqua e dai peli della barba e quasi soffoca, i capelli gli finiscono sugli occhi, ha la roccia che gli strappa via brandelli di carne ma tira, tira come un ossesso: "Tira, John, tira".

"Tira, John, tira."

"Tira, tira, tira."

La gioia di un'apparizione pensavo fosse virtù mistica riservata ai santi. Mi appare la luce e la fine della caverna ed è davvero come se vedessi la Madonna. Non ho la fortuna di avere una fede incrollabile, se affronto l'argomento religione è più per cercare di rispondere ai dubbi che per rifugiarmi nella sicurezza dei dogmi, però le prime tre parole che mi escono dalla bocca sono quelle che avrebbe detto anche il papa: "Dio ti ringrazio".

Abbraccio Carla, che finalmente può lasciarsi andare e sgancia un singhiozzo, proprio mentre anche Darry esce dalla spelonca. Allungo un braccio verso Simon, che ha rischiato con noi e per noi, incrocio lo sguardo di John, attaccato con le manone alla canoa: "Grazie, *Caveman*".

E lui impugna la pagaia proprio al centro, tra le due pale, la alza verso il cielo e urla, come Tarzan, come Sandokan. Gonfio di ansia, si scarica come un animale e gli animali di qui gli rispondono con un concerto di versi rauchi e stridenti.

"Sta piovendo, sbrighiamoci a tornare."

10.

Alle cinque della sera, con il sole ancora alto all'orizzonte, c'è il tè sul ponte per i sopravvissuti della caverna. John, Simon e Darry chiacchierano fitto, e hanno l'aria seria di chi sta valutando errori, pericoli, prospettive. È stata dura entrare e uscire da quella grotta: "Non possono mica rischiare così con tutti i turisti," mi dice Carla, "un vero attacco di panico là sotto può avere conseguenze gravissime".

"È vero, ma era la seconda volta che entravano lì e con noi potevano permetterselo, anzi, dovevano, perché noi siamo fatti così, ci piace il rischio."

"Tu sei fatto così. Io sarei rimasta volentieri sulla barca."

"Però scommetto che adesso sei contenta di aver avuto paura."

"Mah, insomma."

"Sai cosa dice uno psichiatra della Cattolica di Roma?"

"No, che dice?"

"Che l'avventura è un ottimo antidoto contro le fobie della nostra società. Misurarsi con le difficoltà e i pericoli serve per tenere sveglia la coscienza e allerta il cervello: sacco a pelo e antimalarica possono sostituire il lettino dello psicoanalista e l'antidepressivo."

"Sarà, ma non credo ai trattamenti traumatizzanti. Se poi nel momento del pericolo non si riesce a reagire che succede?"

"Dolci al cocco appena sfornati, provare prego." È John, e meno male che è arrivato, perché la conversazione avrebbe finito per affaticarmi.

"Allora, vi siete divertiti?"

"Non mi sembra il termine più esatto. Diciamo che è stata senz'altro un'esperienza che non dimenticheremo."

"Scusatemi, vado a cambiarmi." Carla scende sotto coperta.

"È arrabbiata?" chiede John.

"Arrabbiata no, non credo, però è molto provata. Non si aspettava un'esperienza così impegnativa. E poi lei non ha la mia stessa sete d'avventura, non ama mettersi alla prova duramente, preferisce cose più soft."

"Un museo?"

"Ecco, magari."

Ridiamo, finalmente, e brindiamo con la tazza di tè a una serenità ritrovata.

"Sai," dice John, "io credo che questa forma di turismo possa essere davvero il futuro della Thailandia e di molti altri paesi: il problema è che non hanno ancora capito che la smania di guadagno può essere una rovina."

"Che vuoi dire?"

"La baia di Pang Nga è un posto straordinario ma ogni giorno arrivano battelli, barche, yacht che scaricano migliaia di turisti. A qualche chilometro da qui c'è l'isola di James Bond, Khao Ping Gan, dove è stato girato *Goldfinger*. È bellissima, anzi, *era* bellissima. Nei dépliant pubblicitari c'è scritto che 'un alto faraglione dalla stretta base erosa dal mare monta la guardia alla baia dai riflessi di smeraldo'. Oggi Khao Ping Gan è invasa dalla gente, come il Rockefeller Center a Manhattan. E Phi, Phi, considerata uno dei posti più belli del mondo? L'ultima volta che ci sono andato ho pianto come un ragazzino perché l'hanno massacrata."

"Che vuoi fare, mettere il numero chiuso come volevano fare nei parchi americani?"

"Potrebbe essere un'idea, ma credo che la soluzione sia un'altra."

"E cioè?"

"Ti sembrerà strano, perché sono americano, ma ho letto Marx, il *Capitale*, il *Manifesto*: beh, qualcosa di buono c'è anche lì. Ma ha ragione pure Adam Smith ed è giusta la teoria del Welfare State, dello stato del benessere. Allora, per tenere alta la redditività del turismo e non consumare tutto in poche stagioni, credo che si debbano coniugare economia e ambientalismo: questa è la filosofia di base del Sea Canoe."

"Spiegati meglio."

"Alle multinazionali del turismo, ai grandi gruppi americani o giapponesi o italiani che scaricano decine di migliaia di persone ogni anno in Thailandia o in altri paesi, non importa molto se un eccessivo affollamento rovina l'ambiente: morta una destinazione, ne scoprono un'altra. Chi vive qui, invece, deve proteggere i propri tesori, le proprie ricchezze naturali: bisogna bloccare tutte queste barche a motore che inquinano le lagune, bisogna trovare un altro sistema per godere della natura senza rinunciarci ma anche senza ucciderla."

"Con il Sea Canoe credi di risolvere tutto?"

"Non tutto, certamente, ma penso di poter dare un buon contributo. Soprattutto allo sviluppo imprenditoriale della gente di qui. Il futuro appartiene a questi ragazzi con gli occhi a mandorla ed è giusto che se lo costruiscano da soli, senza l'aiuto interessato di chi viene a investire qui i soldi che ha già guadagnato a New York e si informa con il computer sull'andamento delle prenotazioni."

"Che vuol dire, anche tu sei americano."

"Sul passaporto, non certo nell'animo. Non mi manca nulla degli Stati Uniti, forse soltanto l'*apple pie*, la torta di mele. E comunque ho fatto una precisa scelta di vita: gli occhi a mandorla non mi verranno mai, forse non li avrà nemmeno mio figlio, se avrò un figlio da Emporn, ma nel mio cuore sono uno di loro."

Il sole tramonta dietro le isole, annega in un mare immobile e argentato, mentre il cielo risplende di viola. "Sveglia, siamo arrivati."

Carla stiracchia gambe e braccia, si stropiccia gli occhi e accende lo sguardo: "E che è, finto?" Inciampa con le pupille in questa meraviglia dopo un paio d'ore di sonno, paralizzata dalla stanchezza sul prendisole di prua: "Sto proprio bene, finalmente. Dove siamo?"

"A Ko Yao Noi."

"E che cosa è?"

"L'isola dove passiamo la notte. Staremo in un bungalow di proprietà di un'italiana, una certa Manuela."

"E perché sta qui?"

"Ha sposato un thailandese."

"Coraggiosa."

"Carla, Corrado, scendiamo."

La manovra non è semplice, perché non c'è porto e la barca deve restare in rada: "Lasciate i bagagli, li portano i ragazzi. Voi salite sulle canoe".

"Ancora?"

"Niente grotte, stai tranquillo."

La vediamo già, Manuela, ci aspetta sugli scogli con una lunga canottiera nera: sembra magra, altezza media da italiana, capelli corti e neri. Simon è uno dei suoi migliori amici: scende per primo e le fa festa. La abbraccia, la solleva da terra, la fa girare. Saluti e baci per John e Emporn, Darry e la sua amica. Per noi una più formale stretta di mano: "Benvenuti, sono Manuela".

"Piacere di vederti, finalmente parleremo un po' di italiano."

"Avete dei giornali?"

"Veramente no, li abbiamo lasciati a Phuket."

"Peccato, sono un paio di settimane che non ho notizie dell'Italia."

"Non ti preoccupare, ti faremo un rapido aggiornamento."

"Venite, sarete stanchi."

Tre passi e gli scogli diventano sabbia: sulla sinistra, addossato alla foresta che arriva fin sulla spiaggia, c'è il bungalow di Manuela e Un, il marito. Legno chiaro, tetto di paglia ben rifinito, poltrone di vimini e cotone bianco sul terrazzino, una stanza da letto all'aperto, coperta dalla zanzariera, per dormire al fresco nelle notti più calde, l'aiuola fiorita davanti agli scalini per dare un benvenuto colorito. E poi magliette stese ad asciugare, una rete che deve essere rattoppata, un'amaca legata ai pali della veranda su cui Simon è già disteso, a dondolarsi come un ragazzino.

"Il vostro bungalow, se vi piace, è quello in alto. È il più tranquillo, con la vista migliore."

"Benissimo."

"Forse è un po' scomodo, perché dovete arrampicarvi per una cinquantina di metri."

"Come arrampicarci?"

"Ma no, ci sono i gradini."

E che gradini. Con un lavoro paziente dal risultato un po' kitsch hanno ornato ogni rialzo di terra con un bordino di conchiglie: "Almeno non si scivola," spiega Manuela, che non ha perduto il gusto estetico e il senso critico occidentale. Saliamo la stradina che si inerpica con un paio di tornanti, illuminata da lampade a petrolio, e arriviamo al nostro castelletto: senza fiato per il panorama. Si domina tutto il golfo, una baia ampia e tranquilla: la luce sta scomparendo, l'orizzonte è grigio, le isole più scure, quasi nere. C'è qualcosa di vagamente spettrale, ma quello che si intravede è di una bellezza surreale. È come un'antica fotografia in bianco e nero, una cartolina animata con i fuochi lontani che qualche pescatore accende sulla spiaggia, con il rumore sordo e regolare dei motori delle barche che rientrano al villaggio. Restiamo in silenzio a guardare, mentre il piccolo thailandese che in barca cucinava lascia sulla veranda le nostre due sacche e torna sulla *Chok Prinun*, che per questa notte sarà la sua casa.

"Ehi, vieni qua."

Torna indietro e non dice niente. Piedi nudi, calzoncini corti, maglietta strappata consumata dagli anni, mi guarda dritto negli occhi: "Erano buoni i dolci di cocco, sei bravo". Adesso sorride, congiunge le mani e le porta al petto chinando la testa: è il modo thailandese di ringraziare. Avevo preparato cinquanta bath per lui, tremila lire. Rimetto la mano in tasca e gliene do cento.

"Grazie, signore, grazie."

Scende a precipizio per le scale. Felice.

"Doccia?"

"Doccia."

"Prima io o prima tu?"

"Penso convenga farla insieme perché bisogna prendere l'acqua dal bidone e bagnarsi con il mestolo. Meglio collaborare."

Complicato ma divertente, ci mettiamo una mezz'ora prima di riuscire a togliere tutto il sapone.

"Esagerati, abbiamo dimezzato il bidone."

Abbiamo girato il mondo, ma una sala da bagno così non l'avevamo mai incontrata. Tutto all'aperto, circondato da un'incannucciata di bambù e coperto da una grande rete a maglie strette che lascia passare aria e luce ma non gli insetti. Piantate in terra, con funzione antiscivolo, altre dozzine di conchiglie. Per sciacquettare mani e piedi, fare la doccia e il bidet c'è l'acqua del bidone con il mestolo, per il water, la soluzione offerta è quella alla turca che fa discutere me e Carla: "Meglio," dice lei, "è più igienico".

"Certo," ribatto io, "però è terribilmente scomodo. Restare con le gambe piegate anche soltanto per un paio di minuti, diventa faticoso per chi pesa un po' più di cinquantacinque chili."

Il dibattito non è appassionante, lo riconosco, e infatti tronchiamo la discussione in pochi istanti.

"Vestiamoci, ci aspettano per l'aperitivo."

Una bomba, questo punch locale, come con molta modestia lo definisce Manuela. A me, che non sono un intenditore, sembra un cocktail alla nitroglicerina. È proposto in una caraffa piena di liquidi, strani pezzi di frutta e ghiaccio. "Dentro c'è il nostro whisky, cioè il mekong, fette di banana e succo di ananas."

"*Cheers*."

"Alla vostra."

Siamo nel cuore del Sabai Corner, microscopico resort con cinque bungalow attrezzati, uno in costruzione, e quest'altro dove si mangia, si beve, si canta, si chiacchiera. È una palafitta da Robinson Crusoe, luogo di ritrovo di selvagge orde di zanzare richiamate dalla luce e ingannate da una bistecchiera antinsetti che le arrostisce appena si avvicinano. Quelle che sfuggono alla graticola sono inseguite da Tin Tin, il cane lupo solitario che vive con loro e tormenta gli ospiti in cerca di carezze: è enorme e simpatico.

"Perennemente affamato," dice Manuela.

E lui, come per dimostrarlo, si avventa sullo zampirone e lo succhia come un lecca lecca.

"Levaglielo," suggeriamo, "gli fa male."

"Ma figurati."

Altra scuola, da queste parti, altra cultura. Terrorizzati come siamo da ogni possibile contagio, fosse anche del banalissimo raffreddore, ci trasformiamo in protettori anche della salute animale e decidiamo perfino cosa devono mangiare e cosa devono leccare: qui si cresce liberi, si diventa grandi anche da piccoli, ci si abitua a fronteggiare la natura.

"Sentite, non per allarmarvi," dice Manuela.

John ride e quasi cade per terra: tiene Emporn sulle gambe con la stessa fatica con cui si tiene un bambolotto ma ha quasi le convulsioni per quanto sta ridendo. Evidentemente sa cosa ci deve dire Manuela.

"Siamo pronti a tutto, ormai, non ci spaventa più niente. Spara pure."

"È successo soltanto una volta e tutto è finito bene, però qui ci sono serpenti."

"Fantastico, ho sempre desiderato mangiarne uno: magari è la volta buona."

Perfino Carla non si allarma: lei li ama ancor meno di me, ma davvero crediamo ormai di essere vaccinati non soltanto al pericolo, ma anche all'idea che qualcosa possa accadere.

"Solo così, per sapere. Che tipo di serpenti?"

"Cobra."

"Perfetto, i più innocui..."

"E che dobbiamo fare?"

"Finché siamo svegli è sufficiente fare rumore e quando si cammina basta battere bene il piede per terra: questo li terrà sicuramente lontani. Quando andrete a dormire sarà meglio chiudere la finestra dalla parte della foresta: possono entrare pure dalle altre finestre, ma quella è la più pericolosa."

"Okay. C'è nient'altro che dobbiamo sapere?"

"Che tra poco si mangia."

La rotonda alla Robinson Crusoe è carina, accogliente, tenuta bene, arredata con estrema semplicità ma con gusto, azzarderei, italiano. Tre tavoli per mangiare con sedie di legno massiccio, un tavolo più basso per gli aperitivi o il dopo cena, il bancone del bar in legno: da una parte, appoggiata a un pilastro, una chitarra, che non so se mi fa allegria o tristezza. Immancabile lo stereo che suona, in nostro onore, una collezione di grandi successi di Gino Paoli: è il turno di *Sapore di sale*. Da casa nostra arriva pure una pila di giornali accatastati da una parte: il più recente è un "Panorama" di otto mesi fa.

"Però, buono, questo punch Sabai."

Sento il fuoco dentro e la testa che oscilla.

"È il mal di terra," spiega Manuela. "Capita a tutti quando non sono abituati a restare in barca parecchio tempo."

"Come ti va qui?"

"Bene, sono contenta."

Sa che le tocca una specie di terzo grado: trovare un'italiana in un posto del genere suscita curiosità. Lei, poi, non sembra una disperata, una fricchettona, come venivano chiamate, scappate di casa alla ricerca di esotismo: "Credo di aver sempre desiderato trasferirmi, Milano non mi è mai piaciuta".

11.

"Attenzione, perché è piccante: si chiama Tom Yam ed è la zuppa tradizionale thailandese."

Dentro c'è un po' di tutto, pollo, gamberi, verdure, e una quantità pazzesca di peperoncino.

"Mi dispiace," si scusa Manuela, "si è rotto il frigo e di fresco da bere abbiamo soltanto il nostro punch."

Prevedo sconquassi: tra alcol e peperoncino, in poco tempo avrò il cervello in ebollizione. Per il momento sono ancora vigile e controllo bene la situazione. Intorno al tavolo, nell'angolo ventilato di questa veranda, sediamo io accanto a Carla e poi John con Emporn, Darry e la sua amica, Simon e Manuela.

"Ti ricordi, Simon," chiede Manuela, "quando abbiamo cominciato a costruire questi bungalow? Un tagliava la legna e tu inchiodavi. Ne è passato di tempo."

"Tre anni," precisa Simon.

Chissà cosa è successo in questi tre anni, quante angosce e quanta felicità. Sorridono tutti e due, adesso, con quella strana smorfia della bocca che è un misto di soddisfazione e rimpianto.

"Hai visto come sono bianca?" dice Manuela sparando gli occhi in faccia a Carla. "Chi vive qui non ha tempo per prendere il sole."

"Com'è la tua giornata?" le chiede Carla.

"Un massacro. Sveglia tra le sette e le otto, a seconda delle cose che ci sono da fare. Devo badare al ristorante e dunque preparare le colazioni, ci sono i bungalow da pulire, le foglie da togliere dai vialetti e dalla spiaggia, la lavanderia da controllare."

"Fai tutto da sola?"

"Non potrei. Ci sono tre persone che lavorano per noi, ma vanno seguite con attenzione. A proposito, meglio che vada a vedere cosa succede in cucina."

Il profumo del curry è inconfondibile e meraviglioso ed è bello anche il colore, quel gialloverdastro che illumina il piatto. Anche quello di carta su cui stiamo mangiando. "Buono, buonissimo. Ma non c'è un po' di pane?"

"Tom, porta il pane."

"Facciamo fare un giro al punch."

"Simon, passa la caraffa."

"Manuela, dove abitavi a Milano?"

"In una bella casa vicino a piazza Cinque Giornate."

"Ti manca?"

"Milano assolutamente no: fa così freddo, odio quella pioggerellina, la nebbia, la neve. A volte mi sento divisa, perché sogno spesso l'Italia se sono qui e la Thailandia se sono a Milano, ma non posso dire di avere incertezze. Mi mancano ogni tanto alcune cose, come i giornali e il cinema, e alcune persone: le mie amiche, sì, di loro ho grande nostalgia."

"Qui non ne hai?"

"Conosciamo molte persone, ma non è la stessa cosa. La gente di qui è tollerante e non mi sono affatto sentita rifiutata, ma capisco che tendono comunque a considerarmi una diversa."

Interrompo la dialettica femminile che ci avrebbe portato a un esame approfondito di sensazioni assolutamente astratte e cerco di conoscere le ragioni del presente: "Scusa, Manuela, ma come ti è venuto in mente di trasferirti qui?"

"Otto anni fa venni in Oriente per la prima volta insieme a un'amica. Studiavo legge, avevo genitori comprensivi e generosi, ai quali, rientrando a Milano, confidai l'entusiasmo per questo viaggio. L'estate dopo tornai in Thailandia e mi fermai a Ko Phanga, un'isola da queste parti. È stato allora che ho incontrato Un."

"Amore a prima vista?"

"Una storia d'estate, nata ai tropici con la convinzione che sarebbe finita."

"E invece è continuata."

"Ci siamo scritti, non ci dimenticavamo. Sono tornata, ripartita, ritornata. Poi ci siamo sposati."

"E i tuoi? Che tipi sono? Cos'hanno detto?"

"Papà è stato dirigente Eni, la mamma fa ancora l'architetto: per loro sono sempre stata una figlia atipica, si erano abituati alle mie stravaganze e hanno capito. Venire qui, comunque, non è stato come venire in paradiso, ho dovuto affrontare problemi e difficoltà anche grosse. Inserirsi in una società fondata su una cultura rigida come l'islam, qui sono tutti musulmani, non è affatto semplice."

"Perché, come sono questi thailandesi?"

"Il loro sorriso è una maschera. Noi occidentali siamo tesi verso un'onestà esteriore, mostriamo senza problemi i nostri sentimenti, a volte esageriamo anche nella spettacolarità delle emozioni, loro sono l'esatto opposto, conservano sempre la stessa espressione senza mostrare alcun turbamento, pure se covano un odio profondo."

"Come va con tuo marito?"

"Bene, sono contenta."

"Figli?"

"Questo sarebbe il posto ideale per crescere un bambino, magari le difficoltà arriverebbero dopo. Per ora non vogliamo eredi, abbiamo troppo da fare e pochi soldi."

"Quanto guadagnate?"

"Siamo ancora pieni di spese, diciamo che per noi restano tra i cinquecento e i mille dollari al mese. Speriamo in un futuro migliore."

"Manuela, consentici un azzardo. E beninteso, se non ti va, non rispondere."

"Dimmi, non ti preoccupare."

"L'argomento sarebbe erotico."

"Va bene, accetto la domanda."

"Dunque, si raccontano meraviglie delle donne thailandesi delle loro straordinarie capacità sessuali. Degli uomini, invece, non si dice mai nulla. Tu che hai conosciuto sia gli italiani che i thai, che giudizio puoi dare?"

Ride, con qualche sincero imbarazzo. E ridono pure Emporn e l'altra ragazza.

"Sì sì, poi ci dite anche il vostro parere."

"Non saprei," esita Manuela, "come si fa, ogni uomo è diverso e poi di italiani, beh, qualcuno ne ho conosciuto, ma di thailandesi ho soltanto un'esperienza."

"Una e basta?"

"Eh già. Però..."

"Però?"

"Forse loro hanno più attenzioni, sono capaci di farti sentire più donna."

"Ma come, il maschio latino?"

"Funziona meglio quello orientale."

"Emporn, è vero?"

"America, America è il massimo."

"Hai visto, italiano, i migliori siamo noi."

"John, che dici? Se lo sanno tutti che siete scarsini!"

"Scusa, Corado." I bicchierini di punch gli hanno arrotato la erre e ne hanno fatta sparire una dal mio nome: "Scusa, Corado," insiste, "se Manuela preferisce il thai agli italiani e Emporn dice che l'americano è meglio del thai, vuol dire che l'americano è anche meglio dell'italiano. Hai studiato il sillogismo? Ti ricordi Aristotele?"

Mezzo ubriaco ma ancora razionale: "Il sillogismo non fa una piega ma è viziato. Come potrebbe la piccola Emporn affermare il contrario di quello che ha detto con un colosso a stelle e strisce come te che la minaccia?"

È Carla a mettere pace in questo sexy rodeo: "Va bene, avete vinto tutti. Propongo un brindisi agli uomini di tutto il mondo".

"Caraffa, prego."

Sbragati sulla sabbia, disfatti dal cibo e dall'alcol, ma sereni.

"Che dici, Emporn, mi sembra che questa sia la ragazza giusta per Darry. Come si chiama?"

"Ari. È carina e molto affascinata da lui. E lui che ne pensa?"

"Non so, ancora non ne abbiamo parlato. Però stamattina, nella grotta, era molto protettivo, un atteggiamento insolito per lui, non l'avevo mai visto così. E guarda, guardali ora."

Tenerissimi, abbracciati sullo sfondo del mare come i fidanzatini di Peynet, hanno preferito un assaggio di solitudine alla compagnia della comitiva. Sono qualche decina di metri davanti a noi, dove il mare accarezza gli scogli. Catturano gli sguardi di tutti perché fanno tenerezza e perché forse ciascuno di noi ha qualcosa da invidiare a chi è appena all'inizio di una storia d'amore: giorno dopo giorno ogni amore cresce, matura, diventa adulto proprio come una persona che con gli anni perde l'ingenuità, gli entusiasmi e le emozioni dell'infanzia.

"Che carini."

"Carini, sì. Andiamo, Emporn, andiamo a dormire."

Caveman e Emporn se ne vanno, due secondi dopo Darry e Ari lasciano gli scogli ed entrano nel loro bungalow. Restiamo in quattro: Manuela, Simon, Carla e io.

"Manuela, senti."

"Dimmi, Carla."

"Sei cambiata stando qui, ti senti diversa?"

"Sono più serena, più tranquilla. E non posso più rinunciare a vivere in questi grandi spazi, a sentire e vedere gli uccelli, a svegliarmi davanti al mare."

"Prima parlavi di problemi, difficoltà: a che ti riferivi?"

"A questo ambiente, alla società thailandese che è qualche anno in ritardo rispetto alla nostra e che qui, in questa isoletta con quattromila persone, è ancora più arretrata. La donna è sottoposta al marito, deve obbedire, non fuma in pubblico, proprio come era da noi trenta o quaranta anni fa. C'è questa generica subalternità che è difficile da accettare. Perché anche se con mio marito sono riuscita a riportare la situazione su un piano di parità, all'interno della società devo per forza rispettare abitudini e tradizioni."

"Cioè?"

"Un rispetta il mio bisogno di libertà, che non vuol dire fare chissà cosa, ma magari non essere costretta a stare in casa se lui la sera va al bar con gli uomini del villaggio, che invece obbligano le loro mogli a non uscire."

"E tu che fai?"

"Niente di che, magari vado a casa di una di loro. Però, ecco, proprio un comportamento di questo tipo può creare dei problemi. Perché le altre donne sanno che Un è diventato diverso dagli altri mariti e sono invidiose, sanno che fumo e vogliono farlo anche loro."

"Come dire che dai scandalo."

"In un certo senso, ma per questo cerco di limitarmi

esteriormente: se vado da qualche parte e ho voglia di fumare, evito. Mi sforzo di rispettare le forme."

"Che atteggiamento hanno le altre donne verso di te? Ti stimano, ti sopportano, ti invidiano?"

"Non lo so esattamente nemmeno io. Si confidano, vengono a lamentarsi con me di quello che succede in casa."

"Per esempio?"

"Mah, ci sono tante storie, come in Italia, d'altronde. L'ultima è stata una ragazza del Nord, sposata con un musulmano di qui e mai accettata dalla famiglia di lui perché viene dal Nord, dalla provincia di Chiang Mai. Ha fatto tre figli con il marito, finché lui un giorno ha deciso di prendersi anche una moglie più giovane e di portarla in casa: è musulmano e la legge glielo consente. Lei è nata buddhista, si è convertita, ma soffre da morire, perché oltre all'amore tradito, considera questa seconda moglie un'offesa intollerabile."

"Che le hai consigliato?"

"Di scappare."

"E lei lo ha fatto?"

"Sì, ma il marito l'ha ripresa e l'ha massacrata di botte."

"Hai avuto un successone."

"Aspetta, lei è riscappata."

"Ah, e dov'è andata?"

"Il marito l'ha ripresa ancora."

"E l'ha massacrata un'altra volta?"

"Eh già. Però lei è riscappata e adesso vive a Bangkok con i tre figli: lavora in una fabbrica e riesce a mantenersi."

Carla ha uno dei suoi improvvisi impulsi d'affetto e le fa una carezza sul viso: "Scusa, non volevamo farti un interrogatorio, ma sai, la curiosità era tanta".

"Sono contenta che siate venuti, mi ha fatto piacere parlare con voi."

"Anche a noi, davvero."

"Siamo stati molto bene, sei un'ottima padrona di casa."

"Grazie."

"Bene, andiamo a dormire?" chiedo a Carla.

"Sì, direi che è ora."

"Corrado."

"Dimmi, Manuela."

"Ricordatevi di tenere chiusa la finestra dalla parte della foresta e dormire nella stanza superiore, con la zanzariera abbassata."

"Messaggio ricevuto. Buonanotte."

"Buonanotte."

12.

Il gallo, inevitabilmente. Un chicchirichì violento, di quelli che scassano le orecchie e fanno maledire l'alba. Guardo l'orologio e scopro che sono le sei. Dalle persiane entra già la luce, ma richiudo l'occhio, fiducioso in un'appendice di sonno. Non mi ero addormentato subito, un po' per la storia del cobra, un po' perché la zanzariera mi comunica un fastidioso senso di costrizione: per il dormire sono viziatello, nel senso che per un sonno davvero riposante ho bisogno delle comodità abituali, altrimenti non è che mi lamenti, ma semplicemente fatico, e molto, ad addormentarmi. Il bungalow è suggestivo, ma si dorme alla thailandese, con un minimaterasso alto un centimetro poggiato direttamente sul pavimento e un cuscino ugualmente sottile. Un letto troppo selvaggio per me. Carla, invece, non ha problemi. Dorme ovunque e comunque e nemmeno il gallo, violento come un trombone, riesce a scuoterla. Sta lì, girata sul fianco sinistro, come se fosse distesa sotto un baldacchino.

"Sai che faccio? Mi alzo": è un pensiero liberatorio, perché stare scomodo e immobile è fastidioso. Muovo con delicatezza la zanzariera, per non disturbare la bella addormentata, sposto la torcia elettrica che per prudenza mi ero tenuto accanto, unica arma contro il buio pesto in caso di pericolo, infilo le scarpe e scendo al piano di sotto. Nella sua gentile ospitalità, Manuela ci aveva assegnato il bungalow a due piani, con scala incorporata: senza far rumore arrivo in veranda e mi ritrovo davanti alla baia. La stessa cartolina che avevamo visto appena arrivati, soltanto che dal bianco e nero della sera siamo passati al colore della mattina, che fa più effetto ma comunica meno emozione. Vedo che al Sabai Corner ci sono i preparativi per la colazione, sento i profumi che arrivano, pentole e tazze che sbattono, risate di donne. Metto una camicia e scendo.

"Buongiorno, signori."

"Già sveglio?"

"Merito del gallo. Deve essere gigantesco per urlare in quel modo."

"Sì, è stato un campione di lotta, qui i galli combattono ancora, e adesso che è in pensione si sfoga così. Hai dormito bene?" chiede Manuela.

"Ottimamente." È una piccola bugia, ma perché stare a discutere e fare la figura del seccatore? "Non abbiamo nemmeno avuto visite strane," continuo, "sembra che il cobra non ci abbia voluto assaggiare."

"Meglio così. Vuoi caffè o tè?"

"Tè senza limone."

"Tè: strano per un italiano."

Il fragore di una moto smarmittata annienta i decibel di inquinamento acustico prodotti dal gallo. Non c'è strada asfaltata che porti al Sabai Corner, ma c'è un viottolo di terra battuta che passa a pochi metri dalle cucine: il motore si spegne, arriva un giovane thailandese con una scimmia aggrappata sulle spalle.

"È una raccoglitrice di cocco," mi dice Manuela.

"Chi?"

"La scimmia operaia."

"Come sarebbe?"

"Che sale sugli alberi a raccogliere i cocchi."

"Cioè è ammaestrata?"

"In un certo senso. I guardiani, come questo ragazzo, le tengono legate con una catena di ferro attaccata a un collare: loro stanno seduti e le scimmie salgono e scendono dagli alberi."

"Divertente."

"Lo trovi divertente?"

"Non mi sembra una grande crudeltà."

"Forse no, ma ogni volta che sbagliano cocco, che ne prendono uno acerbo invece di uno maturo, vengono picchiate. E se prendono troppe botte, finisce che impazziscono. Come è già successo a una povera scimmietta che si è ribellata e dall'albero ha cominciato a tirare i cocchi sulla testa dei guardiani."

Questa qui non ha l'aspetto della scimmia vendicatrice, anzi, sembra ben affiatata con il suo manager che la tratta con affetto e le offre perfino un pezzo di pane e marmellata. È un discolo come tutte le scimmie, corre e salta tra le sedie e il bancone, strappa le pagine delle riviste ma dà il meglio di sé quando se ne va. Sale in moto tra il guardiano e il manubrio e piazza le sue dita sulle manopole accanto alle mani di chi guida. Fa la faccia da motociclista, con le mascelle strette e la grinta di chi sta per affrontare un Gran Premio. Se è uno schianto sul sellino, figuriamoci che cosa combina sugli alberi.

L'ora dei saluti regala sempre qualche tristezza. Abbiamo conosciuto Manuela una ventina di ore fa, ma già le siamo affezionati: per come ci ha accolto e poi perché è italiana come noi. Tra palme e cobra questa origine comune che ricorda spaghetti e dolci colline toscane ha pure una sua importanza. Essere italiani non vuol dire soltanto avere lo stesso passaporto, ma considerare la vita come un passaggio che deve essere piacevole. Non abbiamo la vocazione al martirio e ce la sappiamo godere, forse noi romani più dei milanesi come lei, ma anche se Manuela ha voluto cambiare tutto, dentro di sé, lo dice anche lei, resiste la cultura italica.

"Mi piacerebbe tanto portare Un a Milano."

"Perché lo devi far soffrire? Almeno portalo a Roma."

"Sai, non è mai uscito dalla Thailandia, credo che avrebbe un grosso choc culturale."

"Immagini una specie di Crocodile Dundee tra il Duomo e la Galleria?"

"Scemo, dico che forse sarebbe utile anche per il nostro rapporto. Potrebbe vedere e capire cose che io cerco di spiegargli ma che per lui restano lontane: se gli mostro il mio mondo, potrei riuscire a stare meglio nel suo."

È ora di partire, abbraccio Manuela e mi ritrovo in mano un pacchetto ben confezionato con carta da pacchi marrone chiaro, uguale in tutto il mondo, e chiusa con lo spago. Resto un attimo perplesso. Va bene tutto, va bene la fiducia e il fatto di essere, come dicevano gli eroi del Risorgimento, compatrioti. Però, che rischio: quanta gente è finita nei guai, o proprio in galera, per aver accettato di portare un pacchetto di cui non conosceva il contenuto. Manuela capisce: "Non c'è droga, stai tranquillo, i miei non la usano: ci sono lettere, un taglio di seta e uno di cotone. Ho sbagliato a chiuderlo prima che tu lo vedessi ma aprilo pure prima di partire per l'Italia".

"Non ti preoccupare, lo faremo arrivare a Milano."

"Corrado, andiamo, si fa tardi." È John che mi chiama e da capospedizione bada al rispetto degli orari: "Dov'è Carla?"

"Non lo so."

"Eccola lì."

Appare come Wanda Osiris, in cima alla scalinata, quella ornata con le conchiglie. Fasciata in un kaftano bianco, scende con una lentezza che sembra da diva ma molto più modestamente è da addormentata. Vede che la stiamo osservando e agita la mano in segno di saluto.

"Coraggio, è tardi."

"Arrivo, nemmeno il tempo per un caffè?"

"Colazione in barca, si salpa."

"Fatemi almeno salutare Manuela."

Abbracci e baci tra due italiane così diverse e lontane: "Scriviamoci". Probabilmente non accadrà.

13.

“Memori di tanto oltraggio,” dicevano i soldati italiani che combattevano l’Austria. La nostra guerra è stata dentro la grotta di Krabi, lo spaventoso antro selvaggio, ricordo vivissimo, fresco di nemmeno ventiquattr’ore. Memori di quell’oltraggio, affrontiamo John subito dopo la colazione: “*Caveman*, patti chiari: dove ci stai portando?”

“Tranquilli, tranquillissimi. Quella dei pipistrelli è una grotta dove potete passare anche in piedi. Anzi, sopra le teste ci sono metri e metri di aria. E migliaia di pipistrelli. Ah ah ah...” E si sganascia dal ridere.

“Che fai, ridi?”

“Rido perché c’è molta gente che ha paura dei pipistrelli.”

“Che a te invece piacciono, scommetto.”

“No, ma sono innocui.”

“Fino a un certo punto. Perché se si aggrappano ai capelli non si staccano più. E oltre al fatto di dover tagliare tutto, beh, insomma, non fa piacere avere quel mostriciattolo attaccato alla testa.”

“Ah ah ah,” e ride ancora, questa volta addirittura più di prima. “Ah ah ah... Corrado, con quei tre capelli a spazzola che hai non mi sembra che tu corra questo rischio.”

“*Caveman*, almeno non ho il riportino come te.”

Come molti signori di mezza età, John Gray ha ceduto alla tentazione di nascondere la chierica e ha fatto ricorso alla manovra tradizionale, riportando al centro della testa, nel Sahara dei capelli, le ciocche che crescono di lato. È l’unica debolezza estetica alla quale questo rude omone ha ceduto: evidentemente ci tiene a non mostrare la zucca pelata. E infatti vedo che si è rabbuiato, sembra che se la sia presa per la battutaccia.

"*Caveman*, che fai t'arrabbi?"

Simon e Darry lo guardano con le labbra all'insù, le bocche aperte in un sorriso che è una presa in giro senza parole. Un momentaccio, per John. E ci si mette pure Emporn, che stava raggomitolata sotto la tendina parasole, le gambe intrecciate come un gatto: si alza per partecipare alla burla collettiva e annuncia il suo scherzo con una strizzatina d'occhi alle spalle di John. Si aggrappa alla schiena, raccoglie i suoi capelli neri e lunghi in una mano e poi, come fossero una parrucca, li lascia cadere sulla testa di *Caveman*. "Bello, scimmione mio."

C'è buon umore, stamattina. Il tempo è bello, il mare liscio, la luce ottima per fare film e fotografie. Si va tranquilli, con i motori a basso regime perché abbiamo rispettato il timing e non abbiamo fretta, perché questa volta non bisogna fare i conti con la marea, non ci sono anfratti angusti dentro i quali infilarci lottando con l'altezza dell'acqua. Distesi a prua, dove non arriva nemmeno il rumore del diesel, ci godiamo il panorama e ci concediamo, finalmente, qualche decina di minuti di relax abbronzante.

Il caldo mi impigrisce: sento la palpebra pesante, il rollio della barca diventa ninna-nanna, il sonno perduto della notte bussa fortissimo e sfonda le mie resistenze. Mi addormento subito e il risveglio, come sempre, è traumaticamente idiota: "Dormivi? Guarda quanti pescatori".

Quasi fosse un evento da non perdere, una di quelle straordinarie manifestazioni della natura come l'arrivo di un tornado o una selvaggia scena di sesso tra un ippopotamo e una formica. Guardo e vedo un'infinità di barchette, assolutamente identiche alle decine che avevamo già visto navigando per la baia: "Bello, bellissimo," commento, "adesso lo riprendo anche con la videocamera, per un'oretta senza interruzioni".

"Cretino," dice Carla.

"Ma come cretino? Mi svegli per mostrarmi trenta barche a duecento metri da noi? Sono io il cretino?"

"Ma non sai quello che pescano."

"Cosa pescano?"

"Meduse."

"Ah. E si vedono?"

"No."

"E allora non me lo potevi dire dopo? Arrivati alla grotta mi dicevi 'Corrado, lo sai che abbiamo visto dei pescatori di meduse?' E io ti avrei risposto: 'Beati voi, chissà com'è stato interessante, perché non mi hai svegliato?'."

Carla grugnisce e bofonchia qualche insulto. Però, a dire il vero, una curiosità mi è venuta. Che diavolo ci possono fare con le meduse?

"Scusa, Carla," oso, "potrei sapere se dal dibattito sull'affascinante scena dei pescatori che ha provocato il mio risveglio, è emersa anche la ragione per la quale l'intera popolazione di alcune isole si affanna tanto per catturare le meduse?"

"Le mangiano."

"E potrei anche sapere come?"

"In zuppa."

"Sapresti anche descrivermi, sommariamente, il gusto?"

"Dolciastro."

"Digeribilità?"

"Complessa."

"Apporto proteico?"

"Discreto."

"Organizziamo un business per importare queste o proviamo ad assaggiare quelle di Ostia?"

Dialetticamente impegnativa, questa bella giornata marinara. Manca poco alla spelonca dei pipistrelli e rinuncio definitivamente al pisolino, ma soltanto per rimandarlo al primo pomeriggio. Preparo videocamera e macchina fotografica perché questa volta abbiamo spazio sufficiente per caricarle sulle canoe e potrò riprendere l'interno delle formazioni carsiche, l'interno del ciambellone, come l'avevamo chiamato. Tutta l'attrezzatura va sistemata in un contenitore impermeabile, un bustone di plastica con chiusura che era ermetica finché l'uso l'ha consumata e l'ha fatta diventare uguale alla busta dei biscotti che si chiude arrotolando il lato aperto. Una protezione un po' naïf, ma non ci sono onde e non c'è una nuvola in cielo. Certo, se ci rovesciamo butto tutto: però, incrociamo le dita.

"Sapete già tutto, ma per stare più tranquilli vi ricordo che nella grotta dobbiamo cercare di stare in silenzio e di non toccare nulla. Abbiamo delle torce elettriche che possiamo usare per vedere meglio la volta della grotta: rispetto a Krabi questa è molto più alta ma anche molto più lunga e ci vorranno cinque o sei minuti per arrivare dall'altra parte. Ci sono due cose interessanti da vedere: le comitive di pipistrelli e, verso la fine, una parete con formazioni cristalline spettacolari. Bene, andiamo."

Il comizio di Darry è finito. Si va, con gli stessi equipaggi e la stessa fila indiana dell'andata. Imbocchiamo l'entrata della grotta quasi con una sensazione di sufficienza, la stessa che può provare un esperto di algebra quando deve fare un'equazione a un'incognita.

"Mi manca l'emozione," dice Carla.

"Lo vedi, cominci ad apprezzare il gusto dell'avventura. Ti ricordi quel film, *Point Break*, quando uno dei protagonisti urla all'altro: 'È adrenalina pura'? Ecco, se comincia a piacerti questa sensazione, non riesci più a farne a meno e vuoi metterti alla prova, cerchi il brivido del rischio. Ma bisogna sempre evitare l'azzardo, specialmente se la posta è troppo alta."

"Ehi, conversazione la facciamo dopo."

"Scusa, Simon."

Fa soltanto caldo, per il momento, di pipistrelli nemmeno l'ombra. C'è puzza anche qui sotto, ma è l'unica sensazione spiacevole. Il caldo è perfino apprezzabile, molto meno umido dell'altra grotta: sembra di stare in una grande sauna dove l'aria non manca. Certo, non si vede un accidente.

"Corrado, passami la torcia."

Simon la punta davanti a noi: illumina l'acqua, praticamente immobile, e qualche spunzone di roccia che sporge dalla parete ma non dà alcun fastidio. Imposta la curva con due colpi di pagaia e lascia andare la canoa. Seguo il fascio di luce della torcia che sale lentamente dall'acqua, si arrampica sulla roccia, incontra stalattiti e stalagmiti, sale ancora fino a raggiungere la volta.

"Eccoli qui, i vostri amici pipistrelli."

Centinaia e centinaia di piccoli cotechini neri pendono dalla volta, appesi per la coda a dormire, o comunque a riposarsi. Se stanno fermi sembrano salsicciotti, salamoni scuri messi a stagionare in quella che potrebbe essere la cantina di una salumeria: se si muovono, se staccano la coda e aprono le ali, allora danno inizio a un incubo. Simon li eccita, con la luce e qualche rumore. Gli punta la torcia contro e quelli fanno come noi quando ci svegliano: si arrabbiano. Allora allargano le ali e spalancano la bocca e si vedono bene, quando cominciano a volare a pochi centimetri da noi, i denti piccoli e aguzzi, i musi brutti e fastidiosi. Se ne stacca uno e altri dieci lo seguono. E poi altri ancora.

C'è l'inferno, adesso, qua sotto. Ci sono centinaia di pipistrelli che vagano tra la volta e l'acqua, scendono in picchiata verso di noi e li sentiamo frusciare a un millimetro dall'orecchio.

"Carla, mettiti le mani in testa! Copriti i capelli!."

"Ho la cuffia della doccia, l'ho portata proprio per questo."

"Geniale, bravissima."

Apre un cubetto di carta, di quelli che gli alberghi di lusso fanno trovare nel cestino in bagno insieme alle creme e ai saponi, sfila la cuffia di plastica trasparente e se la piazza in testa. Le sparo la luce in faccia.

"Non ti dona, però ti salva."

Chi ha visto *Uccelli* di Hitchcock può capire lo spavento, il senso di oppressione e di angoscia profonda che si prova quando si è assediati da animali con le ali. Più che vederli, li senti arrivare, o per l'aria che spostano o per il fruscio delle ali o per quel suono stridulo e tetro che cacciano dalla gola, simile al rantolo di un uccello sgozzato. Magari hanno anche un pessimo odore, ma non abbiamo fatto in tempo a sentirlo singolarmente: l'insieme, l'abbiamo già detto, è nauseante, un odore intenso di ammoniaca prodotto dagli escrementi.

Mi arrendo per qualche istante e mi ritiro nella canoa, accucciato, con la testa verso il basso e le mani sui capelli, quei pochi che ho. Ripenso a un altro incontro con i pipistrelli, in un tempio indiano che avevano scelto come dimora abituale: era un bel posto, anche se non ricordo più come si chiama, vicino, per gli appassionati del genere, a un tempio abitato da topi. I pipistrelli indiani erano molto più tranquilli di questi, sonnecchiavano nei loro rifugi negli angoli alti del tempio e non pensavano affatto a un uso sfrenato delle ali come invece stanno facendo questi qui, in continue e spericolate acrobazie da una parte all'altra della grotta.

La luce in faccia e i rumori agitano i pipistrelli dagli occhi a mandorla della Thailandia e le loro evoluzioni mi fanno venire il mal di stomaco. Ma mi vendico al pensiero che ho mangiato uno di loro, uno di questi uccellacci, in un ristorantino dopo Anse Intendance, spiaggia meravigliosa di Mahè alle Seychelles: ha una parte molto grassa, la pancia, assolutamente da scartare, e il resto abbastanza gustoso, con un sapore intenso simile alla nostra cacciagione, forse simile al piccione, anche se la cucina creola usa salse e spezie che noi evitiamo.

"Andiamo, Simon, abbiamo visto abbastanza, tanto quando torniamo indietro ci sarà la replica."

Spengo il riflettore e mi distendo, con i piedi sul bordo della canoa e la schiena poggiata sulle gambe di Carla: "Comodo?"

"Protettivo, ti difendo da questi mostri primordiali."

"Non ce n'è più bisogno, qui non ci sono."

"Simon, ma perché non stai zitto?"

"Perché ti devi ritirare su. Guarda."

Un decimo di secondo e dal buio profondo passiamo in discoteca, con migliaia di brillantini che risplendono sulla roccia e riflettono il fascio di luce della torcia come fanno le lampade psichedeliche piazzate in mezzo alle piste da ballo. Fantastica questa centrale pirotecnica, questa comitiva di bambini invisibili che tengono accese in mano le stelle filanti di capodanno, questo cielo stellato di un presepe. E ci si ritrova così, proprio come pupi, davanti a tanta stravaganza della natura a esclamare "Che bello!" e niente più.

A cercare la spiegazione scientifica si inciampa in una serie di cristallizzazioni secolari, ma sembra addirittura spoetizzante voler andare a trovare il perché di questo festival di luci riflesse che si lasciano accendere anche da un cerino. C'è il buio eterno qua sotto ma dentro il buio c'è una festa di splendori, il tesoro da vedere che spetta in premio a chi sconfigge il fastidio dei piccoli mostri con le ali che popolano la caverna prima di questa, che fanno da guardia alla meraviglia.

"Che bello," e si vorrebbe restare abbagliati da questa cascata di luci, incollarsi allo schermo di questa parete di roccia e guardarla come fosse un videogame da tenere acceso per trasformare una semplice visione in una vera, verissima realtà virtuale.

Bruciano gli occhi per quanto tutto è splendente. Ma non soltanto per questo.

"Abbiamo bisogno d'aria, dobbiamo andare," avverte Simon.

"No, ancora un attimo."

Ma la prua già si stacca dalla parete, la torcia si spegne, le luci muoiono lentamente.

14.

"Ti è piaciuto il flipper sotterraneo?"

"*Caveman*, ti devo ringraziare. Questa grotta è una delle cose più belle ed emozionanti che abbia mai visto."

"Capisci perché insisto con il Sea Canoe? Siamo il futuro che porta nella preistoria, siamo l'ascensore che scende negli abissi del tempo."

"Esagerato, adesso non fare troppa retorica."

"D'accordo, ma è così. In quale altro modo pensi che sarebbe possibile visitare grotte come questa? Per le barche grandi non c'è spazio e a nuoto o si è grandi campioni o si annega. L'unica vera possibilità siamo noi."

"Dimmi una cosa, quanto paghi la gente che lavora per te? Quanto guadagna Tom: mi sembra sia il numero quattro, dopo te, Simon e Darry?"

"Sì, lui è il migliore dei ragazzi thailandesi: posso dirti che in America guadagnerebbe cinquanta dollari al giorno, qui si mette in tasca duecento dollari al mese, più vitto e alloggio."

"Non mi sembra molto."

"Se lo rapporti ai nostri stipendi hai ragione tu, ma devi valutare il potere d'acquisto del bath e il tenore di vita della Thailandia: credimi, è un'ottima paga. Non dimenticare che un chilo di frutta costa una ventina di bath, milleduecento lire, per il pesce basta buttare un amo in mare, il riso è praticamente regalato."

"E che prospettive può avere un ragazzo come Tom?"

"Ha 30 anni, è bravo, onesto e intelligente. Sa parlare le lingue, sta imparando a remare come si deve e a governare bene una barca grande, lo stiamo portando a livelli qualificati di standard internazionale. Questo è il suo futuro e quello dei ragazzi come lui. In pochi mesi, in un anno, diciamo, può arrivare a guadagnare anche seicento dollari al mese, assumendosi, naturalmente, maggiori responsabilità. Se i nostri affari andranno bene, se questo tipo di turismo ecologico funzionerà e sarà apprezzato, come crediamo e speriamo, avremo bisogno di più barche e più responsabili. Tom potrà essere uno di questi: dopo di lui serviranno molti altri Tom."

"Quanta gente vuoi portare in queste grotte? Anche voi dovrete porvi un limite, non penserai di ingolfare la baia?"

"Ci sono centinaia di isole a Pang Nga, credo che ci sia posto per tutti. L'importante è non affollarsi, non andare tutti alla ricerca delle stesse cose nelle medesime caverne. Gli ecosistemi di ogni isola e di ogni grotta sono molto delicati perché piante e animali non hanno mai subito contaminazioni e dunque non sanno difendersi. È come un organismo che non ha anticorpi e se viene aggredito con violenza da una malattia può arrendersi subito. La nostra tutela verso la natura è rispettare il limite che ci siamo imposti: mai più di un ingresso al giorno in ogni grotta."

"Non credi di contraddirti? Vuoi difendere la natura e pensi a una flottiglia di barconi che girano per la baia carichi di canoe da scaricare dentro gli anfratti? Ma ti sei chiesto davvero cosa vuoi: veder crescere ancora le mangrovie e sentire i grugniti dei gibboni o veder aumentare il tuo conto in banca?"

"La contraddizione non è mia, ma di questo sistema. Il turismo non esiste senza i turisti. Se io guadagno mille dollari al mese e Tom ne prende duecento è perché c'è gente che viene in barca con noi e se vogliamo diventare una forza culturale ed economica alternativa ai pullman del mare che inquinano e fanno rumore, dobbiamo proporci sul mercato con una struttura adeguata e affidabile. Dobbiamo crescere ma non per diventare ricchi, perché non ci interessa: non avrei sposato Emporn, non vivrei come sto facendo, senza aria condizionata né champagne, non avrei fatto l'abitudine al riso bollito. Credo in un mondo diverso da questo, ma sono realista, un fottuto, pragmatico americano, una sintesi tra Marx e Adam Smith. Perché se continuiamo così, ecco come si va a finire. Guarda là."

Il panorama desolante, questa volta, comincia con un villaggio di palafitte addossato a uno sperone di roccia, la cupola verde di una moschea e un molo lungo, lunghissimo, aggredito da decine di barche che arrivano ogni minuto, scaricano orde di turisti e poi vanno a parcheggiare più lontano: esattamente come i pullman a piazza San Pietro. "Che cos'è?" chiedo a John.

"È il lunapark degli zingari del mare."

"Spiegati."

"Era un villaggio costruito dai Moken, un popolo nomade di origine musulmana che invece di spostarsi sulla terra ferma andava in giro sulle onde. Vivevano nelle barche, le stesse house boat che ancora si vedono ad Aberdeen, la baia di Hong Kong dove tutto si svolge sull'acqua. Sono rimasti in questo piccolo golfo per qualche tempo, ben protetti da quella roccia che li ripara dai monsoni: senza nemmeno saperlo sono diventati un'attrazione turistica così hanno lasciato marcire le barche e costruito le palafitte. Adesso guarda che cos'è."

"Ci stiamo fermando?"

"Normalmente non lo facciamo, ma voglio farti vedere cosa significa il turismo di massa: per chi arriva da un altro continente e per chi vive qui."

"Non credere di meravigliarmi, so cosa vuol dire."

"Così, forse, non l'hai mai visto."

Il cartello è consumato dalla ruggine e immortalato in milioni di foto ricordo: "Welcome to Ko Pannyi." Tutto finto, a uso e consumo del turista che si accontenta della recita. Viaggiare, d'altronde, è una scelta culturale: per questo si insiste nel sottolineare la differenza tra turista e viaggiatore, due categorie di persone che difficilmente incrociano le loro rotte in giro per il mondo. E infatti Ko Pannyi, affollata di turisti, è evitata dai viaggiatori.

"Era bello fino a qualche anno fa," dice John, "poi è cambiato tutto, improvvisamente. Qualcuno è venuto qui e ha spiegato a questi Moken che senza fare nulla potevano guadagnare un bel po' di soldi. Dovevano soltanto restare qui e rinunciare ad andare in giro, farsi vedere con i sarong, le vesti lunghe fino ai piedi, le donne avrebbero dovuto indossare il chador, il velo che copre il viso, l'organizzazione avrebbe pensato a far arrivare da Phuket qualche quintale di cianfrusaglie da vendere sulle bancarelle. Poi hanno scoperto che, organizzando il giro della baia in un certo modo, potevano arrivare qui all'ora di pranzo: e infatti sono spuntati i risorantini."

Stiamo proprio qui, adesso, accanto alle panche di legno stile mensa militare di questi fast food versione thai, sistemati in posizione strategica subito dopo l'imbarcadero e subito prima delle bancarelle, proprio per stimolare, dopo la grande abbuffata, una passeggiatina digestiva tutta dedicata allo shopping. Scritto con il gesso sulla lavagna, il menù propone Tom Yam, la zuppa tradizionale, granchi e pesce arrosto: il pranzo è compreso nell'escursione, si pagano a parte soltanto le bevande.

Gli zingari, comunque, non sembrano molto addolorati. Chi sta dietro le bancarelle o ai fornelli ha la faccia un po' stufa che si incontra in qualunque parte del mondo: lavorano, e forse preferirebbero occuparsi d'altro. C'è chi è contento e chi soffre: i vecchi, mi spiega John, stanno male, perché loro conoscevano il piacere di sentirsi liberi, di puntare la prua dove volevano, di seguire il vento o risalire la corrente. E infatti quasi nessuno degli anziani del villaggio, autorità morali ancora riconosciute, partecipa alla gestione economica: sono i giovani che badano ai soldi, che contrattano prezzi e forniture e non sentono il richiamo della tempesta, la voglia di tornare a vagare per il mare.

"Vieni, andiamo a vedere qualche briciola di autenticità."

Lasciamo il ristorante e le bancarelle e ci avviamo verso l'interno del villaggio. Camminiamo su passerelle di legno un po' sconnesse: tutto è costruito su palafitte perché la marea è molto forte e il dislivello tra l'alta e la bassa è addirittura di qualche metro.

"Se avessero fatto le case sulla spiaggia," spiega John "con l'alta marea l'acqua sarebbe entrata ogni giorno dentro le capanne."

"Cos'è questa, una scuola?"

"Sì, per i bambini del villaggio e i figli di qualche pescatore che vive isolato qui vicino."

È una grande palafitta con tre stanze, tutte tappezzate di disegni fatti dai bambini: allegri, colorati, pieni di rosso, azzurro, verde, quello che hanno la fortuna di vedere intorno a loro, sole, mare, alberi. Ci sono i banchi, la grande lavagna dietro la cattedra, la carta geografica della Thailandia.

"Ora sono a casa, a mangiare."

Si sentono gli odori, infatti, arrivare da queste casette, profumi gentili, non acidi e violenti come quelli del ristorante per turisti, anche se probabilmente gli ingredienti sono esattamente gli stessi: zuppa, granchi, pesce arrosto, riso bollito.

Non c'è nessuno in giro e, fuori di ogni casa, ben sistemate accanto al portone, coppie di sandali di plastica di ogni colore, a strisce, a pois, con i cuoricini, sono gli originali segni di interpretazione della composizione delle famiglie: due paia grandi e uno piccolo, coppia con un figlio, due grandi e due piccoli, coppia con due figli, tre grandi e uno piccolo, mamma, papà, un bambino e un nonno. Ci fermiamo davanti a una palafitta più ampia della altre, verniciata di bianco con i contorni delle finestre verdi: fuori ci sono dieci sandali grandi e quattro piccoli: "Due bambini, i genitori, i nonni, e il bisnonno, che è il saggio dell'isola," dice John, "entriamo, te lo faccio salutare."

Resta poco di questo vecchio capotribù, un mucchietto di ossa appena coperte da un po' di pelle, braccia sottili come canne di bambù, un volto raggrinzito come una fisarmonica: quando sorride, ogni ruga si avvicina ancora di più all'altra e soltanto quando butta fuori il fumo, il suo volto si apre e le guance si allargano. Ma soffia poco e lentamente, perché gli costa fatica e sorride di rado perché non ha molte ragioni per essere contento. La faccia di Singh Masingh, credo di aver capito si chiami così, è una miniatura di incisioni, una piccola maschera animata ma quasi immobile: fissi il collo e lo sguardo, serrata la bocca se non per accogliere la pipa, dà segni di vita ogni volta che solleva una mano per lisciare il pizzetto, quel cespuglio di peli bianchi che scende dal mento e finisce a punta.

L'età di quest'uomo è un mistero: non perché non voglia dirla, ma perché non la sa nemmeno lui, non se la ricorda. "Comunque, siamo vicini al secolo." All'ora di pranzo non mangia, ma succhia dalla pipa boccate di fumo pesantissimo, dall'odore aspro, peggiore di quello del nostro toscano.

"No, niente oppio, la gente del mare non lo ama."

Sembra sia un miracolato, ed è per questo che la sua autorità è così alta. Normalmente i Moken, soprattutto quelli di alcune generazioni fa, avevano un'aspettativa di vita bassissima: chi moriva a quarant'anni era già fortunato e Singh Masingh ne ha accompagnati tanti sulla canoa sacra, una barca stretta e lunga, oltre venti metri, che gli zingari del mare usavano per le cerimonie più importanti, matrimoni e funerali.

Aspetta il suo turno, adesso, quasi con impazienza. Non si ritrova a vivere appoggiato a questo scoglio, soffre a vedere dalla finestra le assi di legno della casa di fronte e diventa ancora nervoso quando sente il vento che sale e immagina la vela gonfia e la barca veloce. Da giovane vagava con la sua barca tra Malesia, Thailandia e Birmania, si divertiva a sfuggire ai controlli degli stati, che in realtà non si sono mai preoccupati più di tanto di registrare nascite e morti di questi nomadi.

"Mio padre era nato in Indonesia," dice a fatica Singh Masingh, "venimmo qui da Sumatra."

Parlare con lui è un problema, perché la sua lingua è sconosciuta anche a John e siamo costretti a una triplice traduzione: il vecchio si rivolge alla nuora, la moglie del figlio ormai vicina alla sessantina, che parla in thai a John, il quale ritraduce in inglese per me. Per una frase ci vogliono cinque minuti. Ma mi piace osservare il saggio, seduto su un trono familiare, una grande sedia intagliata a mano e decorata con teste di drago e serpenti alati, onorato come fosse un re dalla nuora e dai nipotini, i figli dei nipoti, che quando passano accanto al bisnonno continuano a giocare ma abbassano la voce. Lo stupiscono, a volte. Come adesso, che stanno mangiando una strana cosa da un vasetto di plastica. Li avrà visti centinaia di volte portare alla bocca un cucchiaino con quella crema bianca di cui non riesce a pronunciare il nome: yogurt. Racconta i suoi pranzi, le sue allegre razzie in mare, quando il pesce non era minacciato dalla pesca con le bombe e c'era abbondanza di qualunque specie.

"Tartarughe," dice, "le nostre sorelle marine."

Uccidevano soltanto quelle di cui avevano bisogno per nutrirsi, perché le amavano davvero, erano affascinati da quei gusci che nuotavano nel mare.

"Aragoste," e il battito delle palpebre indugia sull'occhio chiuso, a sottolineare un ricordo piacevole.

"Pipistrelli."

"Pipistrelli?" chiede John.

"È una tradizione moken," spiega la nuora, "il pipistrello è un cibo abbastanza normale per noi. Li tagliamo a pezzetti e li friggiamo: sono buoni."

"Lui li mangia," dice John indicandomi.

Sorrido, perché non so come cavarmela.

"Dille pure che ho assaggiato le polpette di cane dagli Akha."

"Hai mangiato il cane? Fai schifo."

E glielo dice sul serio. La signora sgrana gli occhi, l'unica cosa che si possa vedere in quel viso coperto dal chador. Mi sembra di capire che avrebbe la tentazione di sbattermi fuori di casa, quasi fossi un eretico: da buona musulmana, d'altronde, non può avere molta considerazione per un italiano, cattolico e mangiacani. John capisce che è il momento di togliere il disturbo: dice qualcosa in thai che non mi traduce, chissà quali balle avrà raccontato, facciamo due salamelecchi al vecchio saggio, una carezza ai ragazzini, un inchino alla signora e siamo fuori.

"Che angoscia, lì dentro."

"Già, e perché secondo te?"

"Spiegamelo tu, signor giovane saggio."

"I cromosomi trasmettono qualcosa e l'origine vagabonda di questo popolo è ancora nel loro sangue. Sono passati da un modo di vita basato sullo scambio diretto con la natura a un sistema totalmente differente, all'accumulazione di denaro e prodotti, che però non sentono naturale perché non appartiene alla loro tradizione. E tutti i loro entusiasmi si sono spenti. Quel vecchio era abituato a vedere davanti a sé l'orizzonte, come può essere felice se il suo sguardo ha un raggio di tre metri? Per i suoi figli e per i figli dei figli è la stessa cosa. Servono a tavola o vendono souvenir, ma vorrebbero navigare. E non mi chiedere perché non se ne vanno: sai benissimo che non potrebbero sopravvivere."

"Stai cercando di farmi sentire in colpa? Ti avverto che è impresa difficile: non mi sento responsabile della loro tristezza. Se si sono adeguati a questo sistema è perché hanno scelto di farlo."

"Troppo semplice dire che potevano andarsene da qui, non accettare di diventare una specie di zoo umano: la verità è che non avevano scelta. C'è un altro gruppo di Moken a due giorni di navigazione da Phuket: cercano disperatamente di resistere in centoventisei, barricati nelle loro house boat, senza diritti di cittadinanza, né scuole né servizi sanitari."

"Sono zingari coerenti."

"Non dire stupidaggini, sono esseri umani."

"Certo, ma non possiamo rispettare una cultura soltanto quando fa comodo. Se lo zingaro non vuole vendere collane di plastica alle bancarelle e servire lo straniero al ristorantino, deve pure fare a meno della carta d'identità e del medico della mutua. O no? Sono convinto che il rispetto delle culture sia importante per il mondo intero, perché patrimoni millenari di civiltà non vadano perduti, ma mi sembra difficile scegliere l'emancipazione rateale."

"Non capisco."

"Voglio dire che abbiamo due alternative: o li lasciamo vivere secondo la loro tradizione, migrando di isola in isola, liberi ma senza garanzie, oppure proponiamo loro il nostro modello, certamente in una forma iniziale più mediata, ma con la prospettiva finale di fare quello che già fanno qui: vendere cianfrusaglie e bollire i granchi. Insomma, per essere proprio sintetici: o primitivi o integrati."

"Ti racconto una cosa. Il periodo dell'anno più importante per i Moken è la celebrazione della luna piena ad aprile. Fanno una festa che dura giorni e giorni e varano delle piccole barche che offrono agli spiriti. Se le barche tornano indietro, lo considerano un cattivo presagio e spostano le house boat da un'altra parte. Sono dieci anni che quei Moken cambiano continuamente isola: gli spiriti continuano a rimandare indietro le barche e ormai sono convinti di essere stati maledetti."

"Non lo so, John: questo di cui discutiamo è un problema apparentemente senza soluzione ma la verità è che la soluzione c'è già."

"E quale sarebbe?"

"L'omologazione totale. Non ti accorgi che stiamo diventando tutti uguali, vestiamo allo stesso modo, tranne rare eccezioni, non vedi che il cibo si sta uniformando, che gli alberghi sono terribilmente identici in qualunque parte del mondo? Se sei nello Sheraton di Pechino, puoi immaginare di stare nello Sheraton della Sixth a New York, perché l'arredamento è identico e forse sono uguali pure i metri quadrati che hai a disposizione. McDonald è ovunque, perfino qui in Thailandia, i modelli di vita e i beni di consumo che si cercano di imporre sono gli stessi a qualunque latitudine. Finiremo tutti nello stesso imbuto, tra qualche decennio o qualche secolo, ma la fine è già scritta: gli aborigeni della Nuova Guinea che prendono normalmente l'elicottero vestiti solo con un gonnellino di paglia sono la dimostrazione lampante di questa rivoluzione culturale. Vecchio e nuovo, primitivo ed evoluto, possono anche coesistere per un po', ma poi il più forte divora inevitabilmente il più debole."

"Tutti uguali, dunque?"

"Come nei film di fantascienza, con le stesse tutine di amianto."

"Che noia..."

"Già. Guarda qui. Il chador sul viso e il sarong intorno al corpo, ma sui tetti in lamiera delle palafitte spuntano le antenne e tutte le televisioni sono a colori. Come da noi. Non ci sono le paraboliche per i programmi via satellite, ma è questione di tempo, vedrai che arriveranno pure qui. In fondo, chiuso il negozio di artigianato, pulite le cucine del fast food, perché non dovrebbero godersi sul piccolo schermo un bellissimo spettacolo di varietà in stile occidentale? Tu sei americano e non lo conosci, ma potrei parlarti a lungo di un certo Pippo Baudo..."

15.

Rotta su Phuket, destinazione Yacht Club. "Dai bungalow del Sabai Corner alle suite di uno dei migliori alberghi del mondo: passerete una buona notte."

"Lo spero, John, dopo tutte le avventure che ci hai fatto vivere."

"Sai di cosa ho voglia?" dice Carla.

"Aspetta, fammi indovinare."

"No caro, te lo voglio dire io: di una vasca piena di schiuma e sali, di una spugna con cui massaggiarmi, di un asciugamano caldo che mi avvolge, di una crema profumata con cui ungermi."

"Non dire così, mi turbi."

"Si rassicuri, principessa," la sfotte John, "troverà tutto questo e altro ancora nella sua suite allo Yacht Club."

La malinconia si avvicina. Sappiamo che tra un'oretta metteremo tutta la brigata di John nell'angolo dei ricordi e ne soffriamo già. Sono stati una splendida compagnia, ci hanno insegnato molte cose, ci hanno consentito di metterci alla prova, che per me è un desiderio costante.

"Ci mancherete, John."

"Italiano, non fare il romantico."

"Americano, non fare il fesso: se te lo dico, vuol dire che è vero."

Sorride e poggia le sue mani gigantesche sulle spalle mie e di Carla. *Caveman* è una di quelle persone che fanno fatica a mostrare i sentimenti: vorrebbe abbracciarci, forse, ma non ce la fa, ha come uno stop automatico e oltre un certo punto non riesce a proseguire, si ferma un attimo prima di lasciarsi andare all'emozione. E allora parlo io, per rompere l'imbarazzo: "Che fai, sganci un figlio con la thailandese o non vuoi che il mondo si avveleni con un altro signor Gray?"

"Non so cosa dirti. Emporn vorrebbe un bambino, credo che cederò."

"E tu, Simon?"

"Ho già due eredi, due terremoti che fanno impazzire mia moglie."

"E il playboy che fa, si converte?"

"Credo che anche Darry stia per arrendersi. Per un po' di tempo è divertente fare lo sciupafemmine, ma poi, soprattutto per noi che siamo soli, sradicati dai nostri paesi, c'è bisogno di qualche certezza e allora ci si rifugia inevitabilmente in un affetto stabile. È ora anche per lui."

Le isole sfilano una dopo l'altra, una accanto all'altra, e i pescatori che tornano con le reti cariche si infilano nei piccoli canyon di mare e spariscono dietro uno scoglio o inghiottiti da un canale. Seduti a poppa, ci ritroviamo a brindare un'altra volta all'ora del tè, col sole che scende lento dietro le spalle e i pesci volanti che ci saltano davanti, escono dall'acqua e sciano sulla coda, come ballerini che corrono sulle punte, volano per trenta metri accanto alla barca e poi si rituffano.

"*Caveman*, hai reclutato i pesci volanti per i saluti?"

"Facciamo del nostro meglio per le persone alle quali vogliamo bene."

Due giorni di vita a contatto con la natura fanno dimenticare la meraviglia dell'aria condizionata. Ma fanno anche abituare il fisico a temperature diverse da quelle vicine allo zero. Quasi tremiamo dal freddo dentro questa macchina lunga quasi come la canoa sacra dei Moken, protetta da cristalli atermici per mantenere i gradi a livello di cella frigorifero.

"Scusi," osiamo dire all'autista, "alzerebbe di qualche grado il climatizzatore?"

Non possiamo chiedere a lui di fare una sudata per noi, e allora ci infiliamo i maglioni che abbiamo a portata di mano: "Chissà che penserà, che siamo malati?" ride Carla.

"E chi se ne frega. Mica voglio farmi venire la febbre."

Non dice una parola, questo autista. Stringe il volante e va, attraverso le piantagioni di caucciù e i villaggi di Phuket. Apre bocca soltanto per indicare il monumento alle sorelle eroine che si incontra sulla strada verso la capitale dell'isola, Phuket Town: "Chan e Muk," dice, "guidarono l'esercito dell'isola alla vittoria contro gli invasori birmani".

Supera le donne e gira a destra, verso la baia di Nai Harn, e imbocca una strada che diventa sempre più stretta, sempre più immersa nella foresta di palme. Rivediamo il mare all'orizzonte, lasciamo una laguna alle nostre spalle mentre tra due colline verdissime spunta una striscia di sabbia di un bianco abbagliante.

"*Sir*, il Phuket Yacht Club, l'albergo più prestigioso dell'isola."

"Benvenuti signori."

L'atmosfera è tipicamente inglese: non un rumore, non un granello di sabbia sulle mattonelle di cotto della hall, perfino i bambini, anche se ce ne sono pochi, stanno tranquilli. È grande la tentazione di fare una scena da pazzo e inventare un numero: già il nostro abbigliamento potrebbe suscitare qualche sospetto, perché abbiamo bermudoni e magliette del Sea Canoe, in più ho la barba lunga sale e pepe, proprio come mi era successo nel villaggio Akha. Carla mi guarda e teme il peggio.

"Corrado, non fare stupidaggini," mi dice. E ride, perché si divertirebbe pure lei a provocare una sceneggiata.

Mi piacerebbe dire a questo simpatico portiere che sono un amico di *Caveman* e che la scorsa notte ho dormito sdraiato quasi per terra barricato dentro un bungalow con il pericolo che dalla finestra entrasse un cobra e magari mimare tutta la scena, dal bagno alla turca all'attesa del serpente. Quanto mi piacerebbe. Sarà la stanchezza, ma mi manca il coraggio. Così mi arrendo come un codardo e sorrido alla cameriera fasciata di seta blu cobalto che ci offre il cocktail di benvenuto, una melassa arancione sorprendentemente dissetante. Abbasso le armi e faccio il turista.

Gran posto, questo Yacht Club. È addossato alla collina e la costruzione quasi non si vede perché digrada seguendo il pendio, mascherata da un colore verde-beige che la fa sparire nella boscaglia. Dalla terrazza, invece, si vede benissimo il mare, l'ansa morbida della spiaggia, la risacca che butta qua e là delle pennellate di bianco su un mare che è color smeraldo. La melassa in mano, seduti su poltrone che sono finalmente comode, lasciamo che lo sguardo vaghi ovunque: sugli yacht ormeggiati venti metri più in basso, su chi fa footing sulla spiaggia in compagnia del cane, sulla montagnola davanti a noi.

"È la collina sacra," spiega il cameriere che sta per accompagnarci in camera, "al tramonto si va a pregare per incontrare lo spirito di Buddha. Prego, signori, da questa parte."

Dalla terrazza che funge da hall, affacciata sul golfo, scendiamo tre gradini, prendiamo l'ascensore, arriviamo al quinto piano, saliamo altri tre gradini, ne scendiamo quattro.

"Prego signore, da questa parte."

Spalanca la porta ed è come se fossimo rimasti sulla terrazza della hall, lo stesso panorama meraviglioso, cinque piani più in alto. La camera da letto è una specie di grotta azzurra, sentiamo ancora l'influenza del *Caveman*, con moquette blu e un coordinato tende coperta da far accapponare la pelle: disegni geometrici simboleggiano le onde, in toni diversi di azzurro per il mare e bianco per le onde, sui quali spiccano pesci coloratissimi, esemplari molto somiglianti alla fauna ittica locale.

"E dài, non essere ipercritico, siamo al mare," mi sgrida Carla.

"Già che c'erano potevano metterci il materasso ad acqua."

Bello, comunque, bellissimo, con una veranda composta da una zona all'ombra e con ventola sul soffitto e da una zona assolata per immergersi in un bagno di tintarella. Ovunque, privacy assicurata per qualunque tipo di relax, anche impegnativo.

La notte di Phuket è a Patong Beach. Nessun obbligo per chi non sopporta nemmeno i film vietati ai minori, ma sarebbe come andare a Parigi e non visitare Pigalle, stare a Londra senza affacciarsi a Soho, passeggiare per i canali di Amsterdam e non arrivare al quartiere a luci rosse. È una notte di peccati, per chi li vuole fare, e anche di schifezze, di risate e whisky allungato con l'acqua. Dopo le grotte e i pipistrelli, affrontiamo le lucciole. Chiamo la portineria e faccio preparare la limousine: "Dove andiamo, sir?"

"A Patong Beach, a divertirci."

Al Paradise Bar abbiamo appuntamento con Steve, il neozelandese ubriacone, grande intenditore di locali notturni. Patong è una delle sue mete preferite: dice che combatte la depressione e la solitudine.

"Ci siamo, scendiamo qui."

Gran folla in giro sul lungomare, animato come una Rimini qualunque e senza alcun segno della fiera del sesso che è appena dietro l'angolo. I thailandesi hanno di buono proprio questa discrezione: se il lungomare è ritrovo adattissimo alle famiglie, mamme e papà a spasso con i bimbi che leccano il gelato, girato l'angolo si piomba nel supermercato del pornoeroticosessuale. Il Paradise è sul lato buono, quello frequentabile a ogni età. È uno strano bar, con un bancone quadrato sistemato sul marciapiede subito dopo un incrocio, in un punto trafficatissimo. Si beve seduti sugli sgabelli intorno al bancone oppure direttamente in piedi. Come fa Steve, che già barcolla.

"Come state, amici? Bentornati. Vi prego, fatemi compagnia con uno scotch. Jim, due scotch. Volete ghiaccio?"

"Sì, Steve, e facci mettere anche un bel po' di coca-cola."

"Non avete imparato proprio niente in questi giorni, continuate ad avvelenare il whisky con la coca-cola. Ma raccontatemi, com'è andata nelle grotte?"

"Domani, Steve. Adesso ci devi accompagnare nella notte di Patong."

"Sono molto onorato. Ma..."

"Ma cosa?"

"Permetti, Corrado, posso dirti una parola senza che Carla ci ascolti?"

"Non vi preoccupate," dice Carla.

Steve si avvicina e mi sussurra nell'orecchio: "Se vogliamo andare nei locali dove c'è spettacolo, sarà bene che prima di lasciar entrare voi io vada a dare un'occhiata. Non vorrei che qualche mia vecchia amica mi riconoscesse e mi saltasse addosso abbracciandomi e magari facendo dell'altro. Sarebbe imbarazzante con Carla. Non credi?"

"D'accordo, Steve, come vuoi: ma non crearti troppi problemi, con noi non c'è bisogno."

Mi fa un sorriso e si rivolge a Carla: "Scusami, sono stato un po' maleducato. Andiamo, allora, la notte di Patong ci aspetta."

A quasi settant'anni è contento come un ragazzino, sia perché ci fa da guida ed è lusingato dal ruolo di esperto nottambulo, sia perché questo giro by night in compagnia gli piace proprio. Ritrova le energie dei vent'anni: non cammina, marcia, con le braccia rigide lungo i fianchi ad accompagnare il passo, la testa alta e il mento in avanti, volitivo come un soldato. All'incrocio giriamo a destra, lasciando dietro di noi il lungomare con le botteghe piene dei soliti souvenir, le magliette finte Lacoste, calzoni di cotone a pochi bath, le gelaterie e i ristoranti.

Il palcoscenico su questo teatro di strada si solleva e si sentono già i richiami tentatori delle sirene del piacere, "*Come on, baby, touch me*", "Vieni, carino, toccami," da microcalzoncini fosforescenti appaiono gambe lunghissime e affusolate, top di seta contengono a fatica seni prorompenti che cercano la libertà e la trovano, e quando saltano fuori scatenano gli applausi ammirati di chi li incontra anche solo con lo sguardo: siamo già attori anche noi nella recita dal vivo del sesso all'orientale.

"E questo è niente," annuncia Steve, "Vedrai, vedrai..."

16.

Pussycat, Penelope, Jungla, Safari: l'orgia di nomi al neon illumina la strada anche se non è certo con l'insegna che in questo vialetto si attirano clienti. Fanno più effetto le foto senza censure esposte nelle bacheche accanto agli ingressi: signorina nuda con altra signorina o con signore, signorina con animaletto, signorina con bottiglie di coca-cola o palline da ping-pong. In fondo è lo stesso sistema promozionale usato da alcuni ristoranti che illustrano con foto a colori le proprie specialità: solo che dal Pussycat al Safari gli ingredienti sono rigorosamente erotici.

"Se vogliamo entrare qui, lo spettacolo è carino," suggerisce Steve.

Siamo a metà del viale della perdizione, una specie di isola pedonale senza divieto di transito dove però si gira rigorosamente a piedi perché in macchina ogni contatto, più o meno ravvicinato, diventerebbe complicato. Dal viale partono una serie di viuzze, piazzette, stradine con bancarelle di qualunque tipo e decine di *go-go bar*, come si chiamano i locali dove si sente musica, si beve e si assiste agli ancheggiamenti di ragazze in bikini che generalmente si strofinano con aria triste a canne di bambù in acciaio, universali simboli fallici, che scendono dal soffitto al bancone sul quale si dimenano.

Si esibiscono a turni di alcuni minuti, con una rotazione che consente di stare in pedana e dunque farsi ammirare, e poi scendere tra i tavoli per tenere compagnia a chi non ha voglia di bere in solitudine. Chi sta in platea può scegliere la strada che preferisce: proporre una versione privata per il resto della notte, pagando un indennizzo al proprietario del locale, e andarsene con la ragazza, con la quale dovrà comunque trovare un accordo economico. Altrimenti si beve, si chiacchiera, magari si ruba una carezza proibita, qualche risata e si saluta. Ma è difficile che finisca così, perché le signorine di Patong Beach, come tutte le altre colleghe thailandesi e di qualunque altra parte del mondo, sanno bene come scatenare desideri che poi hanno bisogno di essere esauditi. È il loro lavoro, d'altronde.

"Okay, Steve, entriamo."

Un getto d'aria gelida in faccia annuncia che il locale ha un ottimo impianto di aria condizionata.

"Serve per raffreddare i bollori?"

"Non c'è bisogno," spiega Steve, "quel cristone là è pronto a intervenire se succede qualcosa di strano."

È un gigantesco ex marine: si fa chiamare Bob, arriva dal Michigan e ha combattuto in Vietnam, ha l'aquila tatuata sulla spalla sinistra e un pugnalone infilato sotto la cintura dei pantaloni. Centoventi chili di muscoli e nevrosi: "Quando ci siamo ritirati dal Vietnam sono tornato negli Stati Uniti, ma non mi piacevano più. Ero stato in Thailandia durante le licenze e mi ero sempre divertito: ho provato a fermarmi qualche mese, adesso ci vivo".

Porta i capelli a spazzola, come quando era in trincea, e di quel tempo, forse, tiene in vita altre cose dentro di sé. La violenza è qualcosa di cui non riesce più a fare a meno. Nel bar sono contenti, perché quando c'è un problema lo risolve immediatamente.

"Tornò in America e non trovò più la moglie a casa," racconta Steve che lo conosce bene, "se n'era andata con un altro uomo."

Triste destino di molti veterani, i reduci dal Vietnam, usati sui campi di battaglia e poi dimenticati, dal governo e anche dalle famiglie.

Bob si accorge che lo stiamo osservando e parliamo ancora di lui. E questo non gli piace, perché è lui che non piace a se stesso. Sceglie me come bersaglio, perché Carla è una donna e Steve un suo amico. Mi si piazza davanti, alto una spanna più di me e largo quasi il doppio, il ghigno simile a quello di Stallone in versione Rambo, con la bocca storta, un angolo in alto e uno in basso. Deglutisco.

"Che c'è che non va?" chiede.

"Tutto okay," rispondo.

"Faccio il guardiano a queste troie orientali. E allora?"
"Una birra, Bob?" mi salva il neozelandese.
"Una birra, sì," e il gigante mi dà un'altra occhiataccia ma poi va verso il bancone.
"Lo vedi che con l'alcol si aggiusta sempre tutto?"

Esordio animato, mi calmo con una coca-cola. Steve si fa il suo whisky con ghiaccio, Carla è nervosa. Abbiamo perso il buon umore: un po' per Bob, che qualche timore ce lo ha messo e un po' per l'ambiente, che non invita all'allegria. Abbiamo salito due rampe di scale e in fondo all'ultima spiccava un cartello: "L'amministrazione comunale di Phuket e il dipartimento della sanità invitano all'uso del preservativo per la sicurezza di tutti". Più chiaro di così. L'Aids è arrivato anche quaggiù e in forma massiccia tanto che il governo di Bangkok ha deciso di acquistare dalla Malesia quarantacinque milioni di profilattici da distribuire gratuitamente. È la prima volta che la Thailandia importa preservativi: fino all'anno scorso bastavano i trenta milioni di pezzi prodotti dalle fabbriche thailandesi, ma ora che la campagna antiaids è stata lanciata in grande stile, ne servono molti di più.
Steve ci vede perplessi e allora avvia la sua lezione di umanità: "È sbagliato venire in questi locali pensando solo al sesso. Certo, sono fatti per questo, le signorine non sono delle suore. Ma si può anche stare piacevolmente qui senza darsi troppo da fare, bere qualcosa, guardare ed essere contenti".
"Steve, cosa vuoi dire?"
"Che non c'è l'obbligo di scatenarsi."
In effetti non c'è grande aria di baldoria. Il locale ruota intorno a un bancone a ferro di cavallo sul quale si esibiscono le go-go e vengono serviti i drink: salottini di finta pelle nera consumata e strappata, sgabelli e poltroncine sono la platea per un pubblico scarso, una ventina di persone, quasi tutti uomini, inevitabilmente, con lo sguardo all'insù a osservare le ragazze che fanno finta di ballare. Finché dalla consolle, dove si regolano le luci e si mixa la musica, una voce da baritono annuncia il grande concorso della serata. Entrando ci avevano dato un biglietto rosa con un numero, dicendoci di tenerlo: non ci avevamo fatto caso, ma ora capiamo che serve all'estrazione di premi. Un solo vincitore, un solo fortunato. Non ricordo il nume-

ro estratto, comunque lontanissimo dai nostri, ma non posso dimenticare chi ha vinto.

"Il premio va al numero..." grida lo speaker senza volto. E da un tavolo in fondo al locale, vicino al condizionatore, si alza un personaggio da fumetto, un incrocio tra un vecchio lupo di mare e un bandito, un esploratore e un naufrago. Barba lunga e rossa, quasi senza capelli, benda nera sull'occhio sinistro, canottiera blu scuro, lacera e macchiata, con stampata la pubblicità di una birra, calzoni beige e andatura barcollante da eccesso di alcol e lenta per colpa della gamba destra rigida, evidentemente di legno.

"Gli manca l'uncino e poi è a posto," colpisce Carla.

Mi scappa una risata e anche Steve sorride. In un paio di minuti Barbarossa raggiunge il bancone-palco dove lo aspettano due regali: una maglietta promozionale del locale, con una Penelope nuda che sorride, e un boccale di birra da un litro. "Amico," tuona dalla consolle il presentatore mentre una valletta tiene in mano il bicchierone, "se riesci a berlo tutto d'un fiato hai diritto a un'altra birra gratis."

Non ha nemmeno un attimo di esitazione: afferra il manico, respira, immerge le labbra nella schiuma bianca che affiora oltre il bordo del boccale e comincia a ingurgitare sorsate profondissime. È così che il pubblico si scalda e accompagna la bevuta con un sottofondo di urla e fischi, quasi fossimo in un rodeo. Fino all'applauso finale, che lo consacra bevitore di classe, gran maestro del boccale.

"Ragazzi, che gente," sussura Carla.

"Che t'aspettavi, comitive di baronetti e camerieri in livrea?" rispondo.

"Acido, come sei acido."

"Vero, chiedo scusa."

Bob mi ha turbato. Non tanto e non solo per la paura fisica, quanto per la disperazione che gli ho visto in faccia. Se penso che il suo lavoro è badare alla sicurezza di queste donne, se penso che ha combattuto in Vietnam, perso una moglie, dimenticato la sua città, immagino che devastazione dell'animo possa aver subito, credo che quel suo esser diventato così grasso non sia altro che la dimostrazione fisica del disprezzo che prova per se stesso, e tutto questo mi fa tristezza, una grande tristezza.

"Cambiamo posto?" domanda Steve.

"Ma non abbiamo visto niente."
"Dovrebbe esserci lo spettacolo. Ora chiedo."
Ci fa segno dal bancone: tra cinque minuti comincia lo show.

Il buio conquista il locale per un istante, poi si accendono le luci psichedeliche e parte la sigla rock. Sul bancone compaiono due ragazze, una con la pelle più scura e una bianchissima, abbinate con sapienza per esigenze scenografiche. Hanno stivali e costumi da bagno, un bikini giallo e uno intero leopardato, e la pelle resa lucida da una generosa spalmata di crema. Brillano mentre cominciano ad avvolgersi l'una all'altra, in contorsioni da circo che qui assumono un carattere completamente differente.

"Brave, eh," dice Steve, finalmente contento di poterci mostrare qualcosa.

"Beh, insomma, buone ginnaste."

Si va avanti così, con le spalline dei costumi che cominciano a scendere e a liberare quello che costringevano. Non è un'esplosione, perché la ragazze thai hanno fama di grande armonia fisica, ma non certo di misure procaci. Seni piccoli e piccoli anche i glutei, ma muscoli tesi in annodamenti di corpi sempre più complicati. Proseguono qualche minuto, finché anche il costume intero si arrotola e diventa una striscetta di stoffa che indugia sul bacino prima di scivolare via in perfetta sintonia con lo slip del bikini che si apre di lato, con lo scatto di un bottone automatico. Nudo integrale, show terminato.

"Tutto qui?" chiediamo a Steve.

"Questo è un locale rispettabile," ribatte il neozelandese.

"Va bene, ma questa roba la troviamo pure a Roma."

"E cosa volete?"

"Uno spettacolo da ricordare."

"Ma tu, Carla, cosa dici?"

"Che bisogna vedere qualcosa di più vivace."

"D'accordo, allora. Andiamo."

"Che carino che sei, Steve," dice Carla, "un perfetto gentleman, ma non ti devi preoccupare per me."

Ci avviamo verso le scale, e prima di scendere cerco Bob. È poggiato all'altro lato del bancone, le spalle verso di noi: "Lascia stare," suggerisce Steve, "te lo saluto io".

Trenta metri di strada hanno lo stesso effetto di una sauna: ormai è tardi, quasi l'una di notte, ma la percentuale di umidità è sempre altissima, oltre il 90 per cento. Le camicie bagnate, ci fermiamo davanti alla bacheca di un altro go-go che propone foto inquietanti e, per questo, interessanti: l'armamentario usato annovera palline, candele, fischietti e la protagonista è sempre la stessa ragazza, un po' grassotella e con la faccia brutta. Buttadentro in smoking si scatenano in inchini e scostano la stoffa pesante di una tenda rossa per lasciarci curiosare con lo sguardo. Vediamo salottini gialli, una pedana per le esibizioni, un bancone in fondo senza aste di acciaio.

"Non sembra male," è l'analisi di Steve.

"Dài, andiamo."

Le poltroncine sono su due file, la prima proprio accanto alla pedana, la seconda leggermente più in alto.

"Va bene qui?"

"Benissimo."

Stiamo in prima fila, al centro. Dall'altra parte della sala c'è un gruppo di francesi, due donne e tre uomini, che bevono, ridono e giocano con una delle ragazze, forse la cassiera o la proprietaria, perché non è in bikini e indossa un abito tradizionale, di seta pesante lungo fino ai piedi.

Saranno le risate dei francesi, sarà che non c'è nessun Bob dall'aria truce, sarà l'arredamento più arioso e ricco di luce, sarà un'altalena su cui dondola una ragazza carinissima, ma l'atmosfera qui è decisamente migliore. Riprende quota anche il nostro spirito e brindiamo con altro whisky e altra coca-cola.

La pedana propone scodinzolamenti di donzelle simili all'altro locale, di diverso ci sono soltanto il colore dei bikini, tinta unita fuxia, e le placche di plastica con i numeri, qui a forma di cuore, che rendono rinoscibili le ragazze: numeri sussurrati o urlati a gran voce dai clienti.

"Bella questa alta alta," commenta Steve.

"La migliore è sull'altalena," sentenzia Carla.

Non ha torto. E della stessa opinione dev'essere anche il single del gruppo francese. La guarda da un po', le sorride, alza il bicchiere in suo onore: però è timido e di più non osa. Lei ha il numero 12 fissato sulla spallina del reggiseno, un viso che ruba gli sguardi e un corpo che accende le tentazioni. È femmina in modo diverso dalle altre orientali, meno sfacciata ma più maliziosa, incanta senza far niente. Lascia che i capelli, lucidissimi e neri, tagliati appena sotto le spalle, le cadano su una parte del viso e fa scintillare un sorriso lontano.

"Credo proprio che il francese stia seriamente pensando di andarle a dire qualcosa."

"Steve, sei il solito signore. Io direi che tra un paio di minuti le salta addosso."

La luce si spegne e il buio ha l'effetto di un calmante. Il cigolio dell'altalena rallenta e si ferma del tutto quando in pedana arriva l'artista, la ragazzona grassoccia e brutta che avevamo visto nelle foto esposte in bacheca. Il bikini non le dona e quando lo toglie la situazione peggiora. Ma non è la presentazione del corpo la specialità per cui è stata reclutata: di lei hanno successo dei numeri strani, che possono anche dare fastidio, ma sono quelli che il pubblico applaude. Con sé ha un cestello pieno di attrezzi e accanto un'altra ragazza in veste di assistente. Un faretto la illumina e si ferma al centro del corpo che in spettacoli del genere è sempre la parte seguita con maggiore attenzione. Una mano sembra avere la funzione di foglia di fico, ma poi serve ad altro: da un nascondiglio segreto, ma facilmente immaginabile, spunta un millimetro di stoffa viola che dopo un metro diventa gialla e dopo un altro metro diventa verde e rossa dopo un altro metro ancora e poi bianca e infine blu. Sei metri di stoffa.

"Ma come fa?"

Mica finisce qui. Il seguito è affidato alle palline da pingpong. Ne fa sparire una dentro di sé, e poi un'altra e un'altra ancora. Dritta in piedi, allarga la gambe e sistema per terra un recipiente di vetro, tipo quelli usati per i pesci, dove dovrà depositare le palline. Steve smarrisce per un attimo la signorilità che l'aveva accompagnato fino a quel momento: "Addominali thailandesi, acciaio inossidabile: dieci dollari che fa centro tre volte".

"Dài, lasciamo stare."

"No no, vedrai che non ne sbaglia una."

E infatti ha ragione lui, tre centri senza nemmeno sfiorare il bordo della vaschetta. La ragazza propone un brindisi ai suoi successi. Dal cesto tira fuori una bottiglietta di coca-cola, simbolo per eccellenza del capitalismo americano degradato a fare il protagonista di pornoshow: la star mostra al pubblico un apribottiglia e lo sistema al posto delle palline da pingpong. La coca è stappata in un attimo.

Non ho alcuna intenzione di commentare, faccio soltanto un sospiro, e come me Carla e Steve, mentre il resto del pubblico applaude. Ancora una mano nel cestino, ancora un numero. Compare una Chiquita dieci e lode, il frutto che ha reso famosi i numeri di questo tipo ribattezzati, appunto, banana-show. Facile immaginare quello che succederà: si sbuccia il frutto che trova alloggio sempre nella stessa cuccia e poi viene espulso e mandato in orbita, grazie a quelli che Steve chiamava gli "addominali thailandesi, acciaio inossidabile."

Un cigolio attrae di nuovo la nostra attenzione. La numero 12 ha ripreso a dondolare e l'altalena fa rumore: spostiamo sguardi e curiosità su lei e il francese, che finalmente sembra deciso a sferrare l'attacco. Si avvicina, un po' goffo, con il bicchiere in mano. Lei lo osserva e lo provoca: piega la gamba destra e la accavalla sulla sinistra che lascia distesa a mezz'aria e così si dondola, sempre più lentamente. Quel movimento, quella posizione, turbano il francese. È abilissima questa ragazzina, che forse non avrà nemmeno vent'anni: nessuno ha ancora visto completamente le sue gambe, forse non belle, perché da quando siamo entrati è rimasta appoggiata al seggiolino dell'altalena. Però si muove come una pantera e il francese è intimidito, convinto di doverla conquistare e preoccupato di non essere all'altezza. Così alla fine interviene uno dei suoi amici, che ridendo come un pazzo lo fa sedere in braccio alla ragazza.

È il vero spettacolo della serata: l'incontro tra uno smarrito turista, che si sforza di essere galante nell'illusione di poter conquistare una professionista delle promesse d'amore, e una vestale dei fuochi fatui del sesso. Con i corpi che già si toccano, le parole non sono più necessarie e il colloquio è affidato alle mani, alle carezze, alle gambe che strusciano contro le gambe mentre l'altalena continua a dondolare, con la signora 12 seduta e il francese davanti a farle da respingente. Posizione scomoda per un dialogo che comincia a essere intimo e allora l'ingegneria erotica suggerisce un'inversione: francese sul seggiolino e ragazza in piedi, di fronte.

La 12 dà ora il meglio di sé, con le gambe in vista, lunghe e snelle e dritte, e un bel sedere che segue il ritmo della musica, va su e torna giù, si avvicina al bacino del francese e se ne allontana. E lui le risponde afferrandola ovunque, libero da timidezze e inibizioni, inarrestabile nella sua foga da piovra umana incitato dai compagni di comitiva che scandiscono il suo nome e battono il ritmo con le mani. Pierre, così si chiama, è assatanato e lei non fa nulla per calmarlo: si volta, si siede su di lui e fa scatenare l'altalena che cigola con violenza e sempre più velocemente. L'arresto è improvviso: la 12 blocca tutto, lascia il francese senza fiato e a bocca aperta mentre si allontana da lui. Ha le braccia strette alle funi, le fa scivolare fino alla vita e si volta, per ricominciare la sarabanda al ritmo rock, dando le spalle a Pierre che affoga viso e sogni in mezzo all'elmo nero di capelli.

Imbambolati a guardare, ci ritroviamo con gli occhi intrecciati tra di noi in un triangolo di osservazioni: "Abbiamo scoperto una vocazione al voyeurismo?" chiedo.

"Ma no," risponde Steve, "è normale, anche questo fa parte del mondo orientale."

"Io lo trovo divertente," commenta Carla, "e anche eccitante."

Oltre non vanno, almeno in pubblico, almeno finché restiamo noi. E comunque l'attenzione ritorna al palcoscenico, dove si riaffaccia la donna dello show, attrezzata con candele e cerini. Non estrae e non introduce nulla, ma con una crudeltà ancora maggiore che qualcuno le ha imposto, si cosparge di cera, lascia che dalle candele accese cada sulle gambe, sulle braccia e perfino sulla lingua. La scusa è che si è fatto tardi: ce ne andiamo prima che si riaccendano le luci, insieme ai quattro francesi che salutano Pierre e lo lasciano a cullarsi con i sogni di conquista e le tentazioni della carne. Usciamo dalla tenda rossa inseguiti dal cigolio dell'altalena.

PARTE SECONDA

SAIGON E DINTORNI

Avvertenza

Dal maggio 1993, data del viaggio, a oggi, la situazione in Vietnam è cambiata: gli Stati Uniti hanno tolto l'embargo, la complessa procedura di prenotazione degli alberghi e le pratiche d'ingresso sono state semplificate.

1.

Un'ora e mezzo di volo e cambiamo mondo. Stiamo per lasciare la Thailandia, una delle tigri dell'Asia, 10 per cento di crescita annuo, industrializzazione in forte sviluppo, consumi in impennata, Borsa vivacissima, inflazione al 4,5 per cento, per andare in Vietnam, uno degli ultimi santuari del comunismo, 220 dollari di reddito medio pro capite all'anno, inflazione al 40 per cento, un telefono ogni 531 persone (in Thailandia ce n'è uno ogni 31 e in Italia uno ogni due), un medico ogni tremila abitanti, (in Italia ce n'è uno ogni 234 persone).

Non ci aspettiamo niente, il nostro non è un viaggio a tema, non vogliamo trovare conferme o smentite, non abbiamo dogmi ideologici da rinforzare. Andiamo a vedere, adesso che il Vietnam ha deciso con fatica di aprire le frontiere, come vive un popolo che ha sofferto molto e che è diventato il simbolo degli orrori dei tempi moderni, della violenza e della sopraffazione. Sappiamo che non sarà un viaggio facile, che avremo difficoltà di ogni tipo, anche perché i primi problemi li abbiamo già affrontati a Roma, quando all'ambasciata di piazza Barberini sono andato a chiedere il visto.

"Ha già la prenotazione, signor Ruggeri?"

"Veramente no: prima vorrei fare il visto e poi prenotare."

"Lei deve prima prenotare e poi faremo il visto."

Ho chiesto soccorso a una buona agenzia di viaggi, corrispondente italiano della Vietnam Airlines, e la loro collaborazione è servita a semplificare le cose. Ai vietnamiti bisogna comunque pagare 100 dollari e 50.000 lire a testa: servono per il visto e per il transfer dall'aeroporto di Ho Chi Minh City, la vecchia Saigon, all'albergo che scelgono loro. La prima notte è rigorosamente abbinata al transfer e all'hotel indicato da loro, in genere abbastanza centrale ma di scarsissima affidabilità per quanto riguarda la pulizia, è un obbligo più che un consiglio e non può essere cambiato.

L'unica via d'uscita è un costoso escamotage. I 100 dollari e le 50.000 lire a testa non si discutono, poi si può prenotare quello che si vuole, ma sapendo che se non si accetta la loro sistemazione, la prima notte a Ho Chi Minh si paga due volte: per l'albergo prenotato dall'ambasciata e non utilizzato, e per quello scelto liberamente. Sono i prodigi del Vietnam, di un mondo veterocomunista dove tutte le libertà, anche quella banale di scegliere un albergo, sono ancora un sogno lontano.

Ho preferito pagare doppio e spendere due lire in più, anche perché all'agenzia mi avevano suggerito l'hotel Century, appena aperto a Ho Chi Minh City, partorito da una joint venture tra il governo vietnamita e una società di Hong Kong alla quale è affidata la gestione: sono grato del consiglio, soprattutto dopo aver visto le camere di altri alberghi di Saigon.

Lasciamo la Thailandia con dispiacere, ma ci consola l'idea di tornare a Bangkok per rilassarci dopo il Vietnam. Voliamo ancora una volta Thai International, gran compagnia, un vero cinque stelle dell'aria. Abbiamo chiesto i posti vicino al finestrino, per dare un'occhiata diecimila metri più in basso, per immaginare quello che succedeva una ventina d'anni fa, quando qui soffiavano i monsoni della guerra che scaricavano tonnellate di bombe.

In dieci anni di bombardamenti in Vietnam, dal 1965 al 1975, gli Stati Uniti hanno battuto ogni record: perché in questa macabra hit parade delle guerre, al terzo posto c'è quella combattuta in Corea, con 635.000 tonnellate di bombe sganciate, alla piazza d'onore la seconda guerra mondiale, con due milioni di tonnellate, e in testa la guerra del Vietnam con 7.850.000 tonnellate di bombe fatte piovere dai portelli degli aerei.

Soltanto la cifra fa già paura, ma l'orrore arriva quando ci si avvicina a Saigon e si sorvola la zona al confine con la Cambogia, dove i vietcong avevano le basi. Dai finestrini si vedono grandi piscine naturali, perfettamente tonde e piene d'acqua. Si può tranquillamente credere che siano dei serbatoi per l'irrigazione o, se si ha un animo particolarmente poetico, si può pensare che la natura abbia fatto attenzione all'estetica dei luoghi e disegnato geometrie di stagni circolari: invece no, sono i crateri delle bombe sganciate dai B 52, le fortezze volanti che hanno trasformato questa terra fertile in un groviera.

È anche per questo che la comitiva di francesi seduta nelle poltrone dietro di noi ci sembra intollerabile. Ridono commentando un formulario che il governo vietnamita vuole sia riempito da chiunque entri nel paese: vogliono sapere, le autorità di Hanoi e Saigon, se chi arriva a casa loro trasporta esplosivo. È una precauzione che usano tutti gli stati del mondo, inutile forse, ma che in Vietnam fa parte di un modo di vivere non ancora dimenticato perché il ricordo delle bombe, quaggiù, non è così lontano. E i francesi ridono: forse non vogliono ricordare che di male, a questo paese e a questa parte del mondo, ne hanno fatto parecchio anche loro.

L'aereo, un Airbus con 250 posti, è quasi pieno e viene da chiedersi cosa vada a fare tutta questa gente a Ho Chi Minh City. A bordo ci sono uomini d'affari thailandesi, giapponesi, di Hong Kong, tutti armati di valigette ventiquattrore, c'è qualche americano, i francesi, un gruppo di svizzeri di organizzazioni umanitarie e della Croce rossa internazionale. Ci sono pure vietnamiti ricchi e, come accade in tutti i paesi poveri, le famiglie fortunate che possono spendere tornano in patria cariche di sigarette e liquori, ma anche di sapone e shampo che in Vietnam costano molto. I vietnamiti emigrati, i componenti dei *boat-people* o quelli che riuscirono a scappare con gli elicotteri americani prima che arrivassero i vietcong, adesso possono tornare a casa senza problemi anche per pochi giorni: si riconoscono, perché sono gli unici a sfoggiare con gli abiti il loro destino fortunato, a esibire i cappellini dei Giants o di altre squadre americane di baseball o pallacanestro oppure le T-shirt con le palmette della California.

L'America è un guaio per il Vietnam. Perché se è stata la dispensatrice di napalm e disperazione, se è stato il lanciagas che ha bruciato centinaia di villaggi tra colline e risaie, resta ancora l'ultima speranza di molti che sopravvivono nel Delta del Mekong o nei palazzi fatiscenti della vecchia Saigon. È il sogno americano, la convinzione che dall'altra parte del Pacifico la vita sia migliore, l'amara eredità lasciata dai marines.

Atterriamo mentre gli altoparlanti dell'Airbus diffondono la musica di Burt Bacharach. Sembra una presa in giro, ma non è colpa di nessuno: una hostess mi spiega che è il computer a programmare le colonne sonore senza tener conto degli scali e dunque può succedere che l'americanissimo Bacharach accompagni il tocco delle ruote sulla pista vietnamita. Con l'aereo in frenata il panorama dal finestrino rallenta e si vedono le baracche che assediano l'aeroporto, si riconoscono gli hangar e gli elicotteri fermi da quindici anni ma ancora armati, con i missili pronti, simili a zampe velenose di orribili scarafaggi.

Quello che resta della guerra si vede in giro e si sente nell'aria. Perfino la voce e i modi della polizia di frontiera sono rudi come se invece che dietro una scrivania fossero dall'altra parte di un filo spinato: "Questionario, riempito il questionario?"

"Ho il visto."

"Deve fare questionario."

Con pazienza rispondiamo per scritto a un'altra ventina di domande e ci rimettiamo in fila. È una coda strana, disordinata ma senza sorpassi, senza l'allegria delle code dei turisti, finalmente contenti di essere arrivati a destinazione. In coda c'è chi torna perché non può scappare o chi è scappato e torna con qualche dollaro in più e si intristisce vedendo la fame che avvolge il paese. C'è chi arriva per lavoro, maledicendo l'obbligo o la scelta di venire qui, e poi c'è chi, come noi, ha deciso di venire a vedere che succede. "Dài, tocca a noi."

"Le foto?"

"Quali foto?"

"Deve fare le foto da mettere sul questionario."

Respiro lungo e conto fino a dieci.

"È la seconda volta che faccio la fila, vorrei evitare altre ripetizioni. Serve altro oltre le foto?"

"No."

"Bene."

Torniamo indietro, verso l'angolo delle Polaroid: tanto ingenui non sono, questi viet, e con la scusa delle foto hanno organizzato un bel business in aeroporto. Quasi nessuno ha foto tessera con sé, perché nessuno sapeva che sarebbero servite alla frontiera. E allora ci si ritrova in fila anche davanti alla Polaroid: due scatti, due dollari.

"Come due dollari?"

Un americano che ci vede un po' sorpresi mentre aspettiamo di posare per il ritratto si avvicina a noi: "Scoprirete subito," dice, "che la vera moneta vietnamita è il dollaro. Non cambiate in dong, la moneta locale, tenete i dollari e pagate con quelli."

"Straordinario," dico a Carla, "se è così è davvero straordinario."

Finalmente tocca a noi. Vado per primo, e mi siedo su uno sgabello sgangherato con le spalle a una parete bianca e la faccia verso una brutta ragazza con un'uniforme verde. Mi spara due flash con la Polaroid e vedo uscire la lingua bianca della carta che si trasformerà in fotografia: ne escono quattro, in realtà, due facce mie e due di un tizio fotografato prima di me. Questi vietnamiti non sprecano niente e dalla vecchia Polaroid ricavano tutti gli utili possibili: con due dollari a persona, a fine giornata avranno incassato una discreta somma.

Foto attaccata al questionario e visto sul passaporto, riusciamo a superare l'immigrazione per scontrarci con il ritiro bagagli. Precipitiamo nel terzo mondo, con un piede nel quarto: un solo nastro, decine di casse di cartone legate con lo spago, carrelli senza rotelle, urla acute, di quelle voci nasali che tanti film sul Vietnam ci hanno fatto conoscere, l'impressione netta che qui sia la sofferenza a regolare la vita di ogni giorno. Le ventole al soffitto sono l'unica concessione alla modernità: funzionano, ed è già un successo, e infatti sotto di loro c'è gran ressa, perché sono gli unici punti dell'androne dove l'aria non resti immobile e appiccicosa.

"È peggio di quello che m'aspettavo," sbuffa Carla.

"È sempre bene non aspettarsi nulla," suggerisco, convinto di non stimolare alcuna reazione positiva. Anzi, cominciamo perfino a diventare nervosi, perché ormai aspettiamo da una ventina di minuti. Non che si reclami l'efficienza occidentale, ma in pista c'erano soltanto due aerei, il nostro e un Philippine Airlines che aveva già scaricato buona parte delle valigie. La squadra bagagli è schierata: tutina verde, che sembra il colore più usato, scarpe da ginnastica, cappelletti americani, immancabili su tutte le teste, quasi simboli di un'emancipazione culturale prima ancora che economica. Chi li indossa vuole forse far credere o far vedere agli altri che lui è mentalmente libero, vicino al Grande Fratello americano che buttava le bombe ma sganciava pure i dollari.

"Eccole, sono le nostre."

Un'ora dopo, arrivano le valigie. Per mettere il naso fuori dall'aeroporto manca ancora l'ispezione della dogana.

“Questionario, visto, passaporto”: è un soldatino che chiede tutti i documenti prima di autorizzarci a mettere le valigie dentro il metal detector.

“Lo vedi, controllano anche in entrata che non ci siano armi ed esplosivo,” dico a Carla. Del resto non gli importa niente: superato il metal detector ci avviamo all’uscita. C’è un signore alto e magro con un cartoncino sul quale sono scritti i nostri nomi.

“Benvenuti in Vietnam, signori. Mi chiamo Duong e sono la vostra guida. Adesso andiamo in albergo.”

“Che te ne pare?” chiedo a Carla, più per capire se si trova a suo agio che per sapere l’impressione sulla guida.

“Sembra gentile.”

È magro da far paura e ha un sorriso da brivido, perché tutti i denti, assolutamente tutti quelli che ha, hanno la base cariata, il punto di contatto con la gengiva macchiato di nero, come fosse una bruciatura.

“Hai visto i denti?”

“Poveraccio.”

Non c’è da stare allegri in questa città, che deve esser stata meravigliosa quando le cose funzionavano. Con la sola differenza che quando funzionavano, i vietnamiti erano governati, a casa loro, da altri. È la storia terribile di tutta la colonizzazione, il dibattito che ogni tanto si riapre: meglio liberi e disperati oppure tranquilli e sottomessi? Oggi non c’è più nessuno, forse, che in India rimpianga gli inglesi, chissà se qui a Saigon c’è ancora qualcuno che rimpiange i francesi o gli americani?

“Allora, mister Duong, come va?”

“Bene, adesso bene. Arrivano turisti a visitare il nostro paese, ora stiamo molto meglio.”

“Vengono anche americani?”

“Oh sì, molti americani.”

Stiamo sul formale, formalissimo. Come nei film di spionaggio io so chi è lui e lui sa chi sono io. Anche se nella documentazione ufficiale di viaggio non ho scritto che sono giornalista, lui sa che lavoro faccio, è stato avvertito attraverso la mia agenzia di viaggio. E io so che lui è stato ufficiale dell’esercito sudvietnamita e poi prigioniero per tre anni nei campi di rieducazione. Giochiamo a far finta di niente, perché lui vuole capire chi siamo e io voglio sapere chi è quello che guida, un ragazzo di una ventina d'anni con la faccia fin troppo sveglia.

"Di chi è la macchina?" chiedo.

"È di un amico dell'autista," risponde Duong.

È una vecchia Datsun, più che dignitosa, aria condizionata, stereo, coprivolante in pelo di pecora, motore che sembra funzionante. E chi guida è perfettamente a suo agio in questo rally spaventoso su strade dove passa una macchina ogni dieci minuti, un motorino è attaccato all'altro e le biciclette sono migliaia. Il traffico di Saigon si muove su due ruote e guidare una macchina dev'essere un'impresa. A me sembra di essere seduto dentro una palla da bowling che ruzzola in mezzo ai birilli: se si sbaglia una sterzata o un'accelerata si buttano giù un sacco di persone. Soltanto quando passa un camion militare, grosso, verde, con ragazzi in divisa seduti sul cassone accanto allo scappamento da dove escono colonne infami di fumo nerissimo, soltanto quando si vede uno di questi bestioni con la stella rossa attaccata al cofano tutti danno la precedenza: altrimenti è un continuo scambio di prepotenze, ma difficilmente si vedono investimenti o incidenti o tamponamenti.

La gimcana nel traffico dura una buona mezz'ora, tra viali larghi e polverosi di periferia, soffocati dalla folla e da bancarelle di ogni tipo.

"Bruttina questa Saigon, eh?" dico a Carla, che guarda in giro e non risponde. E invece, strada facendo, le brutture lasciano il posto a un'antica bellezza, fatta di villette ormai ferite dall'incuria e dal degrado, abbandonate alla voracità delle piante che divorano balconi e sfondano finestre. Nella zona coloniale, con le case a due piani, le ringhiere lavorate dei balconcini, le stradine alberate, c'è quello che resta di una nobiltà smarrita e cancellata dalla disperazione. La Saigon di oggi sembra un bel tight di un bravo sarto, usato però tutti i giorni e diventato lacero, unto, con tanti strappi: si vede ancora il bel taglio, ma tra poco tempo non servirà più a niente.

"Signori, siamo arrivati: questo è il vostro albergo."

2.

La macchina con i turisti dà nell'occhio e davanti al portone del Century si raduna subito un po' di gente. È la solita piccola folla di venditori di qualunque cosa, dai giornali ai francobolli, dalle statuette ai cappelli. Sorrido per cortesia ma tiro dritto verso la hall mentre tre facchini si agitano intorno alle nostre valigie. Duong ci accompagna fino alla reception: troviamo tutto a posto, tutto prenotato.

"Mister Duong, possiamo offrirle qualcosa da bere?"

"Grazie."

L'Oriente ha ritualità complicate. Basta una parola fuori posto, un gesto azzardato e si può far sgretolare subito una cordialità appena instaurata: così esibisco una cortesia forse esagerata, perché dipende da questo signore secco come un chiodo il successo del nostro viaggio, sarà lui ad aprirci le porte del paese, a svelarci gli aspetti meno conosciuti, a farci capire cose che nemmeno possiamo immaginare. In un universo ancora molto controllato, una guida "giusta" è il solo passaporto che possa funzionare e dunque va un po' corteggiata e lusingata, almeno all'inizio, perché dobbiamo essere noi a conquistare la sua fiducia e farla sentire a suo agio. Duong, comunque, mi sembra una gran brava persona, onesta e con un passato pieno di sofferenze.

Ci sediamo nella piccola hall che fa anche da salottino, arredata con gusto, tappezzerie a fiori piccoli e chiari, una grande vetrata che si affaccia sul marciapiede del boulevard Nguyen Hue, il corso di Ho Chi Minh City. Guardo Duong, osservo come sta seduto. Tiene le gambe bene unite, con la pianta dei piedi poggiata in terra, le braccia piegate all'altezza del bacino e la mani aperte sulle cosce, il busto eretto, la testa dritta: sembra una statua dell'antico Egitto e non capisco se è ancora un ricordo fisico dei campi di rieducazione oppure una manifestazione di disagio, perché si trova in un albergo dove per dormire una notte ci vogliono quattro mesi del suo stipendio.

Arriva una cameriera, bisogna ordinare: "Cosa vuole mister Duong?"

"Una coca-cola," dice rivolgendosi a me, con un imbarazzo più che evidente.

"Anch'io una coca-cola. Carla?"

"Una coca anche per me."

Ci guardiamo un po' stupiti, perché non ci aspettavamo di trovare pure in Vietnam l'essenza dell'America in lattina: ci avevano avvisato che tutto quello che è americano, dal dollaro alle carte di credito emesse da società a stelle e strisce, non soltanto non era apprezzato, ma era proprio bandito. E invece, si paga in dollari e si beve coca-cola. Quando arriva la lattina la prendo in mano per dargli un'occhiata: "Made in Singapore" c'è scritto.

"Allora, mister Duong qual è il nostro programma?"

"Signori Ruggeri, il pomeriggio di oggi è a vostra disposizione, siete liberi. Domani mattina partiamo per la provincia di Song Bé, diretti all'Irontriangle, il triangolo di ferro, dove ci furono combattimenti violentissimi, dormiremo a Binh Duong, mentre dopodomani andremo a Cu Chi, la città sotterranea dei vietcong e poi torneremo a Ho Chi Minh City. In tutto sono 580 chilometri su strade discrete: nel prezzo sono compresi anche i pasti fuori da Ho Chi Minh City."

Torna la cameriera, per farmi firmare la consumazioni. Indossa un abito tradizionale, di un'eleganza conturbante. Si chiama *ao-dai*, che vuol dire abito lungo, ed è semplicissimo, una specie di pigiama palazzo che può essere di seta o di nylon, composto da una blusa accollata che arriva fino al ginocchio e si apre sui fianchi, separando la parte anteriore da quella posteriore, e da un pantalone molto largo che può scendere dritto oppure leggermente svasato, a zampa di elefante. Questa cameriera ha i pantaloni bianchi e la casacca blu cobalto, un effetto stupendo.

"Hai visto che bello?" chiedo a Carla.

"Mi piace moltissimo," e capisco già che almeno uno entrerà nello scomparto souvenir del bagaglio.

Salutiamo Duong e saliamo in camera: decimo piano, l'ultimo, finestra sul boulevard Nguyen Hue, panorama bellissimo sui tetti ma rumore infernale. Alzo il telefono e chiamo la reception: "Per favore, vorrei una camera più silenziosa: è possibile cambiare?"

"Nessun problema, signore, provvediamo subito."

"Grazie," e riattacco.

"Che hanno detto?" chiede Carla.

"Nessun problema, ci danno un'altra stanza."

"Però, non mi aspettavo tanta efficienza. E anche le stanze, sono carine."

Fa un caldo bestiale dentro la stanza e mentre aspettiamo il cameriere e il facchino per il trasloco, dobbiamo tenere la porta aperta per far entrare l'aria fredda che arriva dal corridoio. Nelle camere non occupate tengono tutto spento: non c'è più l'economia di guerra ma resiste quella della fame e sprecare corrente elettrica è un lusso che nessuno si può permettere.

"Prego, signori, andiamo al sesto piano."

L'idea di scendere mi preoccupa un po', perché immagino che il rumore possa diventare maggiore, ma imbocchiamo il corridoio laterale, quello con le stanze da letto che affacciano su un vicolo silenzioso: "Va bene, signore?"

La stanza è identica all'altra, ma decisamente più tranquilla.

"Sembra di sì, grazie."

Aspetta la mancia, visibilmente. E gliela do, un dollaro, una giornata di lavoro. Fa una trentina di inchini e se ne va: "Abbiamo un amico in più," dico a Carla che tiene in mano un foglio ciclostilato lasciato bene in vista sulla scrivania.

"Stai a sentire che c'è scritto: 'Gentili ospiti, Ho Chi Minh City è una città tranquilla, ma come molte altre città ha alcuni problemi di sicurezza. Vi consigliamo di chiudere la porta con il lucchetto quando restate all'interno della stanza e di sistemare denaro o gioielli nella cassaforte dentro l'armadio o di consegnarli in portineria. Inoltre, vi suggeriamo di fare attenzione ai bambini che vi si avvicineranno per la strada proponendovi l'acquisto di souvenir o di giornali o offrendosi di pulirvi le scarpe: alcuni sono piccoli e abili ladri'. Che ne dici?"

"Che hanno ragione: i bambini sono bravissimi, hanno fregato anche Rambo."

"Che dici?"

"Ti ricordi il primo film della serie di Rambo, quello con Stallone che in America brucia una cittadina?"

"No."

"Quando sta per arrendersi, parla con il colonnello che lo comandava in Vietnam. Racconta di una sera in libera uscita con un compagno: stavano per entrare in un locale quando si avvicina un lustrascarpe di dieci, dodici anni. Mentre Rambo va a comprare due birre, il suo amico si siede per farsi lucidare le scarpe e salta in aria, perché dentro la scatola del bambino c'era una bomba invece dei lucidi."

"Conrad," dice Carla, "ma perché non ripartiamo?"

"Ma dài, una doccia veloce e ci buttiamo per le strade di Saigon."

Tutto come previsto. Appena mettiamo piede fuori dell'albergo una comitiva di ragazzini ci viene intorno per venderci di tutto. Carla mi afferra il braccio, penso che i consigli letti in albergo l'abbiano impressionata, invece ha soltanto voglia di scherzare: "Che non ti venga in mente di farti pulire le scarpe," mi dice.

Siamo di buon umore, contenti di essere arrivati qui dove pochi altri occidentali sono già venuti. Sentiamo le carezze lusinghiere della sindrome dell'esploratore, anche se non faremo alcun safari in mezzo alla giungla, anche se non andremo a visitare gli accampamenti di truppe ribelli. Però ci piace l'idea di trovarci in un paese sofferente ma ancora genuino, senza le alterazioni che il turismo scatena. Qualcosa è già mutato, perché hanno capito che questa gente senza gli occhi a mandorla che viene da lontano porta denaro e Ho Chi Minh City subisce il fascino dei soldi. Quegli stessi dollari che per tutta la durata della guerra e fino a diciotto anni fa circolavano in abbondanza.

Erano abituati ai grandi guadagni, agli sprechi dei soldati americani e dei corrotti funzionari dell'amministrazione del Sud. Si erano ingegnati, i vietnamiti di Saigon, e ognuno aveva trovato la propria strada per assicurarsi un'esistenza senza difficoltà: ora si ritrovano a dover lottare per mangiare, con stipendi uguali per tutti intorno ai trenta dollari al mese. Un chilo di rambutan, la stessa frutta che avevamo trovato in Thailandia, costa 2500 dong, cioè un po' meno di un quarto di dollaro al cambio delle banche, neppure quattrocento lire.

Ma la moneta ufficiale del turista resta il dollaro. Anche per gli uomini dei risciò, le biciclette con il piccolo calesse dove il passeggero si siede mentre l'uomo pedala. Ho sempre un grave scrupolo di coscienza quando mi trovo davanti ai risciò. A Calcutta non riuscii a salire su quello senza pedali, quel carretto trainato da un uomo che corre e che, proprio per questo, viene chiamato uomo cavallo: è una fatica terribile che porta molti di loro alla tubercolosi. Per la gente del posto è un mezzo di trasporto normale, lo usano le donne che tornano dal mercato, le bambine che vanno a scuola, i vecchi che vanno a pregare. Ma a noi occidentali, abituati ad avere, almeno da questo punto di vista, un maggiore rispetto per l'uomo, il risciò, a pedali o senza, sembra una brutalità inaccettabile.

"Salga, signore, facciamo un giro."

Stanno a gruppetti in attesa davanti agli hotel, agli incroci, girano per le strade. Alcuni trasformano il triciclo in una piccola casa e ci dormono e ci mangiano: a volte è l'unica cosa che possiedono. "Che facciamo, proviamo?" Vedo che Carla è incuriosita.

"Veramente non vorrei."

"Ma perché? È il loro modo di guadagnare, è il loro lavoro. Non sfruttiamo niente e nessuno e se non saliamo noi salirà qualcun altro. Non credere di migliorare le loro condizioni rifiutandoti di farti portare sul calessino."

Mi fermo un attimo a guardarli, impigriti sotto l'ombra degli alberi davanti al Rex, uno degli hotel storici di Saigon. Non hanno molti clienti e quando capiscono che ci sono affari in vista si mobilitano immediatamente. In due si sono già staccati dal resto del gruppo e vengono verso di noi, con una mano sul manubrio, come un cavaliere che accompagna il suo purosangue: "Due dollari, signore. Prego, signore, salga".

Guardo Carla, e lei mi sorride.

"Okay," dico, "andiamo."

È proprio dura farsi capire da due vietnamiti che sanno solo qualche parola d'inglese. Cominciamo quella pantomima idiota con le frasi sillabate: "Io-Cor-ra-do-e-tu?" Poi punto il dito verso uno di loro che, naturalmente, non capisce. Guarda l'altro con l'aria smarrita, dicono qualcosa tra di loro e poi ridono. Ci riprovo. Mano aperta sul torace, mi tocco e dico: "Cor-ra-do". Poi faccio lo stesso con Carla. Siamo su due risciò diversi, ma con grande gentilezza i vietnamiti ci fanno marciare uno accanto all'altro: per il momento non ci sono problemi di traffico, perché siamo in una via poco frequentata, ma quando affronteremo le strade più grandi credo che dovremo rinunciare alla formazione parallela. Indico Carla con il dito e ripeto: "Car-la".

Qualcosa li fulmina sulla via della cattedrale francese, hanno come un'illuminazione. "Chim Cut" dice il più anziano, "Chien Bo" aggiunge l'altro. Ridono contenti come bambini e pedalano lenti come napoletani. Fanno i furbi, ma non ci interessa: più lenti vanno, più lungo sarà il giro, più denaro intascheranno. Non abbiamo smanie di velocità, così accettiamo con piacere l'andatura da pensionati che ci consente anche di immergerci davvero nella vita della strada, fatta di odori e puzze, di voci e grida, di ordinatissimi mercati di fiori e velenose bancarelle di carne appena macellata, impreziosita dalle continue visite di mosche e altri insetti.

Sono comodi, in fondo, questi risciò. Il sedile è ampio e morbido, ingentilito da un cuscino che sarà pure sporco, però ammortizza le buche un po' troppo frequenti e le gambe si possono distendere completamente, fino a far penzolare le scarpe da un poggiapiedi. Travestito da turista, ho la borsa nera con quello che in Vietnam è considerato un prezioso tesoro: una videocamera e una macchina fotografica con vari obiettivi, una preda che consentirebbe a un potenziale ladro di vivere di rendita per qualche mese. Chim Cut, il mio guidatore, quello più anziano, mi bussa sulla spalla e a gesti mi fa capire che non posso abbandonare la borsa sotto il sedile ma che devo almeno stringere in mano la cinghia. Mima il gesto dello scippo, pratica internazionale, diffusa anche qui, non meno che da noi.

Obbedisco e mi godo il panorama. Con Carla cerchiamo di parlare, di scambiare qualche opinione, ma è una fatica mostruosa: innanzitutto per il rumore di scappamenti e marmitte che copre le nostre voci e poi perché ondate di sabbia e polvere ci finiscono in bocca se non la teniamo ben stretta. Allora restiamo in silenzio, a farci i sorrisini da un risciò all'altro, a farci fotografie come fossimo in gondola tra i canali di Venezia.

Pedala, pedala, si arriva a Cholon, la Chinatown di Saigon. L'animo mercantile di chi ha sangue cinese è evidentissimo per le strade di questo quartiere: negozi e bancarelle sono ovunque, e si alternano a rosticcerie locali allestite sulla strada che propongono anatre laccate gialle, rosse, più chiare o più scure, non troppo invitanti. Esposte sulle bancarelle ci sono pure le teste di maiale, con le orecchie dritte imbalsate dalla polvere.

"American Embassy? American Embassy?" chiede Chim Cut.

Faccio segno di no con la testa: quello è un pezzo di Saigon che voglio vedere con calma, che voglio studiare dopo aver conosciuto un po' di altro Vietnam. Per oggi ci basta aver fatto questa passeggiata, aver appena intuito la città e la sua gente, esserci affacciati nei mercati, aver osservato i fiori ben allineati, aver risposto ai saluti di chi ci ha visto passare per strade dove da parecchio tempo i bianchi senza occhi a mandorla non si vedono più. Ricordano gli americani e usano ancora qualcosa lasciata da loro.

"Stop, stop," grido a Chim Cut.

Non so dove siamo, in quale zona di Saigon. So che stiamo tornando verso l'albergo e che sono passate le sei, c'è ancora luce ma per la gente è ora di mangiare: seduti intorno a tavoli sistemati all'aperto ingoiano riso e brodaglie. Lavorano ancora in pochi e questa officina è una delle rare botteghe aperte: tre giovani e un uomo più anziano riparano un carcassone che difficilmente potrà ancora camminare. Uno dei ragazzi deve buttare l'olio appena tolto dal motore: tiene in mano un contenitore di forma rotonda. Sembra un elmetto. Scendo dal risciò e vado a vedere. Allargo la faccia in un sorriso e punto il ragazzo: sorride pure lui. Indico l'elmetto ancora pieno d'olio. Lui rovescia il liquido ormai nero dentro un bidone, solleva l'elmetto verso di me e dice, con grande semplicità: "American Army".

Esiste anche questo nel dopoguerra vietnamita, l'elmetto di un soldato americano finito in officina a fare da scolo per l'olio bruciato. Per il meccanico della Stella Rossa può anche essere un piccolo trofeo, a me sembra un'inutile crudeltà della storia. Risalgo sul risciò.

"Sai che fanno?" dico a Carla che aveva preferito non scendere. "Usano gli elmetti americani per far scolare l'olio delle macchine."

"In fondo," dice lei, "che c'è di male?"

La notte di Saigon non propone programmi particolarmente eccitanti. Scegliamo una cena al Rex, l'albergo del mito coloniale che il nuovo regime ha ribattezzato Ben Thanh. Il passato, a volte, non si può proprio cancellare, e il Rex resta il Rex, con la sua gigantesca corona superkitsch, alta tre metri e larga altrettanto, piazzata sulla terrazza e disegnata da migliaia di lampadine che la fanno risplendere e la rendono visibile in tutto il centro della città. Dopo il tramonto, viene acceso il motore che la fa muovere e comincia a girare calamitando lo sguardo della folla che ogni sera si ritrova nel giardinetto accanto all'hotel, con le fontanelle e l'immancabile statua di Ho Chi Minh, padre della patria.

Guardar su, per i bambini, è uno dei grandi giochi, uno dei divertimenti più amati. Non hanno molto, questi piccoli: le bolle di sapone in scatola di montaggio, con il liquido e l'asticella in cui soffiare, sono per loro un'invenzione recente, i palloncini colorati pure. Di antico resiste, con successo, il serpente di carta tenuto da uno spago. Per divertirsi bisogna tirare e lasciare con un ritmo preciso, bisogna saper agitare quel rettilaccio: un gioco antico, ma nuovissimo per noi.

È ora di cena. Alle nove abbiamo un tavolo prenotato e siamo in leggero anticipo.

"Entriamo," dico a Carla, "diamo un'occhiata all'albergo."

Aveva fama di essere il migliore di Saigon, della Saigon ricca e spregiudicata, ha seguito la parabola discendente della città e oggi mostra tutti i suoi affanni. Il portiere in divisa tradizionale con code e pennacchi si inchina al nostro passaggio, come forse si faceva regolarmente tanti anni fa: ora e qui sembra perfino fuori luogo.

"Possiamo vedere una stanza?" chiediamo.

"Certamente."

Saliamo in ascensore al terzo piano, accompagnati da un fattorino. Quando arriviamo, da una scrivania sgangherata si alza un "addetto alla sicurezza" che ci precede nel corridoio e ci scorta fino alla camera.

"Madonna quanto è triste questo albergo."

"Angoscioso, direi."

Il corridoio è lunghissimo, con una guida scura al centro, di un colore indefinibile, quadri in vendita alle pareti, con il prezzo in dollari. C'è silenzio, anche perché gli ospiti devono essere pochissimi. Davanti alla porta della stanza la nostra scorta si ferma un attimo e avverte: "È una delle più carine, un vero gioiello".

Tramortiti dall'orrore, ringraziamo l'agenzia che ci ha consigliato il Century. I letti di questo "gioiello" hanno i materassi consumati dagli anni e infossati al centro: a sdraiarsi lì si rischia una lombosciatalgia fulminante o una notte insonne. Tutto è cadente, dall'armadio ai lumi dei comodini, e i tentativi di comfort sono patetici nella loro generosità. Non c'è radio e non c'è televisore, ma su una mensola compare un registratore con un piccolo altoparlante e una dozzina di cassette: "Ci sono i migliori successi vietnamiti".

"Un pensiero davvero gentile per i vostri ospiti."

Saliamo al ristorante, il mitico, decantato ristorante del Rex, delizia di palati raffinati, viziati a questa latitudine da un sapiente intreccio di cucina francese e orientale.

"Volete mangiare in terrazza, signori, o preferite la sala grande?"

Decidiamo di fare un test, per sentire quanto fa caldo fuori e quanto fa freddo dentro: in terrazza il panorama è piacevole ma l'umidità troppo alta e l'aria troppo ferma, nella sala grande, invece, l'aria condizionata è debole e si sta bene.

"Mangiamo dentro, grazie."

Prima di sederci a tavola perdiamo un attimo a giocare con un uccello nero dal becco giallo, che sembra un merlo, o forse di una famiglia affine, che si chiama Gong. Chiuso in una gabbia abbastanza grande perché possa volare, non è capace di parlare come fanno i pappagalli, ma ripete i versi con straordinaria abilità, come una carta carbone dei fischi. Si sente anche dal tavolo, perché il povero uccello Gong è torturato da chiunque gli passi davanti: lo guardano, gli fanno un verso e lui lo ripete. Chissà se si diverte.

Il pianoforte della sala grande cancella le sue urla ma consegna la serata a un sottofondo di tristezza. Parquet, tappeti, una riproduzione della Gioconda proprio dietro il nero pianoforte a coda, altri quadri con panorami vietnamiti di fiumi e campi di riso. Dev'essere corsa allegria tra questi tavoli affollati, devono essere sbocciati amori, orditi intrighi di spie e ricatti, conclusi affari, e serviti champagne e caviale.

Dieci persone dentro e dieci fuori, nel fantasma di oggi del ristorante di ieri: i turisti sono pochissimi e il Rex costa troppo per i vietnamiti. Il sabato sera di chi vive a Saigon è qui sotto, nel giardinetto che abbiamo attraversato prima, dedicato ai bambini che giocano con i serpenti e i draghetti di cartone, i palloncini, le bolle di sapone. O anche senza niente, ma con mamma e papà. Hanno l'animo semplice di chi si accontenta di poco, anche perché di più non può chiedere.

Pianoforte e smoking non bastano per fingere di stare in un'altra Saigon, quella che era e non è più.

"Cosa desiderano i signori? Come entrée abbiamo..."

E sciorina un elenco di delizie che mi fa ripensare a una cena a Calcutta. Ero capitato la sera dell'inaugurazione del ristorante francese dell'albergo in cui alloggiavo: il costo sarebbe stato di un centinaio di dollari a persona, una fortuna in India. C'erano famiglie numerose e comitive di amici ai tavoli del nuovo "restaurant" e fuori del portone dell'albergo le bande organizzate di mendicanti, i lebbrosi, i bambini con le gambe e le braccia spezzate apposta per far commuovere i passanti e ottenere un'elemosina maggiore. Anche la disperazione ha i suoi traffici, ma la sofferenza non smette di farmi riflettere.

"Corrado, cosa ordiniamo?"

Affrontiamo il dibattito con passione, assistiti dal maître con il neo più schifoso che mi sia capitato di incontrare: pallina nera bene in rilievo e due peli lunghissimi, che evidentemente qui non si tagliano, forse perché portano fortuna, forse perché lo ritengono un vezzo estetico. A noi, comunque, faceva proprio orrore.

"Allora," dico, "imperial rolls Saigon style, zuppa Rex, granchio e aragosta, birra e acqua minerale."

Pantaloni bianchi, tunica blu, cappello blu e guanti bianchi, la cameriera avanza con un vassoio argentato sul quale trionfa un ananas illuminato dall'interno da una fiamma al posto della polpa: gli imperial rolls sono sostenuti da stecchini infilati nella buccia.

"Mmm, però!"

Osservano soddisfatti il nostro apprezzamento mentre ci spiegano che i piccoli involtini, questo sono i rolls, vanno conditi con una salsa e assaggiati con foglie di menta e cetrioli. Sono buoni, ma pesantissimi, forse anche perché in cucina hanno fatto qualche giorno di anticamera prima di essere serviti. Comunque li finiamo, anzi li finisco, perché Carla ne assaggia due o tre e io ne spazzolo una dozzina. Soltanto più tardi, a notte fonda, scoprirò di aver fatto un grave errore. Per il momento non ho problemi e andiamo avanti con la zuppa Rex, una specie di minestra di Last al limone, un granchio insipido e un'aragosta fatta abbrustolire troppo. Spendiamo una fortuna, pari allo stipendio di due vietnamiti.

L'intuito ci suggerisce di cercare un collaboratore per la digestione: anche se abbiamo lasciato nei piatti più di quanto abbiamo mangiato, la qualità era tale che servirebbe un idraulico liquido per garantirci una notte tranquilla. Ci affidiamo al Benedictine, un liquore dolciastro che però scatena i succhi gastrici. Lo beviamo in terrazza, proprio sotto la corona del Rex che continua a girare mentre l'uccello Gong fischia sempre più raramente. Mi assale un attimo di retorica professionale perché era su questa terrazza che gli inviati dei giornali venivano a bere qualcosa, o qualche bottiglia, dopo aver trasmesso gli articoli: "Dev'essere stato bello raccontare la guerra: è l'unica esperienza professionale che mi manca".

"Bello?" chiede Carla. "Ma come fai a dire bello, se devi raccontare di morti, stragi, atrocità?"

"Già, come faccio a dire bello? Andiamo a dormire, va', è meglio."

3.

Ho sentito i bombardamenti, le urla di disperazione, ho visto i fantasmi dei vietnamiti e degli americani. L'inferno è scoppiato di notte nella stanza 603 dell'hotel Century. Straziato dal dolore mi sono alzato al buio, con la devastazione nella testa e nello stomaco, il cuore affannato, le mani protese in avanti come un sonnambulo, per non travolgere niente durante la corsa sfrenata verso il bagno dove mi sono quasi inginocchiato e in assoluta solitudine sono riuscito a liberarmi da una zavorra velenosa, offerta la sera prima dai camerieri del Rex.

Credo anche di aver parlato da solo prima di tornare a letto accanto a Carla che, naturalmente, non si era accorta di niente. È una sicurezza, questa donna. Ha il sonno talmente pesante che credo sia possibile morirle accanto, dopo essersi agitati a sufficienza, prima che riesca a schiudere un occhio. Beata lei, perché a me, invece, riesce a svegliarmi una piuma che cade sulla moquette.

Alle sette in punto, ormai sono sveglio da ore, squilla il telefono per la sveglia.

"Buongiorno amore, dormito bene?" chiede Carla.

"Grazie, ho vomitato benissimo."

"Come vomitato?"

"Proprio così."

"Io no."

"Lo so. E magari hai pure digerito bene."

"Benissimo."

Trascuro la colazione, che comunque non ha un aspetto trionfale, e bevo soltanto una tazza di tè con molto limone.

Prepariamo una sacca con i cambi per un paio di giorni e alle otto siamo nella hall, pronti per la partenza.

"Buongiorno mister Duong."

"Buongiorno signori, tutto a posto?"

"Perfetto, possiamo partire."

"Bene, allora, andiamo."

Un sussulto, appena entrati in macchina, uno scossone nell'animo. Intorno a noi si rianima la Ho Chi Minh City ultima frontiera del comunismo reale, stiamo per andare verso i campi di battaglia dove si sono massacrati vietnamiti e americani e gli altoparlanti di questa Datsun espellono veri insulti al pentagramma, sotto forma di canzone italiana intitolata *Felicità* ed eseguita, udite udite, da Albano e Romina Power. Come al solito siamo all'ultima frontiera della cortesia, quella che spinge i nepalesi a cucinare spaghetti scotti e un ragù pessimo agli italiani in gita sul Karakorum: qui siamo all'omaggio musicale e bisogna anche ringraziare.

"Allora Mister Duong, com'è il Vietnam?"

"Sono ancora due i Vietnam, Corrado. Posso chiamarla Corrado?"

"Certo che può, anzi, mi fa piacere. Ma perché i Vietnam sono ancora due?"

"La fine della guerra ha unito politicamente il paese, ma Nord e Sud sono molto diversi, per tradizioni, cultura, carattere delle persone. Per esempio, se nel Nord ti invitano a mangiare, a sederti alla loro tavola, lo dicono soltanto con la bocca, non con il cuore, perché sperano che non accetti. Al Sud è il contrario, sono felici di invitarti e felici se mangi quello che ti viene offerto. È che nel Nord sono un po' taccagni, amano tenersi il denaro: di diecimila dong guadagnati ne spendono uno, mentre nel Sud li spendono tutti. O forse anche di più."

"Un po' come da noi. Con la differenza che in Vietnam, il Nord ha sofferto sempre di più: a Hanoi facevano la fame mentre a Saigon il regime era foraggiato dagli americani e i soldi circolavano con facilità. O no?"

"Non deve pensare che non mi piacciano quelli del Nord, io sono nato a Hanoi."

"E com'è finito a Saigon?"

"Mio padre era avvocato, di religione cattolica: nel 1954, quando il paese venne diviso e i francesi se ne andarono, cominciammo ad avere dei problemi e preferì trasferire la famiglia al Sud. Quindi non ce l'ho con la gente del Nord, perché vengo da là, dico soltanto che il carattere delle persone è diverso."

Non faccio altre domande, e anche Carla non insiste. Siamo appena saliti in macchina e già affrontiamo argomenti delicatissimi. Vorrei cercare di sapere il più possibile da questo ex ufficiale ed ex rieducato, ma se insisto troppo lui si chiude e se non domando lui non parla. Andiamo avanti sul generico.

"Duong, dica un po', com'è la vita ora?"

"È cara, molto cara. Guadagnamo trenta dollari al mese e non abbiamo nemmeno l'assistenza medica. Una donna che deve partorire e ha bisogno di stare una settimana in ospedale, spende cinquanta dollari, quasi due mesi di stipendio. Così spesso i figli nascono in casa, con tanti rischi. Però adesso credo che qualcosa migliorerà per tutti, perché società straniere sono venute a investire da noi e apriranno parecchie fabbriche: ci saranno posti di lavoro e forse anche più denaro per tutti."

"Ma l'America mantiene ancora l'embargo, non vi aiuta e non viene a investire."

"So che i governi stanno trattando e l'amministrazione Clinton è intenzionata a togliere l'embargo. Comunque non è soltanto l'America che ha denaro. I soldi stanno già affluendo e si vede, per esempio, da come sono aumentati i prezzi dei terreni: quelli direttamente sulla strada, senza difficoltà di collegamenti, costano già quattrocento dollari al metro quadrato, fino a due anni fa ne costavano appena venti."

Anche l'Italia marcia sul Vietnam. L'ultimo accordo è stato firmato dall'Iveco del gruppo Fiat che con la Mekong, società controllata da capitali giapponesi, sudcoreani e vietnamiti, costruirà una fabbrica di bus e camion a Koloa, un villaggio a pochi chilometri da Hanoi. Il paese è interessante per due ragioni: la manodopera costa pochissimo e con i suoi settanta milioni di consumatori il Vietnam è avviato a diventare uno dei principali mercati asiatici. Non subito, certamente, serviranno alcuni anni: ma gli investimenti portano occupazione, e più lavoro genera ricchezza che spinge al consumo. Abituati a fare a meno anche del necessario, i vietnamiti dovranno impostare una rivoluzione culturale che li rieduchi profondamente, prima di capire come una camicia possa “passare di moda”: finché il tessuto non è lacerato, quella camicia, per loro, resta “utile”. Qualcuno, comunque, ci penserà e, molto probabilmente, ci riuscirà pure. Settanta milioni di consumatori non è mercato che possa essere trascurato quando quasi tutti gli altri, nel resto del mondo, sono saturi. E infatti, prima che sbarcasse l’Iveco, in Vietnam erano già arrivati Mazda e Peugeot e altre grandi imprese sono pronte, come le americane Chrysler e General Motors, in attesa soltanto del via dal governo. Dalla sua casa di Hanoi, perfino il generale Vo Nguyen Giap, l’eroe di Dien Bien Phu, il nemico numero uno di francesi e americani, è pronto a dare il benvenuto agli investimenti statunitensi: “Da Clinton,” ha detto recentemente, “spero in una normalizzazione dei rapporti con il Vietnam. La guerra è finita e noi vogliamo la pace e l’amicizia. L’embargo è anacronistico e gli americani non ci guadagnano niente”. Lo ha detto durante un’intervista registrata nella sua modesta casa di Hanoi, dove vive con la moglie Dang Bich Ha, professoressa all’Istituto di studi sull’Asia sudorientale, i figli e i nipoti. La telecamera lo ha ripreso nel giardino, tra le sue amate orchidee: ognuna è stata regalata da un soldato, tutte insieme sono il ricordo di un campo di battaglia.

La guerra è finita da diciotto anni, ma è durata talmente tanto che accompagna ancora la vita di tutti i giorni, e non soltanto con i ricordi. I ponti sul fiume Saigon e sugli altri fiumi sono quelli costruiti dagli americani: soltanto alcuni sono stati rifatti dai vietnamiti, e accanto hanno ancora i pilastri del ponte che nello stesso punto i vietcong avevano fatto saltare in aria. Come succede a Ban Muoi, alla periferia di Saigon. Una piccola comunità, tre o quattro famiglie, vive nelle house boat, le barche trasformate in case, proprio sotto il ponte ricostruito dai vietnamiti e accanto al pilone centrale, solitario in mezzo all’acqua, di quello che resta del ponte americano, minato e fatto esplodere durante l’offensiva del Tet.

Fermiamo la macchina e facciamo due passi. Attraversiamo il ponte a piedi mentre una donna fa prima il bucato e poi il bagno nel fiume: si lava vestita, tirando su maniche e pantaloni, si sfrega con la terra, perché il sapone è troppo caro, e poi si gratta e si sciacqua. Sguazza e ride e saluta con la mano.

Dall'altra parte, tre ragazzini giocano in acqua vicino alla loro casa galleggiante che sulla prua ha disegnati due grandi occhi, simbolo della divinità che tutto vede e protegge. È una barca vecchia, diventata casa antica, consumata dal tempo e dall'acqua che fa macerare le tavole di legno con cui è costruita. È una casa che diventa chiatta per il trasporto di legna, riso, bambù o qualsiasi altro materiale oppure veranda per stare senza far niente, a dormire o pescare protetti da una tendina.

Sono tutti cordiali, sorridenti e c'è una grande pace, una sensazione di libertà: il verde brillante di questa piccola giungla, le palme che crescono direttamente nell'acqua melmosa e marrone del fiume, il rumore delle barche che passano. È il Vietnam dei film, il paesaggio solito dell'Oriente, ma qui emoziona più che altrove.

Non si riesce a visitare questo paese senza farsi accompagnare dal fantasma dei bombardamenti, degli attentati, delle bombe esplose nei mercati, degli stermini compiuti nei villaggi, della gente ammazzata da una parte e dell'altra. Con il fucile in mano, c'era chi aveva smarrito la dignità, aveva perso il senso dell'essere uomo. Diciotto anni, e questa gente ha ritrovato il sorriso, anche se sta china ore e ore a raccogliere il riso per pochi dong, nei campi sterminati battuti dal sole. Vedo i cappelli bianchi, quelli triangolari, a punta, tipici del Vietnam, che si alzano, si abbassano, emergono e scompaiono dietro le piantine verdi di riso. Lavorano in coppia, per aiutarsi e anche per parlare, per far correre più velocemente il tempo che non passa mai, sotto il sole che cuoce la pelle e illumina un paesaggio sereno per chi guarda e vede chilometri di campi verdi di riso e di cielo azzurro, punteggiati dai cappellini bianchi e da coppie di bufali.

"Amo già questo paese," e con la mano nella mano di Carla faccio fermare la macchina sulla strada sterrata che taglia la piantagione di riso. A destra e a sinistra ci sono donne al lavoro, con i cappelli in testa e i fazzoletti al collo. Camminiamo e loro raddrizzano la schiena, smettono per un attimo di stare curve, e dal verde sbocciano prima decine e decine di puntini bianchi e poi macchie colorate gialle, rosse, azzurre, le magliette delle ragazze che adesso stanno in piedi a guardarci. E ci sembra quasi un ingresso trionfale nella cattedrale di questa natura, come se camminassimo su una guida di terra battuta che ci porta chissà dove. Salutiamo come fa chi si trova in un paese straniero e tutte rispondono e sono decine di mani che si agitano. Finché una di loro esce dalla fila di queste mondine orientali e si avvicina a Carla, le sorride, si toglie il cappello e glielo mette in testa. Sorride ancora prima di girarsi per tornare nella piantagione, ma Carla fa in tempo a fermarla, a prenderle una mano che era già quasi lontana. Restano immobili per un attimo, con le braccia distese e legate insieme dalle mani: si riavvicinano e Carla posa l'altro braccio intorno alle spalle di questa ragazzina con i capelli corti, gli occhi vivi, il sorriso splendente. Le dà un bacio e lei arrossisce e le altre applaudono. Io sento i brividi nella schiena e mi commuovo.

4.

"Eravamo un gruppo di amici nell'esercito del Sud Vietnam. Quando è morto il primo abbiamo pianto, e abbiamo pianto ancora quando sono morti il secondo e il terzo. Al quarto non abbiamo pianto più, perché ciascuno di noi pensava che il prossimo morto poteva essere lui." Mister Duong è di casa tra la giungla e i boschi di caucciù di questa zona che gli americani battezzarono Irontriangle, una roccaforte comunista nella provincia di Song Bé, al confine con la Cambogia. La sua casa era la quinta divisione del settimo reggimento, era tenente e comandava una ventina di uomini.

"Duong, ha mai ucciso?"

"Non lo so. Ho sparato, ho sparato tanto, ma non ho mai visto nessuno cadermi davanti colpito dalle mie pallottole. Non so se ho ucciso e preferisco credere che non sia mai accaduto."

È un Vietnam sconosciuto quello dove ci sta portando: la guerra vista con gli occhi di un vietnamita cattolico nato a Hanoi, scappato a Saigon, arruolato tra gli americani e poi rieducato dai comunisti, un misto di *Platoon, Apocalypse Now, Full Metal Jacket* e un pizzico di *Rambo*.

"Mi sono arruolato a vent'anni e pochi mesi dopo ero qui."

La macchina è ferma sul ciglio della strada asfaltata: a destra e sinistra si vedono grandi piantagioni di caucciù, ma per un raggio di duecento metri intorno alla strada non c'è niente, soltanto cespugli di erbacce cresciuti disordinatamente.

"Questa era la Laikhe Base, la base americana dove sono rimasto per sette anni. Se guarda bene in mezzo all'erba, si vede ancora la pista di atterraggio per gli aerei." Più che vedere, si intuisce, in mezzo al prato è rimasto come un leggero segno di gesso su una lavagna sbiadita. "Pochi mesi fa ho accompagnato un gruppo di reduci americani, alcuni li conoscevo bene. Sono tornati con le mogli a visitare questi posti: qui davanti hanno pianto, hanno ricordato i loro compagni morti, le loro sofferenze. Ognuno di loro aveva un sacchetto di plastica: si sono inginocchiati e l'hanno riempito con una manciata di terra della Laikhe Base. Hanno voluto portare in America un pezzo del loro Vietnam."

Da qui cominciò, era l'8 gennaio 1967, la Cedar Falls, un'offensiva che tenne impegnati 13.000 soldati americani. Gli aerei Usa bombardarono i villaggi di An Dien, An Tay, Phu Ah, distrussero i campi di riso e le foreste con sostanze erbicide prima che la fanteria, appoggiata da carri armati e bulldozer, penetrasse nella boscaglia per distruggere una rete nemica di bunker e tunnel: vennero utilizzati anche duemila cani per cercare i vietcong sottoterra. Il risultato finale fu di un migliaio di civili vietnamiti uccisi, centinaia di case bruciate, l'esodo di settemila abitanti.

An Tay non esiste più, ci sono alcune case ricostruite o rimesse a posto e Duong ci porta in una di queste, un casolare in muratura che era un posto di controllo militare e oggi ospita la famiglia dell'autorità locale, una specie di sindaco della zona. Duong ha grande familiarità con loro, forse perché li incontra spesso nei suoi giri con i turisti o forse perché li conosceva già durante la guerra.

"Accomodatevi, prendiamo un tè."

Vivono in modo più che spartano, genitori, nonni e figli nella stessa stanza da letto, un'altra camera per mangiare. La cucina è fuori, il bagno tra le foglie. A cento metri dalla casa c'è un carro armato, parcheggiato sulla sinistra del sentiero, un M41 usato nel 1972 dalla XXV divisione americana: è completamente arrugginito, e questo colore lo rende ancora più brutto, quasi spettrale. Serve ai bambini per passare i pomeriggi dopo la scuola, è il loro giocattolone, visto che altri non possono averne, e serve ai turisti per fare qualche foto ricordo.

I vietnamiti di qui hanno vissuto con la guerra, molti l'hanno combattuta, molti altri l'hanno subita, e adesso utilizzano in modo ammirevole gli strumenti che allora servivano per uccidere. Visite guidate, dunque, ai crateri, bombe non esplose esposte in giardino o, addirittura, trasformate in mobili per la casa. In cucina, accanto alla brace dove si cuociono le pietanze, perché qui non c'è il metano e non ci sono nemmeno le bombole, c'è una dispensa dalla forma strana, larga in basso e stretta in punta. Era una bomba, l'hanno aperta e dentro ci hanno messo le mensole sulle quali ora poggiano il sale e le bacchette, qualche piatto e le tazzine del tè. La fotografo e loro si mettono a ridere. Probabilmente penseranno che sono un ingenuo occidentale.

Ce ne andiamo, e Duong saluta tutti con un rituale preciso. Strette di mano, sorrisi e qualcos'altro ancora. Spinto dall'istinto, provo a restare dietro a lui, per vedere tutto quello che fa. E mi accorgo che lui cerca di mandarmi avanti, vuole essere l'ultimo a lasciare la casa. È un duello strano, e mi convinco che è più prudente far vincere lui: vado avanti, mi dirigo verso la macchina parcheggiata in una specie di spiazzo davanti alla casa, ma cammino di tre quarti, per controllare con la coda dell'occhio quello che fa Duong. Vedo che mette una mano in tasca, prende qualcosa e poi stringe la mano del capofamiglia. Spuntano, le vedo, alcune banconote.

L'aria condizionata della macchina ci fa resuscitare. Respiriamo bene e abbiamo smesso di sudare. È il momento di provare un attacco.

"Duong," chiedo, "come mai ha dato la mancia a quella famiglia?"

"La mancia? Quale mancia?"

"Duong, l'autista non parla inglese, nessuno ci può sentire: ho visto bene mentre salutava e dava quei dong al capofamiglia."

"Corrado, bisogna essere gentili con chi ci apre la propria casa."

"Duong, credevo che nel Vietnam comunista la mancia fosse un'offesa, come succede in Cina: chi viene sorpreso ad accettarla è punito severamente."

Carla mi rimprovera con lo sguardo e con un pizzico sulla gamba. Invece sono convinto che è il momento giusto per farmi raccontare, sono sicuro che se insisto riuscirò a farlo parlare.

"Corrado, devo lavorare nel modo migliore e anche qui i rapporti umani non si reggono soltanto sulla simpatia."

"E allora si fa amare con il denaro?"

"Corrado..."

Aveva iniziato la frase facendo il pieno d'aria nei polmoni, come se dovesse parlare per un'ora: poi è rimasto zitto.

"Sì, Duong."

"Ho fatto la guerra con la divisa del Vietnam del Sud, sono stato amico degli americani e ho sparato contro la gente che oggi ci ha ospitato. C'è bisogno che dimostri la mia gratitudine ogni volta che li incontro."

Funziona, si sta aprendo. Guardo Carla con un fremito di soddisfazione, anche se mi rendo conto di essere brutale: ma voglio sapere che cosa succedeva in quei dannati campi di rieducazione. La tattica impone una frenata, a questo punto. Duong si deve sentire compreso, appoggiato, deve essere sicuro che in noi trova solidarietà, soltanto così potrà sfogarsi.

"Capisco," dico con l'occhio che per un attimo punta gli occhi di Duong e poi si abbassa. Lui potrebbe star zitto, invece, come speravo, parla: "Non ho mai amato i vietcong, non mi sono mai piaciuti, ma da quando hanno preso Saigon, da quando hanno 'liberato' il paese, come dicono loro, nessuno ha più ucciso un altro vietnamita. E allora sono contento di questo, finalmente viviamo in pace."

"Duong, la controllano? Non si fidano di lei?"

"No, assolutamente no. Ma non posso permettermi di sbagliare."

"Che vuol dire?"

"Che non devo fare altri errori."

"Quali ha già fatto?"

"Tanti: non sono riuscito a tenere mia moglie con me e se ne è andata, ho provato a scappare due volte con i *boat-people* e mi hanno ripreso, ho perso, così, tanti soldi e oggi non ho più una lira."

"E il campo, Duong, com'era la vita nel campo?"

È seduto nel sedile davanti a me, le spalle piccole e curve, la stessa camicia del giorno prima, una botton down americana, probabilmente un regalo di qualche vecchio commilitone, dalla quale spunta una collo che avrebbe ispirato Modigliani per quanto è lungo e scarno. È alto quasi un metro e ottanta e pesa 47 chili, porta un paio di occhiali che sul suo viso sembrano due televisori: fanno scomparire il naso, schiacciato come quello di tutti gli orientali, e fanno annegare gli occhi nell'oceano di vetro delle lenti. China la testa e visto da dietro il collo sembra ancora più lungo e più magro. Non si gira per guardarmi, parla con la voce profonda, pronuncia le parole con lentezza.

"Il campo, Corrado, si chiamava K 4, era nella provincia di Dong Nai: ci sono rimasto tre anni."

Guardo Carla con un sorriso stampato in faccia. E lei ricambia.

"Finalmente," sussurro.

Ma proprio in quel momento l'autista si rivolge a Duong e gli dice qualcosa in vietnamita. Ho perso la battuta, è sfumato il momento giusto, perché quei due continuano a parlottare e non posso interromperli per chiedere notizie sul K 4. Abbiamo appena attraversato un paesino e percorso una strada di terra rossa battuta che porta a un parco e ora siamo fermi davanti a una sbarra abbassata. Un guardiano esce da un posto di controllo e si avvicina alla macchina: Duong fa vedere il tesserino che lo qualifica come guida, la sbarra si alza, entriamo con la macchina.

"Mangiamo qui."

"Ma porca miseria," dico a Carla, "proprio ora che stava cominciando a parlare della prigionia."

"Se ha cominciato vedrai che andrà avanti."

"Credo di sì, ma forse adesso è meglio non insistere."

"Non aggredirlo più, lasciamolo rilassare: almeno all'ora di pranzo."

Dolce come le colline toscane, questo panorama punteggiato di verde e reso vivace da una decina di ruscelli che si intrecciano e si incrociano e formano piccole cascatelle che rinfrescano l'ambiente. È un posto di ristoro dove le famiglie vietnamite vengono a passare i giorni di festa: i genitori seduti dove siamo noi, sotto un grande gazebo circondato dalle acque, e i bambini a giocare in mezzo al parco. Una rotonda sul lago, per i divertimenti semplici di chi può approfittare soltanto della natura per riuscire a distrarsi dal lavoro nei campi di riso, nelle fabbriche, nei negozi e nelle bancarelle.

Ci sediamo, e sul tavolo arrivano subito noccioline sbucciate.

"Le producono da queste parti," spiega Duong, "sono una voce molto importante della nostra economia."

Mi guarda e sa di cosa vorrei parlare. Ma qui c'è chi capisce l'inglese e Duong vuole evitare rischi.

"Vedete quel gruppo di persone?" e indica con lo sguardo un tavolo occupato da quattro uomini che non sembrano vietnamiti: hanno jeans di marca, occhiali Rayban ben esibiti, sul tavolo una bottiglia di Johnny Walker etichetta nera portata piena e già mezzo vuota, troppo cara per chi vive e lavora da queste parti.

"È gentaccia di Taiwan, vengono qui per il clima ma soprattutto per le nostre donne."

"Ma il nuovo regime non era riuscito a stroncare la prostituzione?"

"Purtroppo esiste ancora, anche se non è nemmeno ipotizzabile il paragone con quello che accadeva quando c'erano gli americani."

"Anche perché oggi non c'è più chi ha i soldi per pagare."

Si agitano molto i quattro di Taiwan, danno perfino fastidio a Nguyet, la figlia del padrone, che non ha certo avuto la fortuna di esser nata bella. Però, quando va a chiedere se vogliono ancora qualcosa, e dagli avanzi che trionfano sul tavolo non dovrebbero proprio desiderare altro, tentano di stringerle un braccio intorno alla vita, di accarezzarle il viso. Lei è in difficoltà e vedo che Duong frigge sulla sedia. I quattro guardano verso di noi quando Nguyet riesce a liberarsi, sempre sorridendo, da un braccio che era diventato troppo stretto e troppo fastidioso: e noi guardiamo verso di loro, che intanto hanno cominciato a cantare e fatto l'ultimo giro con la bottiglia di whisky, ormai completamente vuota. C'è Carla tra di noi, e uno dei quattro fa sorrisi che possono essere rivolti soltanto a lei. Sento una mano di Duong sul mio braccio, mi chiede in silenzio di stare calmo.

È il nostro tavolo che si popola all'improvviso. Per portarci la coca-cola, arrivano il padre e il fratello di Nguyet, un cuoco, un ragazzo che non so chi sia. E restano tutti intorno a noi, in piedi e a braccia conserte, con lo sguardo fisso verso i quattro di Taiwan. Non c'è bisogno di molto tempo perché i quattro capiscano che è il caso di togliere il disturbo: si alzano, pagano il conto, cantano e se ne vanno.

"Corrado, ha visto che gentaccia?"

"Ho visto, Duong, ho visto."

Il pranzo è rigorosamente alla vietnamita, per qualità e quantità, con una pietanza unica, un pesce di lago servito su un piatto ovale e condito con verdure, noccioline e pezzetti di maiale. Portano anche due ciotoline con le salse, foglie di menta, cetriolo a fette e un piattino con sfoglie di riso, una specie di piadine sottilissime e trasparenti, che a vederle fanno pensare più alla plastica che al riso. Io e Carla ci guardiamo un po' perplessi.

"E adesso?"

"Si fa così," spiega Duong, "aprite una sfoglia di riso e con le bacchette ci mettete in mezzo un pezzo di pesce, aggiungete una foglia di menta, cetriolo, qualche goccia di soia e arrotolate."

Eseguiamo diligenti, sotto il controllo divertito di Duong: a vederci armeggiare con le bacchette dobbiamo fargli lo stesso effetto che a noi fanno i tedeschi quando arrotolano gli spaghetti con la forchetta e il cucchiaio. Il problema, con le bacchette, è riuscire a stringere quello che si vuole prendere. E siccome dobbiamo trasportare un pezzo di pesce dal piatto di portata alla piadina di riso, durante il tragitto il bocconcino ci casca un paio di volte. Ci vuole qualche minuto, ma riusciamo a comporre il ripieno. Adesso dobbiamo tuffare l'involtino nella ciotola piena di salsa rossastra che si annuncia piccantissima.

"È fatta con lime, peperoncino e cipolla."

"Sarà fuoco," dico.

"Non è molto forte, ma saporita."

Intingiamo la sfoglia di riso farcita, lasciamo colare un po' di salsa e azzanniamo.

Duong aspetta il responso senza aver ancora mangiato, per una forma di rispetto verso gli ospiti stranieri. Un colpo di sopraccigli verso l'alto gli fa capire che siamo contenti e un verso di piacere lo rassicura.

"È buono, vero?" domanda, bisognoso di conferme.

"Molto buono, Duong, bravo. È un piatto che mangiate anche a casa?"

"Oh no, Corrado, costa troppo."

"E cosa mangiate a casa?"

"Riso, zuppa, verdure."

La conversazione è familiare, tranquilla. Carla è incuriosita dall'abbandono della moglie di Duong.

"Duong," chiede, "perché sua moglie è andata via?"

"Vede, Carla, finché ero un ufficiale dell'esercito non abbiamo avuto problemi economici. Guadagnavo bene e anche se non stavo mai a casa e c'era la guerra, la mia famiglia viveva tranquillamente. Poi gli americani sono andati via, i comunisti hanno vinto la guerra e per noi sono cominciate le difficoltà."

Parla con tranquillità, senza rancore né rabbia, quasi che il racconto non riguardasse la sua vita ma quella di un altro. Mi sorprende il suo distacco.

"Il 3 aprile del 1975 ero nella Laikhe Base, quella che abbiamo visto prima. La mattina alle undici arrivarono i vietcong: ci arrendemmo senza combattere, perché non potevamo fare altro. Alla Laikhe Base, che era grandissima, portarono altri soldati sudvietnamiti fatti prigionieri lì intorno, e ci ritrovammo in diecimila. Ci misero una fascia bianca al braccio e ci tennero per tre giorni sotto le piante di caucciù. Poi ci mandarono a casa. Ero smarrito, non sapevo cosa fare: mia moglie aveva perso il lavoro, era insegnante, ma era anche la moglie di un ex ufficiale dell'esercito di Van Thieu e dunque era stata licenziata. Passarono due settimane senza che riuscissimo a capire cosa dovevamo fare."

"Ma non provò a fuggire?"

"Ci pensammo, ma eravamo fiduciosi, pensavamo che la fine della guerra portasse pace per tutti."

"E invece?"

"Quindici giorni dopo esser tornato a casa, il governo provvisorio disse per radio che chi aveva prestato servizio militare nell'esercito del Sud Vietnam doveva presentarsi in un certo posto per la rieducazione."

"E lei andò?"

"Ne parlai a lungo con mia moglie, pensammo a quello che ci poteva capitare se avessi cercato di scappare, alle ritorsioni che avrebbero potuto subire lei e i nostri figli. Pensammo pure a quello che sarebbe potuto succedere a me, nel campo di rieducazione. Alla fine decidemmo che era il caso di obbedire. E andai."

"E si ritrovò al K 4."

"Sì, Corrado, ma Carla mi aveva chiesto di mia moglie."

"Ha ragione, Duong, le chiedo scusa."

"Mia moglie era una donna molto dolce, molto affezionata a me e ai nostri figli. Il giorno in cui mi presentai ai vietcong voleva accompagnarmi ma non glielo permisi: sarebbe stato troppo pericoloso. Ci salutammo in silenzio, con un abbraccio fortissimo, davanti ai bambini che ci guardavano e piangevano: la notte prima mi aveva detto che mi avrebbe aspettato, e mi aveva raccomandato di stare tranquillo e di non fare pazzie, di obbedire con rassegnazione perché un giorno sarei tornato. Passarono tre anni, senza mai avere notizie di lei e dei figli. Quando mi fecero uscire, non ritrovai la nostra casa che era stata data a un ufficiale vietcong, mentre la mia famiglia era stata trasferita in un piccolo appartamento di due stanze e bagno, dove dovevamo vivere in cinque. Mia moglie era invecchiata, stanca, triste. A scuola non l'avevano fatta tornare e per vivere vendeva il tè davanti a casa: ogni mattina si alzava alle quattro, preparava il banchetto con il tè e le tazze e aspettava clienti sulla strada. Ogni tanto faceva qualche piccolo dolce ma era troppo rischioso, perché se non si vendevano tutti si perdeva denaro e non ce lo potevamo permettere. Con il tè, invece, non c'era rischio: anche quello avanzato si poteva rivendere il giorno dopo, bastava riscaldarlo bene. Però guadagnavamo poco e il mio ritorno aveva anche creato qualche problema, perché io non potevo lavorare ma dovevo mangiare, ero soltanto una bocca in più da sfamare. Eravamo disperati, con i bambini che avevano fame e noi che per risparmiare mangiavamo una volta ogni due giorni una ciotola di riso bianco con la salsa d'aglio e la soia. Anche se ero stato rieducato, io non potevo fare niente, ovunque mi presentassi per chiedere lavoro venivo rifiutato. La situazione era disperata, non sapevamo più cosa fare. Finché improvvisamente, da un giorno all'altro, mia moglie cominciò a preparare da mangiare tutti i giorni, riso, zuppe, verdure, anche un po' di carne e pesce. Le chiesi da dove arrivasse tutta quella ricchezza e lei mi rispose che gli affari avevano cominciato ad andare bene. Ritrovammo un periodo di serenità, sembrava che le cose dovessero mettersi al meglio. Ma non passò molto tempo e ripiombammo nel baratro: senza soldi, senza cibo, senza speranza. Una mattina andai in giro per Saigon a cercare qualche lavoro ma non trovai nulla e tornai a casa. Mia moglie non c'era: la aspettai, ma non tornò nemmeno la sera e neppure la mattina dopo. L'andai a cercare nel paesino dei genitori, ma neppure loro sapevano niente. Però incontrai un amico di lei, che mi prese da parte e mi volle parlare. 'Tua moglie aveva chiesto denaro in prestito,' mi disse, 'e non è più riuscita a restituirlo. Per questo è scappata.' Provai un dolore profondissimo, un'umiliazione terribile e in quel momento sentii di amare ancora di più questa donna che si era esposta per la famiglia. La tradizione vietnamita non obbliga il marito a restituire il denaro prestato alla moglie se lui non ne era informato: io non avevo mai saputo niente di quel debito e comunque, anche volendo, non avrei potuto restituire i cento dollari che aveva avuto."

Duong tiene ancora un involtino in mano. Ce l'ha da quando ha cominciato a parlare. Il cibo, per lui, è solo sopravvivenza: mangia quando c'è, e quando ce l'ha ne mangia poco, pochissimo. Tra il campo di rieducazione e la povertà della famiglia ha imparato a saltare i pasti e ha dimenticato, o forse non ha mai saputo, cos'è la voracità.

"Duong, mi dispiace," dice Carla.

"Lo so, lo vedo."

"Da allora non ha più visto sua moglie?"

"No, mai più. Mi ha detto che sta nella zona del Delta del Mekong e che vive su una barca."

"Vi parlate spesso?"

"Adesso che faccio la guida, ho un recapito telefonico all'agenzia di turismo e lei ogni tanto telefona per parlare con i figli."

"Lavorano anche loro nell'agenzia?"

"No, ma dormono con me negli uffici. Non abbiamo più una casa."

5.

I ricordi sono un tormento per Duong. Non c'è nulla di piacevole nella sua vita di oggi: sgobba come un matto, ha la preoccupazione, in mezzo a mille difficoltà, di far crescere i figli, ha un desiderio sfrenato di ritrovare la moglie, ha pochi soldi e pochissime prospettive, ed è pure sfortunato: "Ho provato due volte a scappare dal Vietnam, con i *boat people*, i battelli della disperazione. Ma mi hanno sempre ripreso, e una volta ho fatto pure quattro mesi di prigione".

"In Occidente si è sempre detto che qui c'erano vere e proprie bande di trafficanti che organizzavano i viaggi clandestini: è vero?"

"È vero, e d'altronde c'era troppa gente disperata e disposta a tutto pur di scappare. Con l'arrivo dei comunisti in molti avevano perso tutto quello che avevano, dalle case ai negozi. Chi era riuscito a conservare qualcosa era dispostissimo a rischiarla pur di andare via. Ci provai anch'io."

"Cos'è che non ha funzionato?"

"La prima volta, era la fine del 1979, avevo pattuito un prezzo di 1200 dollari per arrivare fino a Hong Kong. Eravamo un gruppo di sette uomini. Un'auto ci venne a prendere fuori Saigon e riuscimmo senza problemi a passare il confine con la Cambogia, sfruttando anche alcuni tratti del sentiero di Ho Chi Minh. Facemmo appena qualche chilometro in territorio cambogiano e ci bloccarono i soldati vietnamiti che avevano occupato il paese: finimmo in carcere e ci restai quattro mesi."

"E la seconda volta?"

"Fu più economica, perché per essere inserito nell'elenco dei partenti versai una caparra di 600 dollari, altrettanti ne avrei dovuto pagare una volta arrivato a Hong Kong. Questa volta saremmo dovuti fuggire per mare, con i *boat people*. L'appuntamento era su una spiaggia nella zona del Delta del Mekong: dovevamo incontrarci di sabato sera, aspettavo un uomo che non conoscevo con il quale mi avevano messo in contatto alcuni amici. Non arrivò nessuno e persi pure quei 600 dollari: il classico bidone."

"Duong, ma come aveva fatto ad avere tutti quei soldi?"

"Prestiti di amici, li sto ancora restituendo. Devo dire, però, per onestà, che adesso non scapperei più. Anzi, vi dico di più: se mi chiedessero di andare negli Stati Uniti, perfino se mi invitassero, risponderei 'Grazie, resto qui'. Dieci anni fa sarei andato di corsa, oggi non più."

"Nonostante tutto?"

"Nonostante tutto. Amo il mio paese e considero una fortuna fare la guida: giro molto, adesso che i turisti cominciano ad arrivare, dormo in letti comodi, mangio due volte al giorno e riesco perfino a mettere da parte qualche soldo."

Guarda al futuro ma pensa sempre al passato: i ricordi, quelli sono la sua rovina. Perché se spera che il domani possa essere migliore di oggi, sa che il passato era stato generoso con lui. E allora scattano i rimpianti.

"Quando c'erano gli americani si viveva bene, eravamo tutti contenti."

"Non certo quelli del Nord."

"Loro avevano un obiettivo da raggiungere ed erano disposti a tutto, perché non avevano nulla da perdere."

"E infatti hanno vinto."

"È per noi che è cambiato tutto, è come se avessimo fatto un salto indietro di qualche decina d'anni."

Parcheggiamo la macchina e Duong fa davvero un salto indietro di più vent'anni, fino al 16 aprile 1972. Siamo in cima a un colle, tra le case senza intonaco di un posto che si chiama Ban Ling. Oggi è un paesotto tranquillo, animato da un mercato vivace e dalle botteghe di molti meccanici che riparano a martellate camion e jeep scrostati, relitti terrestri della guerra che qui ha fatto morire migliaia di persone. "Qui c'è stato per qualche tempo il Quartier generale della v Divisione, prima che i vietcong facessero un massacro."

I ricordi, ancora. Guarda la facciata del palazzo dove lavorava e dormiva, dove passava le sue giornate insieme con il generale Le Nguyen Vy: "Era un grand'uomo, quando ha capito che la guerra era persa ha continuato ugualmente a combattere, ma quando ha visto i vietcong che arrivavano, ha impugnato la sua pistola e si è sparato in bocca".

È tornato a essere una scuola questo edificio che sembra lo scheletro di un palazzo, con le scale in vista, non più nascoste dai muri, i fori di proiettili che sembrano aver colpito come un vaiolo l'intonaco esterno venuto giù a pezzi e ancora pericolante in alcuni punti.

"Non hanno voluto restaurarlo," spiega Duong, "perché rimanesse come simbolo delle atrocità della guerra e, naturalmente, delle atrocità degli americani."

"Ma non è pericoloso per i bambini?"

"Certo che lo è, ma il governo locale ha deciso così."

È una costruzione larga e bassa, a tre piani: "Ma al terzo non si può andare perché le scale sono pericolanti e i pavimenti rischiano di non reggere il peso," dice Duong.

Siamo ancora fuori, nel piccolo piazzale di ghiaia che immette nel recinto della scuola. Per terra, stesi al sole su un grande taglio di stoffa nera, ci sono pesci a seccare, provvista per l'inverno, quando qui in collina farà freddo: prima ancora di vederli, sentiamo il loro odore acre. Ma sentiamo pure le voci dei bambini che ripetono la lezione, le loro risate, i canti. Duong è davanti a noi, forse solo con i suoi ricordi. Cammina lentamente verso l'ultima porta a destra, facendo scricchiolare la ghiaia con gli scarponi che porta, dalla suola di gomma molto alta, troppo pesante per il caldo che fa.

Duong si ferma davanti alla porta, sulla quale è attaccato un cartello con una scritta in vietnamita, una sola parola che probabilmente vorrà dire segreteria, presidenza o qualcosa del genere. Esce una donna e Duong la saluta: poi si gira verso di noi, che eravamo rimasti indietro. "Questa era la mia stanza," dice con l'occhio arrossato, e non dalla stanchezza.

"Lì c'era il tavolo e lì la branda. E qui accanto," aggiunge indicando una porta che immette in un'altra camera, "c'era il generale Nguyen."

Erano amici, si volevano bene. La guerra che li ha fatti conoscere e li ha uniti ha finito per separarli. Con il piombo.

"C'è stato un inferno, qui," è il racconto di Duong. "Le incursioni dei vietcong erano continue, non si fermavano mai.

Arrivavano dalla Cambogia, che da qui dista pochi chilometri, e attaccavano le nostre postazioni e il Quartier generale. Avevano anche armi pesanti e con i mortai distrussero tutte le case, una dopo l'altra."

E infatti sono tutte ricostruite, le case di Ban Ling, tutte nuove, e molte hanno un piccolo pezzo di terra che tutti coltivano a orticello: nessuno ha pensato di farne un giardino, perché soddisfare i bisogni primari è ancora la preoccupazione principale, l'estetica può aspettare. Soltanto la scuola è rimasta com'era.

"Stavamo asserragliati qui dentro," continua Duong, "disperati. L'ultima notte i vietcong spararono più di duemila razzi e la mattina tornarono con i carri. Riuscimmo a fuggire in elicottero, prima che ci ammazzassero tutti."

Dev'essere la ricreazione, perché i bambini escono dalle aule e giocano nel cortile. Sono pochi, una trentina in tutto, appena due classi. Vengono a guardare le nostre strane facce senza occhi a mandorla e ci salutano dicendo "Hallo". Sorridono, come fanno i bambini di tutto il mondo, anche se credo siano tra i pochi a fare lezione su un ex campo di battaglia, con i proiettili ancora conficcati nei muri. Mi viene in mente Roma, dove nelle pietre con cui è costruita Porta San Pancrazio al Gianicolo, ci sono ancora le palle di cannone sparate dai garibaldini. Anche quello, a suo modo, è monumento nazionale.

"Hallo", "Hallo" e di più non dicono. Pensando alle nostre abitudini, ci sorprende che nella pausa delle lezioni i bambini non mangino niente, non facciano una merenda: ma qui i costumi sono altri, e anche le possibilità sono diverse. Carla mette la mano nella borsa e afferra qualche caramella: non per sfamare, ma per affetto, simpatia, solidarietà. Da vicino ci osservano con più curiosità, toccano borse, macchine fotografiche e reclamano una foto di gruppo, con le ragazzine più attente dei maschietti alla posa da assumere.

Il professore, avrà una quarantina d'anni, è rimasto in classe, chino sul tavolo a leggere qualcosa.

"È un ex vietcong," dice Duong.

Le aule sono diverse dalle nostre, senza cattedre o banchi, ma con un unico grande tavolo intorno al quale, senza posti fissi, siedono tutti. E in fondo, sulla parete più grande, lo striscione di raso rosso con il volto ricamato di Ho Chi Minh, il padre della patria, che anche i bambini devono imparare a venerare.

"Venite, andiamo sopra," dice Duong.

Saliamo una rampa di scale che si regge per miracolo, ogni gradino è rotto, sbucciato, franato, e arriviamo a un ballatoio con altre stanze identiche a quelle del piano di sotto. Non vengono usate, perché non ci sono bambini per riempire tutte le aule, e così sono semplicemente abbandonate e quando impiegati o maestri non sanno dove mettere un rottame o dove buttare un vecchio registro, salgono quella rampa pericolante e gettano tutto dentro un'aula qualsiasi.

Duong è turbato. Le mani poggiate sulla balaustra, guarda in silenzio davanti a sé, oltre i tetti di lamiera delle case, oltre gli alberi, oltre le cime arrotondate delle colline. C'è la Cambogia davanti a lui, c'è l'orizzonte temuto dal quale arrivavano i proiettili e sbucavano i vietcong.

"L'elicottero atterrò lì dietro, appena dopo quell'albero."

Parla all'improvviso, senza che nessuno gli abbia chiesto niente.

"Ci sparavano da sotto e noi rispondevamo con la mitragliatrice dell'elicottero: non ci colpirono e riuscimmo ad arrivare alla Laikhe Base. 'Felici di rivederti, mister Duong,' mi dissero i camerati quando arrivai, 'sei stato fortunato a riuscire a scappare. Che cosa vuoi?' Chiesi qualche cubetto di ghiaccio, perché erano mesi che non avevo ghiaccio."

Chiude gli occhi e serra le labbra, come si fa quando si ricorda qualcosa di piacevole e spiacevole insieme.

"Venite, vi faccio vedere un'altra cosa."

È eccitato, colpito da un attacco di nevrosi da ricordo.

"Da quanto tempo non viene qui, Duong?"

"Molto, forse più di due anni."

Usciamo dalla scuola, e a piedi attraversiamo una strada polverosa, senza bancarelle o negozi, senza gente che passeggi. Arriviamo in una piazza dove si incrocia qualche bicicletta e poi giriamo a sinistra, in una stradina tranquilla, ombreggiata, con una grande costruzione bianca a un piano.

"Era l'ospedale americano, adesso è l'ospedale del paese."

Andiamo ancora avanti e dopo un prato che nessuno cura, spunta una stele bianca.

"È la fossa comune. Ci sono tremila vietnamiti, del sud e del nord, tutti quelli che sono morti in questo massacro."

Tremila morti per un paese in collina e se si pensa al risultato finale viene davvero da domandarsi il senso di tanto orrore: più di quattro milioni di soldati e civili vietnamiti di entrambe le parti sono stati uccisi o feriti, e dei tre milioni di soldati americani che hanno prestato servizio quaggiù, 58.000 non sono più tornati a casa. Sono stati talmente tanti i morti vietnamiti da seppellire, che è impressionante la quantità di cimiteri che si incontra lungo le strade: una stella rossa, qualche foto di Ho Chi Minh, lapidi bianche e la scritta Liet Si, che significa eroe.

"Venite, venite."

Duong ha ancora qualcosa da farci vedere. È più calmo, ma non ha ancora perso la carica nevrotica; a passo veloce torniamo alla scuola per riprendere la macchina. Nel cortile non c'è più nessuno, adesso, i bambini sono rientrati nelle aule per fare lezione. Imbocchiamo un viale lungo e in discesa, che muore davanti all'inizio di una boscaglia. C'è un grande Cristo bianco, davanti a noi, con le braccia spalancate per accogliere tutti e abbracciare chi crede in lui. Non ha più la testa.

"I vietcong," spiega Duong, "si sono arrampicati sulla statua e hanno buttato giù la testa dopo averla usata anche come bersaglio per le loro armi. I cattolici che abitano qui, non molti, in verità, avevano raccolto denaro e fatto scolpire un'altra testa. Il governo locale, lo stesso che non ha voluto far restaurare la scuola, ha impedito pure che fosse rimpiazzata la testa del Cristo."

"Mi lasci indovinare, Duong, un'altra testimonianza perenne sugli orrori della guerra?"

"Hanno detto proprio così."

Collezioniamo orrori in questo tour dei Battle Fields, i campi di battaglia. E se vediamo la tragedia delle case sventrate, dei corpi mutilati, delle foreste trasformate in deserto, delle famiglie decimate dai morti, possiamo immaginare la disperazione di chi tra lagune e campi di riso è stato mandato a combattere senza nemmeno sapere perché: "Ho dormito per anni con i ragazzi americani," dice Duong, "parlavano della guerra e dicevano che non erano voluti venire ma ce li avevano mandati. E avevano paura quando pattugliavamo di notte e dormivamo all'aperto, quando improvvisamente c'era troppo silenzio, quando pensavano alle mogli e alle fidanzate".

L'inferno c'è stato per tutti, da una parte e dall'altra. Facciamo fatica noi, a camminare senza pesi, con scarpe comode, coccolati da Duong e dall'autista che ci offrono tovagliette rinfrescanti ogni volta che ci vedono sudare e ci fanno trovare la macchina bella fresca con l'aria condizionata al massimo, figuriamoci cosa vuol dire dover camminare tra gli alberi con la tuta da battaglia, lo zaino, il fucile e l'elmetto, divorati dalla tensione e dalle zanzare, dalla paura di poter cadere nelle trappole o nelle imboscate. "Poveri americani" ancora non si può dire in Vietnam e chi ha sparato contro di loro ha mille ragioni per non volerlo nemmeno sentire. Ma "poveri americani" possiamo dirlo noi, adesso che abbiamo passeggiato su questi sentieri, ci siamo arrampicati sulle colline, affacciati nella giungla tra il caucciù e i rovi, gli acquitrini e le canne di bambù, dove si va avanti a colpi di machete e si conquista ogni passo combattendo con la natura.

La tortura di vivere, in questa guerra, è stata soprattutto per gli americani, perché il Vietnam non era casa loro, e proprio questo sarebbe stato un motivo sufficiente per tenerli lontani. E invece succede che ancora oggi, diciotto anni dopo l'arrivo dei vietcong a Saigon, si cercano centinaia di soldati americani scomparsi, di cui non si hanno più notizie e di cui non sono mai stati trovati i corpi. *Missing in action*, li chiamano.

"Li cercano ancora," dice Duong. "Un gruppo è venuto proprio da queste parti, recentemente. Secondo le loro informazioni, alcuni soldati americani sarebbero stati tenuti prigionieri. La polemica sui campi di concentramento per gli americani sembra ormai superata, perché davvero non dovrebbero essercene più, però non sono pochi i militari Usa morti in prigionia."

"Chi è venuto a cercare gli americani?"

"Altri americani, ovviamente. Non so se erano della Cia o dei Marines, ma sono arrivati in dieci, hanno usato bulldozer e ruspe, hanno scavato e trovato."

"Cos'hanno trovato?"

"Mucchietti di ossa e, credo, qualche targhetta. Ma la faccenda è molto delicata e di più non so. Sono rimasto con loro mentre scavavano, ma a un certo punto mi hanno fatto allontanare, proprio perché non vedessi niente."

"Non si fidavano di lei?"

"Non lo so, ma non credo, perché sapevano che ero stato ufficiale dell'esercito del Sud Vietnam. È una questione troppo delicata, non so nemmeno se il loro arrivo e le loro operazioni erano state autorizzate a livello ufficiale."

"Cosa vuole dire, Duong, che Vietnam e Stati Uniti trattano segretamente?"

"Non mi stupirebbe. Abbiamo troppo bisogno di aiuti economici per poter essere veramente intransigenti. L'immagine che siamo costretti a dare è quella del rigore ideologico assoluto, però credo che il governo sia disponibile alla trattativa."

È proprio questo il punto fondamentale del futuro del Vietnam. I dirigenti di questo stato sostengono che il Vietnam, in quanto paese del Terzo Mondo, intende incoraggiare le libertà individuali solo finché non minaccino l'obiettivo prioritario della stabilità nazionale. E come spesso ribadisce autorevolmente il quotidiano delle forze armate "Quan doi" solo il Partito comunista è considerato il garante fondamentale di tale stabilità. Un'argomentazione che sembra ricalcare quelle del Partito comunista cinese e che si presta bene a condurre ogni schermaglia ideologica, interna ed esterna, sul filo dell'equivoco. Perché così il governo vietnamita insiste nel sottolineare quanto sia difficile "dissociare le libertà democratiche dalle condizioni economiche di un paese".

"Noi," ripetono i dirigenti, "non riteniamo che esista una formula universale: più la situazione economica migliora più andremo avanti sulla via della liberalizzazione."

Attualmente i prigionieri politici in Vietnam non sarebbero più di sessanta, secondo le valutazioni occidentali e i rapporti annuali di Asia Watch, un'organizzazione americana specializzata in affari asiatici, secondo la quale non esisterebbero più i campi di rieducazione in cui furono internati migliaia di sudvietnamiti legati al regime filoamericano. Duong c'è stato, era nel campo K 4, nella provincia di Dong Nai.

"Duong, com'era la vita nel campo?"

Siamo soli adesso, io, lui e Carla. Siamo a Binh Duong, paese tranquillo che sorge sulle rive di un fiume lungo il quale ogni sera si anima un mercato notturno. Sorride, Duong: questa giornata da reduce deve avergli dato il coraggio di raccontare, perché lo vedo agitarsi sulla sedia, sistemarsi in posizione di battaglia verbale: afferra il sedile con le mani per mettersi più comodo, poggia i gomiti sul tavolo e rimbalza con gli occhi tra me e Carla.

"Com'era, Duong?"

"Durissima. Sveglia alle cinque di mattina e lavoro fino alle undici, nella foresta o nei campi, sotto un sole che bruciava, a tagliare alberi, scavare buche, smuovere rocce. Verso mezzogiorno si mangiava."

"Che cosa?"

"A pranzo ci davano due tazze di riso e altre due a cena. A colazione, invece, una sola."

"E vi bastava? Voglio dire, avevate energia sufficiente per fare tutti i lavori che vi chiedevano?"

"Il cibo era poco e cattivo e chi poteva cercava di farsi mandare da casa del denaro per comprare un po' di zuppa o di carne."

"Non facevano controlli?"

"Se scoprivano il denaro lo sequestravano."

"E lo scoprivano?"

"Quasi sempre."

"Dopo il pranzo cosa facevate?"

"Dall'una e mezzo alle quattro si lavorava ancora e alle quattro e mezzo c'era l'appuntamento 'politico'."

"In cosa consisteva?"

"C'era qualcuno che parlava di politica, diceva che il comunismo era l'unica cosa giusta e tutto il resto era sbagliato. Parlavano per ore, ma nessuno di noi li ascoltava: cioè, con il corpo stavamo lì, ma la mente era altrove."

"A cosa pensava?"

"A volte a casa, altre volte ero talmente stanco e disperato che non avevo nemmeno la forza di far funzionare il cervello o di immaginare qualcosa."

"Eravate tanti?"

"Diverse centinaia, ma molti sono morti."

"Come?"

"La maggior parte stroncati dalla fatica e dagli sforzi, perché il lavoro era duro e il cibo poco e cattivo. Li vedevi spegnersi piano piano, rallentare il ritmo delle zappate o dei colpi di ascia sulla corteccia degli alberi, li vedevi marciare più lenti quando tornavamo nelle casupole con le catene ai piedi, finché, all'improvviso, cadevano e costringevano la colonna a fermarsi. Pugni, calci, botte con la canna del fucile non servivano a farli rialzare: erano morti o desideravano esserlo."

"I vietcong non hanno mai ammazzato nessuno?"

"Oh sì. Chiunque tentasse di scappare veniva ammazzato."

"Cosa vi dicevate, di cosa parlavate tra di voi?"

"La sofferenza crea solidarietà ed eravamo tutti molto amici tra di noi: ci facevamo coraggio e se qualcuno aveva cibo lo divideva con gli altri."

"Vi picchiavano? Vi torturavano?"

Silenzio.

"Duong. Vi picchiavano? Vi torturavano?"

Silenzio.

"Duong?"

Non siamo più soli. Nel piccolo giardino dell'hotel di Binh Duong è appena entrato un uomo: avrà una quarantina d'anni, è basso, ha il naso schiacciato, l'aria cattiva, e una donna accanto. Non c'è il cameriere, non c'è nessuno che serva ai tavoli, così il basso cattivo e la donna restano in piedi, ad aspettare che qualcuno arrivi. E Duong non gli toglie gli occhi di dosso, e avvicina le palpebre sempre di più, e serra le labbra e stringe le mascelle e suda. Il basso cattivo guarda verso di noi, ma siamo in ombra e non ci può vedere bene. Duong si alza senza far rumore, va verso la strana coppia, dice qualcosa in vietnamita e tende la mano all'uomo. Se la stringono e il basso cattivo dà manate sulle spalle di Duong e si rivolge alla donna parlando di Duong e chissà cosa dice.

"Ma chi è? Chi è secondo te?"

"Proprio non ho idea," risponde Carla.

Aspettiamo che finiscano di parlare, ormai sembrano avere una familiarità da vecchi amici. "Ma se si conoscono così bene," dico a Carla, "perché Duong si è innervosito vedendolo entrare?"

"Corrado, non so cosa dirti."

Passano cinque minuti, prima che Duong torni a sedersi con noi mentre la strana coppia si allontana dalla parte opposta.

"Duong, chi era quel signore?"

È improvvisamente gelido, irrigidito sulla sedia. Risponde senza guardarci, con il viso pietrificato che lascia muovere soltanto le labbra. Parla con lentezza, gli occhi fissi nel vuoto.

"Non mi vedeva da molto tempo, ma sapeva tutto di me. Ha detto che sono molto contenti del mio comportamento."

"Duong, chi era?"

"Il comandante del K 4."

6.

I morti meritano rispetto. E qui a Cu Chi, una quarantina di chilometri a nord-ovest di Saigon, i morti sono stati migliaia. Cu Chi occupa una pagina speciale nella storia della guerra, e non soltanto di quella del Vietnam, perché è una città sotterranea, completamente costruita sotto la boscaglia con un dedalo di gallerie e tunnel a diversi livelli, dai due ai sette metri di profondità, per un'estensione complessiva di duecento chilometri. Non è un gigantesco bunker, ma una vera città, con cucine, stanze, sale riunioni, ospedale, una base operativa dei guerriglieri che di giorno vivevano qui sotto e di notte uscivano per compiere attentati, sabotaggi, incursioni. Colpito l'obiettivo, rientravano nei tunnel e chiusi i tombini sopra le loro teste, diventava impossibile ritrovarli.

Finita la guerra, Cu Chi è diventato un museo, un business dell'orrore completo di ristorante e sala giochi, dove tra pannelli che ricostruiscono la giungla è attrezzato un tiro al bersaglio con le armi originali della guerra. *Go and shoot*: "Vai e spara", dice il cartello che incita all'emozione bellica. Un dollaro a pallottola per puntare la canna di un AK 47, mitra di fabbricazione sovietica, contro sagome di cartone. Il gioco non mi piace, e anzi, mi infastidisce. Mi dà pure fastidio l'atteggiamento troppo rilassato del Corpo di Guardia, una decina di sfaticati soldati in uniforme e con le carte in mano, seduti a uno dei tavoli del bar e impegnati in una partita di chissà quale gioco. Non chiedo di vederli sull'attenti, come stoccafissi sotto il sole che brucia, ma così mi sembra perfino offensivo, per loro stessi, innanzitutto, e per questa parte del Vietnam che secondo Tom Mangold e John Pennycate, due studiosi americani, è stata "la zona più bombardata, mitragliata, cannoneggiata, gasata e defoliata nella storia della guerra".

Facciamo il biglietto e uno di quei militari poggia con fastidio le carte sul tavolo, si alza e ci accompagna sotto una grande capanna per il "documentario". Ci sono due turni, a lingue alternate, una per i vietnamiti e una per gli stranieri con il commento in inglese. Sul grande schermo scorre una specie di film luce sulle brutalità, verissime, commesse dagli americani. Non c'è finzione scenica e si vedono bambini mutilati, gente che fugge, guerriglieri torturati, cataste umane di morti, tonnellate di bombe sganciate dai B 52 e fiamme che avvolgono e bruciano ogni cosa, ed è una bellissima voce di donna a spiegare che fino al 1965 qui c'era una piantagione di caucciù e di frutta mentre le note di un'arpa struggente riempiono i silenzi del film, quando sullo schermo cadono ancora bombe e si vedono altri morti e altre disperazioni.

Il martellamento americano su Cu Chi è stato micidiale, perché i generali a stelle e strisce non riuscivano a capire da dove potessero arrivare i commando di guerriglieri: anche se con speciali rilevatori a raggi infrarossi era stata evidenziata la presenza umana in quella zona, e pur immaginando che i vietcong avessero potuto costruire una serie di collegamenti sotterranei, gli strateghi americani non riuscivano a individuare i nascondigli. L'unico sistema, dunque, era bombardare. Anche perché le poche volte che veniva scoperto l'ingresso di un tunnel, i soldati che azzardavano a scendere sotto terra venivano regolarmente ammazzati: o dai vietcong che li aspettavano nascosti dietro un angolo oppure dalle terribili trappole realizzate con canne di bambù acuminate e avvelenate, sistemate in una buca profonda qualche metro e nascoste da erba e foglie secche.

La botola è la prima cosa che ci fanno vedere. Anzi, che ci invitano a scoprire.

"Dov'è la botola?" chiede la guida militare.

Siamo sicuri che c'è, ma non si riesce proprio a trovare. Per terra c'è un disordine naturale di foglie secche ed erbacce, ma pur sezionando con gli occhi questi venti metri quadrati non si riesce a individuare l'apertura. Ci lascia cinque minuti. Inutilmente.

"Va bene, allora, ve la mostro io."

Sposta un po' di foglie e la botola compare. La bocca del sottosuolo è un quadrato di mezzo metro di lato, impenetrabile per una qualunque persona occidentale di taglia media. Per loro, piccoli, magri, sottili, agili, quei cinquanta centimetri di lato erano uno spazio sufficiente per infilarsi: gli americani non ci passavano e quando scoprivano una botola dovevano farsi annunciare da una bomba a mano per poter sperare di passare, a meno che non si facessero precedere dai sudvietnamiti. I sentieri di guerra trasformati in attrazione turistica hanno avuto bisogno di qualche lavoro di ristrutturazione: e infatti adesso passaggi e cunicoli sono più larghi, adeguati alle spalle dell'Occidente.

"Nei cunicoli fa molto caldo, perché c'è pochissima aria," dice Duong, "nessuno ha pensato di mettere l'aria condizionata."

Poverino, ride. È la prima battuta che gli sentiamo fare, e non è che gli sia venuta benissimo. Però, per incoraggiarlo, sorridiamo anche noi.

"Se non vi dispiace non scendo," aggiunge Duong, "vi aspetto fuori."

"Le danno fastidio i tunnel?" chiede Carla.

"No," risponde mentendo, "li ho già visti tante volte."

È una bugia. Il terrore per gli spazi angusti è un regalo del campo di rieducazione. Tra le punizioni, inflitte anche senza alcuna ragione, c'era la gabbia, in due versioni, asciutta o bagnata. Quella bagnata prevedeva un ammollo prolungato dentro il fiume o il lago, chiusi in una gabbia di bambù con soltanto la testa fuori dell'acqua. Poteva succedere di tutto, che arrivassero serpenti d'acqua o topi. La gabbia asciutta, invece, era un martirio da sepolto vivo in una cella sotterranea senza luce: un tunnel peggiore di questi e Duong non ha alcuna intenzione di rinfrescarsi la memoria.

"Tenete la testa bassa, mi raccomando."

Scendiamo i gradini di questa prima esplorazione seguendo il militare che è di poche, pochissime parole. Parla un buon inglese ma evidentemente non gli va molto di spiegare, mostrando, così, anche uno scarso sentimento patriottico. I gradini, naturalmente, non c'erano e sono stati fatti per rendere più agevole la visita.

Scendiamo, allora, passando sotto un cartello verde bilingue che in vietnamita e in inglese avverte che stiamo entrando nella "sala riunioni". Quattro gradini e sparisce la luce e non bisogna soltanto abbassare la testa ma camminare come gobbi, con la schiena completamente piegata. Carla è davanti a me, e vedo che scivola abbastanza bene, nel senso che la dimensione del cunicolo è abbastanza spaziosa per lei. Io sbatto da una parte e dall'altra, come un bob su una pista irregolare: ho il solito problema delle spalle e il desiderio di riprendere tutto con la telecamera. Concentrato sull'obiettivo, trascuro la volta del tunnel, veramente troppo bassa per me. "Toc," ed è la prima craniata.

"Tutto bene?" si preoccupa, o finge, la guida.

"Tutto bene, grazie."

Percorriamo un breve tratto camminando piegati in due e sbuchiamo in un piazzale di trenta metri quadrati.

"Questa è la *meeting room*, la sala delle riunioni," spiega il soldato, "dove il comitato centrale si incontrava e discuteva prima di prendere ogni decisione."

C'è un grande tavolo al centro, evidentemente costruito a pezzi fuori e montato qui sotto, e qualche sedia.

"La sala poteva contenere al massimo cinquanta persone."

Il problema non era soltanto lo spazio ma anche l'aerazione: nonostante vi fosse un sistema sofisticato di canalizzazione dell'aria, attraverso piccoli fori che venivano fatti nel terreno in corrispondenza delle stanze, un affollamento eccessivo in spazi che comunque erano angusti poteva far mancare l'aria. Anche perché qui sotto fa un caldo terribile, l'umidità è pazzesca e qualunque movimento costa fatica: almeno per noi.

C'è la luce elettrica, ora che Cu Chi è attrazione turistica, ma quando si combatteva si usavano le lampade a olio d'arachide che non fa fumo, con fiammelle tenute comunque sempre bassissime.

"Da qui," spiega ancora il militare, "si poteva proseguire verso le altre stanze della città sotterranea e per ragioni di sicurezza erano state pure previste alcune 'vie di fuga'. Il comitato centrale era un organismo importante e per i dirigenti era stato costruito un tunnel che portava rapidamente al secondo livello, sette metri sotto terra. Avvicinatevi, prego."

Solleva una botola e si spalanca un'altra bocca della terra, con alcuni pioli attaccati alla parete a fare da gradini e facilitare la discesa. Il soldato mi guarda e ghigna, più che sorridere.

"Vuole provare?" mi dice.

"Grazie, preferisco di no."

"Allora venga di qua," e mi porta sotto la volta di un altro tunnel che comincia in fondo alla sala riunioni. Spinge un interruttore e si accende la luce: il tunnel è leggermente in discesa, non mi dice dove porta. Però solleva un'altra botola e in fondo alla buca compare una decina di inquietanti canne di bambù appuntite come punteruoli e ancora verdognole, forse perché ogni tanto le cambiano. Centinaia di americani sono finiti allo spiedo in questo modo, su queste mine antiuomo rudimentali ma efficaci come la dinamite. Mi fa impressione e perfino un po' rabbia, perché è la prima cosa che questo ex vietcong mostra con orgoglio.

Si va avanti. Ci ripieghiamo come un dépliant e procediamo. Accanto alla sala riunioni c'è la stanza del comandante e del suo assistente: più che spartane, un letto e un tavolo ciascuno. Anche qui via di fuga di secondo livello, per mettere in salvo il leader: in tre minuti si arrivava fino a cinquanta metri sottoterra, dove i soffitti erano per forza rinforzati da travi di legno. Esattamente come in miniera.

La città sotterranea sarebbe ancora agibile, ma per ragioni di sicurezza e anche per evitare un'inutile tortura ai visitatori, è stato organizzato con intelligenza un itinerario esterno: si entra e si esce dalle gallerie, evitando di percorrere come metropolitane i corridoi di collegamento e rituffandosi nel sottosuolo soltanto per visitare i locali interessanti. Come l'ospedale, attrezzato con sala operatoria e qualche letto di degenza per i feriti più gravi. C'è ancora un armadietto, un po' sporco e impolverato, che custodisce alcuni ferri: c'è un bisturi, molte forbici, divaricatori.

"Decine di bambini sono nati qui," dice la guida.

È impressionante, perché non è affatto improvvisazione disperata, ma organizzazione scientifica, non di una élite di eroi, ma di una città con centinaia di abitanti guerriglieri, con una rigida divisione dei compiti. La cucina è grande e attrezzata, con pentole e fornelli, con una rete di comignoli, che funzionavano come tubi di scappamento sparsi in tutta la boscaglia per evitare che imponenti nuvole di fumo ne rivelassero la presenza: il fil di fumo che usciva un po' qua e un po' là, sembra non sia mai stato notato da nessuno.

Accanto alla cucina c'è una sala da pranzo, una delle stanze più alte, cioè costruite a una minore profondità. È qui che finisce il tour, intorno a un tavolo dove una vecchia guerrigliera, il volto segnato dalle rughe degli anni e dei lutti, offre ai turisti di oggi quello che i guerriglieri mangiavano allora. Su una foglia di banano è presentato un pane di riso raffermo, impastato per farlo conservare il più a lungo possibile: viene tagliato e servito a fette, sulle quali sono sparse delle spezie per dare un po' di sapore.

La vecchia, elegante nell'*ao-dai* nero, l'abito tradizionale delle donne vietcong, ci porge le nostre fette.

"Buono," dice Carla, sensibile all'ospitalità.

Sorrido e scelgo l'intimità linguistica per confessare a Carla quello che penso: "Ha un sapore orrendo".

Trangugiamo con fatica questi bocconcini, per fortuna saranno stati dieci grammi, sorridendo alla vecchia e al militare.

"Corrado, Corrado."

È Duong che mi chiama: è entrato nella sala da pranzo per istruirmi su quello che devo fare.

"Per favore, Corrado."

"Che c'è, Duong?"

"Deve ringraziare la guida e la donna che vi hanno offerto del cibo."

"Va bene."

Mi schiarisco la voce e con tono molto formale, come mi sembra di aver capito che piaccia ai vietnamiti, pronuncio la seguente frase: "Voglio ringraziarvi per averci fatto visitare la gloriosa città di Cu Chi e per averci offerto questo riso, cibo dell'eroico popolo vietnamita".

Dalle facce si illuminano sorrisi compiaciuti, mi giro di tre quarti verso Duong che è tutto contento e mi fa un applauso silenzioso. Dalla tavola imbandita, si fa per dire, spuntano canne da zucchero tagliate e tazzine di tè.

"Grazie, grazie."

"Prego, prego."

Comincia un ping-pong di dolcezze e complimenti: ma la canna, già sbucciata e pronta per essere succhiata, è parente stretta del riso e, come quello, è proprio cattiva. Del tè non si può dir male, ci danno pure dello zucchero, sempre di canna ovviamente, e ci concediamo qualche piacevole sorsata.

La gita è finita e andiamo in pace, verso l'aria libera e l'uscita. Non prima di aver generosamente ricompensato la guida, alla quale Duong consegna diecimila dong, un dollaro. Potere del denaro, adesso il soldato sorride e mette in fretta in tasca quelle banconote, che non dividerà mai, ne sono sicuro, con gli altri compagni di plotone.

Tra umidità, sali minerali dispersi con il sudore e schifezze ingerite nella cucina vietcong, la sete è devastante. Coca-cola non c'è, qui a Cu Chi, per una scelta politica che sembra opportuna, ma l'acqua minerale va benissimo. Si compra in uno spaccio che è mercatino di qualunque cosa, dai gioiellini, veri e finti, a prezzi da Fifth Avenue newyorkese, agli *ao-dai*, gli abiti tradizionali, neri, eleganti e belli, fatti con un cotone molto pesante. Taglia unica per le donne, costo trenta dollari. Carla li guarda, li prova, è indecisa. Si distrae con le farfalle, una miriade di farfalle che volano tra gli alberi e i cespugli e arrivano anche dentro questo piccolo shopping center, come direbbero gli americani, e non hanno paura delle persone, non scappano e si lasciano guardare da vicino, con le ali aperte e le antenne dritte.

"Guarda," mi dice Carla indicando le farfalle, "sono grandi e colorate, ma tutte punteggiate di nero."

La commessa, vestita proprio con l'abito nero, bella come sono belle le vietnamite belle, le spiega il significato di quel vestito.

"L'*ao-dai* nero era l'abito delle ragazze della guerriglia: lo indossavano nelle azioni notturne, perché al buio erano invisibili. Erano giovani eroine, molto coraggiose: tante, tantissime sono state uccise ma sono rimaste tutte qui, perché le ragazze che hanno perso la vita con il fucile in mano sono volate via, hanno messo le ali e sono diventate farfalle. Sono loro a volare intorno a noi, ci tengono compagnia, sono contente che il popolo vietnamita abbia vinto."

Mi guarda, Carla, e resta con la giacca nera in mano. La poggia sul bancone, piega le maniche, accarezza la stoffa, sorride alla ragazza: "Grazie, no".

7.

La malinconia accompagna il ritorno verso Saigon. Restiamo in silenzio, con la radio spenta e i finestrini abbassati, perché non c'è più nemmeno bisogno di tenere accesa l'aria condizionata: c'è un po' di vento che ha portato via le nuvole e l'aria è pulita, quasi lucida, con l'azzurro del cielo e il verde dei campi di riso che si scontrano davanti a noi, alla fine della strada grigia. E rispuntano i cappelli bianchi a triangolo, si rivedono i bisonti pigri e lenti, incontriamo ancora le spigolatrici di riso, messo a seccare sull'asfalto, le mondine, i ragazzi che nei canali tengono a bada le anatre e dal torrente le fanno rientrare nei recinti accanto alle case guidandole da una barchetta come i nostri pastori fanno, a piedi, con il gregge.

Guardo questa pace e ripenso a Cu Chi, alle farfalle della guerra, alle ragazze guerrigliere, a chi per anni non ha visto il sole e la luce, e usciva soltanto di notte per andare a sparare o a tirare una bomba. E volo indietro di venticinque anni, ripenso alle strade di Roma, alle bombe tirate intorno a casa mia. Sono ricordi di un bambino che torna a casa da una gara di nuoto. Ho una decina d'anni e sono in macchina con mamma e papà, fieri di essere i genitori di un ragazzino così veloce a stile libero, il più veloce d'Italia. È sabato sera, verso le sette. C'è Nixon a Roma, il presidente "boia". Siamo fermi in macchina, al semaforo tra corso Vittorio Emanuele II e piazza Argentina, quando una palla che brucia passa a mezzo metro da noi. "Che succede?" chiede mia madre. Non c'è tempo per rispondere: la bomba molotov scoppia a pochi centimetri da noi. Mamma piange, papà ingrana la prima e sgomma via, urlando di stendermi tra i sedili davanti e quelli di dietro. E poi altre fiamme e altri scoppi, gli squilli di tromba della polizia che carica e io che non m'ero sdraiato ma soltanto accucciato vicino al finestrino vedo ragazzi in divisa con il casco e gli scudi che corrono con i manganelli in mano, altri con fazzoletti legati intorno alla testa e capelli lunghi che scappano. "Stai giù," grida papà e allora mi distendo tra i sedili e non vedo più niente. Ma ricordo che non avevo paura e mi sentivo fortissimo, perché stavo con mamma e papà.

"Ehi, ehi, guardate il serpente."

È Duong che mi scuote.

"Dov'è, dov'è?"

"Lì dietro, a sinistra, sta uscendo dalla strada."

È come un filo che corre attorcigliandosi verso l'erba, brutto da vedere.

"Duong, che cos'era?" chiede Carla, che proprio non ha simpatia per i rettili.

"Non so esattamente, però potrebbe essere una vipera d'acqua."

"Velenosa?"

"Moltissimo."

Carla fa una smorfia e si gela quando sente la domanda di Duong.

"Ma vi piacerebbe mangiare un serpente?"

Esulto. Nella mia collezione di conquiste alimentari il serpente è un assente illustre.

"Certo che sì," dico a Duong.

"Bene, ci penso io."

Carla è più depressa di prima. Se pensava a una consolazione gastronomica dopo una giornata di grande intensità emotiva, teme che sarà una serata difficile, ma con grande affetto non osa contraddirmi. Si preoccupa, giustamente, di poter avere qualche alternativa alimentare.

"Duong," chiede, "ma dove andremo a mangiare serpente?"

"In un ristorante di alcuni amici. Anzi, dobbiamo fermarci a telefonare per ordinarlo."

"Come sarebbe ordinarlo?"

"Beh, certo, mandano un ragazzo nella giungla a prendere il serpente: non li abbiamo mica surgelati."

"Mi faccia capire bene. Noi adesso telefoniamo, cioè, quando incontreremo un posto con telefono, e ci vorrà del tempo, e quelli del ristorante spediscono uno nella giungla a cercare un serpente per noi. Ma non sarebbe più pratico avere un allevamento?"

"Non credo proprio, Corrado, bisognerebbe dare da mangiare ai serpenti tutti i giorni."

"Ma che serpente caccerà?"

"Cobra, credo."

"Cobra?"

Carla ha un fremito. Solo a sentir parlare di una cena al serpente sta male, se poi si specifica che in tavola arriverà un cobra, beh, si agita proprio.

"Io non vengo, Corrado, ti aspetto in albergo."

"Ma dai, che vuoi che sia?"

"Come che vuoi che sia? Portano a tavola un cobra e tu dici che vuoi che sia? Solo pensarci mi fa orrore."

Duong non capisce una parola, perché la conversazione privata avviene in italiano, però vedo che è incuriosito, a metà tra il divertito e il preoccupato: deve aver capito che Carla ha serie riserve sul menù della serata, e questo lo fa sorridere, però ha sentito i toni un po' vivaci della discussione e teme di aver innescato una lite. Mi tocca tranquillizzarlo.

"Nessun problema, Duong. Sa, Carla non ama il serpente."

Duong ride e spiega all'autista quello che sta succedendo.

"Carla," dice, "non si deve preoccupare. I miei amici sono i proprietari di un ristorante cinese dove potrà mangiare quello che vuole."

"Meno male."

E siamo tutti più tranquilli.

L'appuntamento col cobra è alle otto precise. Duong e l'autista ci vengono a prendere in albergo e puntiamo direttamente verso l'Hoa Dao Restaurant, al 363 di Le Van Sy, nella zona di Cholon, il quartiere cinese. Ci aspettano, anche perché il serpente è un piatto costoso, ancora non so quanto, e appena ci vedono arrivare vengono ad aprire gli sportelli della macchina e a spalancare le porte del ristorante. Che non è male, piastrellato con mattonelle marroncine, brutte ma pulite, tovaglie bianche ben inamidate, forse un po' troppo perché sono quasi rigide, simpaticissimi poggiabacchette di ceramica a forma di drago: li usano per non sporcare la tovaglia, perché i cinesi non cambiano né piatti né bacchette. Ne rubiamo subito due, ma siccome ci piacciono molto, chiediamo se è possibile averne qualcuno. Alla fine della serata porteremo via dodici poggiabacchette, un servizio completo che usiamo a Roma.

Superati i convenevoli, ci fanno accomodare al nostro tavolo, al centro della sala, e pare sia un segno di rispetto. Il ristorante è abbastanza affollato, ma c'è una squadra di camerieri numerosa ed efficiente che assicura un servizio puntuale.

"Tutto a posto?" domando a Carla.

"Per il momento sì."

Chiedono cosa vogliamo da bere, portano le noccioline, ma tutta la nostra attenzione è concentrata sul serpente. Duong capisce e sorride.

"Adesso arriva," dice.

"Come sarebbe arriva, ce lo portano subito?"

"Non proprio. Vedrà."

Dalla cucina esce il maître con lo smoking nero, seguito da un signore in borghese che ci viene presentato come il proprietario del locale. È carico d'oro come una Madonna, ma ha quasi il deserto in bocca: evidentemente più che farsi aggiustare i denti ha preferito investire in anelli e bracciali. I camerieri sono tutti schierati intorno a noi in attesa di qualcosa che Carla e io non riusciamo a capire. Ci guardiamo intorno, per rubare con gli occhi una soluzione, ma non c'è niente da fare. L'attesa dura ancora qualche istante, finche il maître fa un cenno a un cameriere che entra in cucina e ne esce seguito da un giovane con la camicia maculata a pelle di serpente, un paio di jeans e i sandali. In mano, ha una piccola sacca di iuta.

"Ecco il serpente," dice Duong.

Il ragazzo si sistema tra la porta d'ingresso e la cassa, si mette a suo agio e lascia che il bordo del sacchetto si scosti leggermente. Spunta il cobra dalla tela marrone, e la lingua saetta da tutte le parti, gli occhi si allargano, la testa si gonfia ed è bellissima da osservare.

"Aiuto," grida Carla, scatenando le risate dei camerieri.

È lo show del cacciatore, un ragazzo che avrà non più di vent'anni.

"Carla, stia tranquilla, è un professionista."

Proprio tranquilli non si riesce a stare. È inimmaginabile quello che succede qui dentro. Perché il cacciatore di serpenti libera il cobra e lo controlla soltanto con delle leggere prese sulla coda: l'afferra e lo tira indietro. Se sbaglia una presa, il cobra addenta qualcuno. Anche perché a due metri da lì c'è un tavolo affollato da sei persone che mangiavano con gusto prima che iniziasse lo show, e continuano tranquillamente a mangiare anche ora che questo rettile di un metro e mezzo, velenoso come l'arsenico, si agita a una manciata di centimetri da loro. E non si scompongono minimamente nemmeno altri clienti che entrano, danno un'occhiata al serpente e al suo incantatore cambiano traiettoria per evitare il morso e procedono verso il loro tavolo.

Carla, con coraggio europeo, nel frattempo è riuscita ad allontanarsi di alcuni anni luce, trovando rifugio nell'angolo opposto del ristorante, protetta alle spalle dal muro e davanti da un plotone di camerieri.

"Non lo mangerai mica?" mi urla da lontano.

Una tirata di coda dopo l'altra, la testa che si gonfia sempre di più e va sempre più in alto, segno che il cobra diventa sempre più furioso. Dalla cucina arriva un cameriere con un vassoio sul quale ci sono un paio di forbici e un boccale di quelli usati per la birra, con mezzo litro d'acqua.

"E ora?" chiedo a Duong.

"Guardi, guardi."

Con microscopiche carezze il cacciatore risale per tutto il corpo del serpente e lo afferra con la mano sinistra proprio dietro la testa, per impedire al cobra di muoverla e mordere. Con la mano destra, invece, afferra la coda e se la mette in bocca, la stringe con i denti per immobilizzarlo definitivamente. Stretto alla testa e alla coda, il cobra non può più fare niente. Il cacciatore si avvicina al vassoio, appoggiato in terra: con la sinistra stringe la testa del serpente, la coda ce l'ha in bocca e dunque ha la destra libera. È con questa mano che impugna le forbici, le apre e sistema le due lame appena prima delle dita della mano, perché il taglio sia sicuro, preciso e tronchi di netto tutta la testa.

Le lame d'acciaio si ricongiungono e la testa del cobra rotola sul vassoio: si ferma nel modo giusto, con gli occhi verso l'alto e la lingua ancora mezza fuori. Il cacciatore ha ancora lavoro da fare, perché bisogna raccogliere il tesoro prezioso del serpente: il sangue di cobra non va sprecato. E allora con la mano sinistra porta il rettile sopra il boccale pieno d'acqua mentre la destra impugna la coda e mette il cobra in posizione perfettamente verticale, in modo che tutto il sangue coli nel boccale. Spreme il corpo, il cacciatore, quasi lo strizza, per non lasciare che nemmeno una goccia vada perduta o resti inutilmente dentro quel rettile al quale ormai non serve più energia. Strizza e mescola, perché il sangue non si rapprenda e poi affida il cocktail rossastro al maître che riprende il vassoio e porta sangue e testa in cucina, tra gli applausi dei clienti.

"Come dire? Mi sento sazio." E in effetti non è che lo show mi abbia fatto venire appettito.

"Che orrore," dice Carla, al ritorno dal suo esilio.

C'è un po' di agitazione intorno a noi, io che sono seduto verso la cucina, vedo il maître che entra ed esce, parla con il proprietario, non sanno cosa fare. C'è una bottiglia, mi sembra di capire, al centro della disputa: da lontano mi pare un whisky, ma se intuisco nel modo giusto, deve essere soltanto il contenitore nel quale hanno versato il sangue del cobra, mescolandolo con acqua e con appena un goccio di whisky.

"La tradizione," spiega Duong, "vuole che si beva il sangue. Fa benissimo, dà energia, forza, coraggio. E poi, Corrado, fa bene soprattuto agli uomini."

"Come sarebbe, Duong?"

"Corrado, non posso permettermi di affrontare questi discorsi in presenza di una signora."

"Ho capito, Duong. Grazie del consiglio, ma non credo che accetterò di brindare."

Ho un momento di stizza. Perché è soprattutto per Carla che non bevo quel sangue: le scatenerei una crisi di rigetto, e preferisco evitare. Però mi sarebbe piaciuto e se fossi stato da solo, probabilmente l'avrei assaggiato. La bottiglia sparisce dal tavolo e viene riportata in cucina dove, uno dopo l'altro, si affacciano tutti, Duong e l'autista, che non aveva mai bevuto, e anche i commensali degli altri tavoli.

"Almeno, che abbiano bevuto alla nostra salute."

Non finisce qui. Perché adesso che è stato risolto il problema sangue, c'era da affrontare pure la questione cuore. Il cuore del cobra è un concentrato di coraggio, proteine, una pozione magica per il colesterolo: almeno così dicono i cinesi. E allora arriva a tavola anche il cuoricino, piccolo, in verità, ma sempre cuore. Questo proprio no, non l'avrei gradito, anche se non ci fosse stata Carla. Lo piazzano davanti a Duong, che gentilmente rifiuta. E allora torna indietro anche il piatto prelibato, che in genere viene offerto a chi paga il conto. Ma non arriva in cucina, perché lo intercetta il proprietario del locale, quello senza denti e con tanto oro addosso: stringe il cuoricino tra due dita, pollice e indice, tiene il mignolo, fornito di unghia lunghissima, bene alzato, e divora la mignon di interiora. Non solo, fa pure una risatina che, se non esprimesse soddisfazione, sembrerebbe proprio satanica.

"Dio, che serata," sbraita Carla.

"Dài, che arriva il riso alla cantonese": forse era meglio tacere.

La cena corre via come un normale pasto alla cinese: ravioli al vapore, pollo al curry, gamberi all'agrodolce, riso alla cantonese. I ristoranti cinesi, ormai, sono una specie di Sheraton della gastronomia, sono uguali in tutto il mondo, come il McDonald. Insomma, se ci fossimo tappati le orecchie per non sentir parlare vietnamita, avremmo potuto tranquillamente immaginare di essere a Trastevere. Meno male che c'era il serpente, a farci vivere l'Oriente, questo bel cobra incartapecorito dentro la pentola, raggomitolato intorno a se stesso.

"L'hanno bollito, hanno bollito il cobra."

Mi viene da ridere, perché l'idea che si metta in pentola un cobra è assolutamente inusuale, come forse sarebbe per loro l'omelette alla marmellata che preparano i montanari del Tirolo. Nella zuppiera c'è il mestolo, incastrato sotto le spire del cobra. Mi concedo per un attimo all'idiozia turistica e chiedo a Carla una foto da gran gourmet dei rettili, con il cobra avvolto intorno al mestolo.

"Allora, mangiamo?" chiede Duong.

"Certo."

Mi servono per primo. Abbiamo di nuovo tutta la comitiva di camerieri intorno, il proprietario del locale in prima fila, Duong e l'autista con i piatti pieni in attesa del mio responso.

Mi hanno servito soltanto del brodo: colore anonimo, punteggiato da chiazze di grasso che secondo loro fanno bene al colesterolo, secondo me sono una rovina per la digestione.

"Vado. Allora, vado."

Immergo il cucchiaio con un'insolita lentezza, lo riempio per metà, soffio perché sembra scottare, avvicino le labbra e prima di innescare il contatto "zuppa di cobra-labbra", alzo lo sguardo e vedo che tutti mi guardano. Grugnisco e affondo labbra e lingua. Contatto!

"Mhmm, buono."

Sento la tensione che cala, vedo Duong e l'autista che impugnano i cucchiai e i camerieri che tornano a servire gli altri tavoli. Il proprietario è felice: da cinese affarista penserà al conto che mi deve presentare.

"Com'è?" si fa avanti timidamente anche Carla.

"Buono," le dico, "somiglia terribilmente al brodo di pollo. Solo che è di cobra," e mi viene da ridere.

"Che dici lo assaggio?"

"E se poi stai male?"

"Cretino."

"Ma che vuoi da me?" le dico ridendo, con il cucchiaio pieno di zuppetta.

"Voglio assaggiare."

"Guarda lì quanto ce n'è."

"No, dal tuo."

Sicuro, ero sicuro. Perché il fatto che io abbia mangiato quella brodaglia la fa stare più tranquilla.

"Prego, signora, si accomodi."

Esita, riempie il cucchiaio e lo svuota, smuove il brodo, sente il rumore che fa quando dal cucchiaio lo riversa nel piatto, lo odora.

"Gli vogliamo fare un'analisi?" le chiedo. "O ci fidiamo?"

Il coraggio le viene tutto insieme e assaggia una goccia di brodo. "Bbhhuuaa," è il suo commento.

"Che significa?"

"Che mi è bastato così."

E invece c'è dell'altro. Perché finora abbiamo assaggiato la zuppa, ma la carne che sapore ha?

"Il serpente lo prepariamo in un modo particolare," spiega Duong, "una volta ucciso c'è bisogno di tre o quattro ore per lasciar riposare la carne, che poi viene fatta a pezzi e fritta. È una delizia. Questa volta, però, non c'era tempo per cucinarlo così, perché il cacciatore ha portato il cobra quando eravamo già qui."

"Ma così bollita, che gusto ha?"

"Non credo sia buonissima, dev'essere un po' insipida."

Come Robin Hood, mi alzo in piedi e tiro fuori dalla pentola questa spirale di cobra che ormai si è anche freddato. Chiedo un coltello e portano un pugnale da Rambo con cui il proprietario taglia non una striscia di carne ma un tocco di serpente. Allora, ancora come Robin Hood, addento il rettile bollito e strappo con i denti un morso di carne.

Carla mi guarda strana, tra l'inorridito e il divertito, cioè non sa se deve considerarmi uno schifoso o uno che ama le esperienze strane.

"Com'è?" chiede.

Rispondo come merita: "Sa di coccodrillo". Poi traduco: "È veramente come un pollo lesso, soltanto un po' più stopposo. Insomma, non sa di niente".

Quando portano via la zuppiera, parliamo ancora di serpenti. Duong e il proprietario del ristorante elogiano le virtù del serpente, del suo sangue e del suo cuore. Oltre alle straordinarie capacità di potenza erotica che scatenerebbe, il sangue del serpente avrebbe anche un effetto potentissimo per la pulizia della pelle.

"Se beve sangue di cobra," dice il signor senza denti, "e poi va a dormire indossando una maglietta bianca, la mattina la troverà annerita, perché ha assorbito tutte le impurità del corpo."

Non abbiamo potuto fare la prova, ma una volta tornati in albergo ci è piaciuto affidarci alla consolazione alcolica di una civiltà conosciuta, la nostra. Abbiamo evitato di fare indigestione di grappa di rosa e, rimpiangendo l'introvabile amaro Averna, la nostra grande passione, ci siamo affidati ancora una volta al Benedectine. Ed è andata meglio, molto meglio, rispetto alla notte del Rex.

8.

Il napalm ce l'abbiamo dentro, ormai. Ci brucia un po', questo Vietnam fatto soltanto di disperazione e di sofferenza, di ricordi di guerra e di lutti. Così, tanto per rivitalizzare lo spirito, accettiamo con gioia l'invito di Duong al matrimonio di Van, la sorella di sua moglie, con un tagliatore di caucciù di 25 anni, faccia tristissima, non si sa se per quello che lascia o per quello che l'aspetta. È vestito con un commovente abito beige prestato da qualcuno, perché gli sta grandissimo, abbinato a un paio di Reebok bianche, quelle con il gel nella suola, ideali per la ginnastica aerobica.

Van, invece, ha un abito giallo con piccoli pois neri, che è sicuramente meno brutto di lei: ha appena 23 anni, ma il viso scavato e a punta fa immaginare un passato di sofferenze che forse non ha mai provato. Chi la guarda, non può non concentrarsi sul naso adunco prima di immalinconirsi sugli occhi, rigorosamente a mandorla, ma cadenti, come se fossero piegati all'ingiù, ad annunciare un carattere incline alla depressione. E infatti non sorride mai, non si lascia andare, tiene stancamente in mano il bouquet, un mazzo di fiori semplici ma belli, iris, gladioli, orchidee, sistemati in una carta da pacchi per non far bagnare il vestito.

Certo, tutto è approssimativo, tutto è organizzato alla meglio. Anche se quel trucco di Van, quegli occhi così carichi di colori e ombretti, quelle ciglia lunghissime da sembrare finte, quelle stelline luccicanti sulle palpebre che la trasformano in un semaforo ogni volta che chiude gli occhi, beh tutto questo lascia pensare che qualche influenza esterna ci sia, qualche furto cosmetico reso possibile da un giornale lasciato dai turisti, da una cassetta di una telenovela americana arrivata chissà come, oppure dalle spiegazioni di qualche signora occidentale. Siamo sicuri che una faccia conciata in quel modo, per noi un vero orrore, sia un'assoluta novità per il Vietnam.

La tradizione, invece, viene rispettata per la cerimonia e anche nel lungo tempo del fidanzamento. Ufficialmente non c'è spazio, nella cultura vietnamita, per le sperimentazioni erotiche prematrimoniali.

"Non succede," giura Duong, "le persone serie non lo fanno."

"Sicuro, Duong?"

"Assolutamente," e non accenna nemmeno un sorriso. L'argomento, evidentemente, deve essere considerato profondamente serio e qualche peccatuccio commesso dai fidanzati sarebbe giudicato con severità.

"Che succede, Duong, se due ragazzi vengono scoperti a fare l'amore?"

"Si devono sposare, non hanno scelta."

Van e suo marito, giura Duong, non conoscono le gioie del sesso, e per celebrare degnamente la loro prima volta è stata affittata la camera più bella dell'alberghetto del paese.

"Perché nella casa dei genitori di lei, dove andranno a vivere," spiega Duong, "non c'è modo di farli stare tranquilli, senza nessuno intorno."

È ben affollata questa casetta affacciata sul fiume dove ci portano ad assistere, ed è un grande onore, alla preghiera che precede il matrimonio.

"Vivranno in otto," annuncia Duong, prima di procedere nella visita guidata.

Entriamo dal fondo, dalla parte del fiume, per non disturbare la preghiera che avviene nella prima stanza, quella che si apre sulla strada. In questa casa, infatti, le camere sono in fila una dopo l'altra. Sulla riva del fiume c'è l'imbarcadero, con una piccola canoa per gli spostamenti brevi della famiglia. Qui, ci fa capire Duong, c'è anche la possibilità di inventare il bagno: la doccia, e anche il resto, *en plein air*, senza problemi, chi preferisce altri posti può andare dove vuole, nessuno si scandalizza.

Una tendina azzurra copre la verandina per rilassarsi e dormire all'ombra, e la cucina con la bombola del gas.

"Dove c'è sempre una pentola piena di riso," spiega Duong.

Infatti c'è una pila di alluminio, ma il coperchio nasconde il contenuto. Duong, che è di casa, azzarda. Solleva con la mano il coperchio, controlla e proclama: "Riso".

Andiamo avanti e arriviamo in una camera da letto con un letto grande e due a castello, tutti protetti da zanzariere: non c'è rete ma, come in tutto l'Oriente, un sottile materasso poggia direttamente sulla tavola di legno. È la stanza di una sorella di Van, che ha un marito e due figli: non ci sono altri mobili e si sente odore di umido. Passiamo in un'altra stanza, gemella di questa, con un letto matrimoniale e un'altra coppia di letti a castello: "È qui che dormiranno gli sposi," dice Duong.

"E sui letti a castello?"

"La madre e la nonna di Van."

Eccole lì, le due vecchiette, rimpiccolite dagli anni, con la struttura fisica di due bambine che si affacciano all'adolescenza. Rinsecchite, curve, con i visi raggrinziti, eppure vispe, attaccate ai bastoni che le aiutano a stare in piedi, sofferenti di artrite e di chissà quali altri dolori, ma felici, come lascia vedere l'espressione del viso. Non entriamo nell'ultima stanza, che è ingresso, salotto, camera da pranzo, sala tv, stanza guardaroba e, all'occorenza, camera per gli ospiti. Ora funziona da cappella degli avi, perché davanti alle foto d'epoca dei genitori degli sposi, Van e il tagliatore di caucciù pregano per la loro felicità.

"Si rivolgono allo spirito del nonno di Van," dice Duong, "che hanno scelto come spirito guida."

"Ma di che religione sono?"

"È un misto di confucianesimo, taoismo e buddhismo."

"Cioè fanno come gli pare?"

"Ma no, sono molto rigorosi, credono molto."

"In chi?"

"Nei loro dei."

"Appunto."

"Appunto che?"

"Non crede sia comodo fare un misto di tre religioni e scegliere le regole che piacciono di più?"

"Non le hanno scelte loro, è la storia del Vietnam che ha scelto così. Il Vietnam ha subito molte invasioni e ogni invasore ha cercato di imporre la propria religione: alcuni hanno elaborato credenze autonome, fondate necessariamente sui principi che conoscevano, confucianesimo, taoismo e buddhismo. Sono nate così delle religioni locali, forse ibride, strane, ma che gran parte della popolazione segue con molta devozione."

Sono inginocchiati davanti a un mobile trasformato in altare: le foto degli avi al posto delle statue dei santi, uno specchio che ha la stessa funzione di un affresco e tante candele accese e poggiate in terra. Van ha un paio di guanti bianchi di cotone traforato, il marito ha le dita grosse di chi usa le mani per lavorare: vediamo soltanto il dorso della mano e non il palmo, che sarà pieno di calli. Sono a capo chino, raccolti, concentrati. Dietro di loro, immobili e in piedi, i parenti più stretti.

"È come se si creasse una catena di continuità," spiega Duong, "tra gli avi delle famiglie e gli sposi, una comunione di anime tra chi promette venerazione e chi assicura protezione."

La preghiera finisce intorno a mezzogiorno, prima che gli orari vietnamiti facciano pericolosamente gorgogliare gli stomaci affamati. Qui si mangia presto e per un matrimonio ci si aspetta cibo in abbondanza.

"Hanno speso un milione di dong tra abiti e cibo, l'equivalente di mille dollari," spiega Duong.

È una fortuna da queste parti, dove l'arte di arrangiarsi è virtù quotidiana e così le famiglie degli sposi si sono convinte a non rispettare più antichi codici di divisione dei compiti e a collaborare senza ruoli fissi nella distribuzione delle spese: "Chi più ha, più soldi mette," dice Duong. E anche questo è un principio comunista.

Il villaggio è in festa e chi non è stato invitato, "Non potevano mica chiamare tutti," è in strada a salutare il piccolo corteo che a piedi segue l'auto degli sposi.

"Duong," chiedo, "Van è sua cognata, è la sorella di sua moglie?"

"Esattamente."

"Sua moglie non c'è?"

"Esattamente."

"Sperava di incontrarla?"

"Non credevo che sarebbe venuta, e infatti ho avuto ragione. Ma voleva molto bene alla sorella e speravo che si sarebbe fatta viva. Invece non c'è."

Povero Duong. Ha aggiunto un altro anello alla sua catena di sofferenze. Ad allietarlo, però, ci sono due dei tre figli: "Il più piccolo, 16 anni, è rimasto da mio fratello, dove vive in questo periodo: gli altri due, eccoli qui. Binh! Quan!"

Il corteo di parenti si apre e lascia uscire un ragazzo e una ragazza, sorridenti e ancora acerbi, con un ornamento di acne che denuncia l'età e un'alimentazione problematica. Sono vestiti bene, perché davanti ai parenti e agli amici hanno voluto fare davvero una bella figura: Quan ha la camicia bianca immacolata e ricamata con fiorellini, la gonna grigia al ginocchio e un paio di sandali di plastica. È lo stesso principio che deve aver ispirato lo sposo, con il completo beige e le scarpe da ginnastica: forse perché ai piedi, anche nelle occasioni importanti, è concessa qualsiasi stravaganza. Binh ha una maglietta a mezze maniche azzurra, anche questa impeccabile, pantaloni grigi e un paio di normalissimi mocassini.

"Corrado, Carla, sono i miei figli, le mie uniche gioie."

Sembrano simpatici, cordiali, ansiosi di sapere.

"Forse verrò in Europa," dice Quan, "posso avere il vostro indirizzo?"

Còme sempre le ragazze, anche se più giovani, sono più sveglie dei maschi. Quan ha diciotto anni e Binh venti, ma lui è sicuramente più addormentato.

"Sa nuotare, Mister Corrado?"

"Certo."

"E gioca a tennis?"

"Beh, no."

"È bella l'Italia?"

"Direi di sì."

La conversazione non mi impegna molto e allora cerco di sentire, almeno con un orecchio, quello che Quan chiede a Carla.

"Papà mi ha parlato tanto di voi, vi stima moltissimo," dice la ragazzina. "Lui è molto triste da quando la mamma è andata via e io sono sicura che non tornerà più; perché non provate a convincerlo a trovare un'altra moglie?"

La voce di Binh mi ripiomba nell'orecchio: "Per che squadra tifa, Mister Corrado?"

Questo ragazzo non deve essere molto intelligente, al contrario di Quan. Carla combatte con qualche imbarazzo, perché la domanda della ragazzina è di quelle che lasciano senza parola.

"Tifo per la Roma, Binh."

"E conosce Vialli?"
"Sì."
"Ed è simpatico?"
"Non so, non lo conosco di persona."
Vedo Carla sorridere e prendere una mano di Quan: la porta via, si allontanano dal gruppo, vanno insieme verso la casa del banchetto.

Non so cosa Carla abbia detto a Quan, non le ho chiesto cosa le abbia risposto, ma tra i tavoli e la cucina, nel frastuono di questo pranzo nuziale, Carla e Quan stanno sempre insieme, si muovono fra le tre stanze di questa modesta villetta con giardino e forno, dove nessuno abita e che è stata affittata per l'occasione. E insieme spariscono con Van, per aiutarla, come damigelle d'onore, nel cambio d'abito.

La tradizione vietnamita esige che, terminata la cerimonia, la sposa indossi un altro vestito e Van sfoggia un lungo vestito rosa con sbuffi bianchi che raccoglie l'approvazione generale ed è tutto un tripudio di ammirati gridolini e applausi tra i cinquanta invitati.

"Corrado, Carla, venite a fare le foto con gli sposi."

Inizia un tormento che dura per una ventina di minuti. Siamo gli ospiti "importanti", perché veniamo dall'Europa e non abbiamo gli occhi a mandorla.

"Mi avete fatto un regalo bellissimo a venire a questo matrimonio e anche gli sposi sono felici."

A noi sembrano più che altro imbarazzati e stanchi, storditi da tanta confusione e anche impressionati dalla valanga di soldi che hanno speso e che, forse, dovranno almeno in parte restituire. Comunque siamo in posa accanto a loro: due, tre, quattro scatti. Poi ci sono i figli di Duong che vogliono una foto con noi, e poi i genitori degli sposi, la comitiva di ragazzini, il vecchio di novant'anni che ha fatto la guerra, è sopravvissuto ma è sordo e pieno di cicatrici. E poi anche il fotografo, che, stufo di riprendere gli altri, vuole anche lui un'istantanea con le star del pomeriggio, che saremmo noi, in una delle nostre peggiori esibizioni.

Il caldo umido di questo villaggio è spaventoso e non sono semplicemente sudato, sono in un bagno di sudore. Perfino

Carla, principesca nella sua insensibilità alle impennate della colonnina di mercurio, dà segni di cedimento e ha la fronte imperlata di goccioline. Ma il *tour de force* continua e sono altri scatti, altre immagini. Finché ci sbattono a tavola.

"Mangiate, mangiate, mangiate."

Siamo giovanotti d'appetito, almeno normalmente, ma qui c'è davvero da farsi coraggio perché non c'è nulla che sia, non dico invitante, ma che appaia commestibile. E allora tocca a me, che in queste circostanze funziono da bidone aspiratutto, consentendo a Carla un'astinenza pressoché totale.

"Prego," e mi passano un piatto con quelle che nei ristoranti cinesi sono le nuvole di aragosta. Chiedo timidamente cosa siano, quelle frittelle storte e croccanti, e infatti mi rispondono: "Nuvole di aragosta". Ne assaggio due, e non succede niente.

Poi arriva una zuppa dove pezzi di carne –mi diranno che è maiale, cipolle intere e altre robe strane – navigano non nell'olio, ma in un liquido tra i più grassi che abbia mia visto al mondo. Una cucchiata e sento le proteste del tubo digerente. Sembrano galletti, e invece sono rane, servite al contrario di come facciamo noi: noi mangiamo le cosce, fritte o in umido, e buttiamo il corpo, loro presentano il corpo e non le cosce, che chissà come hanno utilizzato.

Il piatto forte è una specialità cinese a base di pesce: non so quale sia il punto di partenza, cioè quale sia il pesce che viene sacrificato per questo orrore. So che in tavola arriva una gelatina verde e immangiabile, almeno per me, anche perché somiglia troppo al silicone.

Un inferno, che mi stordisce per il caldo, gli odori terribili, i sapori nauseanti, il frastuono, le grida di chi si è concesso a un distillato di riso dal tasso alcolico spaventoso, che è il loro whisky e con il quale, in alcuni tavoli, hanno pasteggiato. Ora li vedi con gli occhi rossi, l'aria stralunata, l'andatura ciondolante, raggiungere dentro una stanza Van e il marito: ognuno offre quello che può, una manciata di dong, invece di un regalo, perché il denaro serve a tutto e i giovani sposi ne hanno sempre bisogno. Anche noi vogliamo contribuire ma ci manca l'unità di misura e allora chiedo consiglio a Duong.

"Fate come credete."

"Duong, ci serve il suo aiuto: secondo lei quanto dovremmo dare?"

"Signor Corrado, non posso comandare al vostro cuore. Ma credo che sarebbero felicissimi di ricevere cinque dollari."

Torniamo verso Saigon nel primo pomeriggio. "Ci sarebbe un villaggio interessante da visitare lungo la strada," dice Duong, "c'è da fare soltanto una piccola deviazione."

"Perfetto, andiamo."

"Allora ci fermiamo un attimo a comprare un po' di caramelle."

Serviranno per i bambini di questo posto: "Sono poverissimi," annuncia Duong, "saranno contenti".

Facciamo il pieno di dolcetti nella stradina centrale di un villaggio tutto in legno, con i negozi affacciati sulla strada e le case costruite sui negozi: andiamo via con due sacchetti pieni di liquirizie, caramelle mou, i *chupa chips*, i lecca-lecca a forma di pallina che tanto andarono di moda da noi, bambini trentenni, e adesso sono arrivati anche in Vietnam: made in Singapore, ovviamente.

"Duong, dove andiamo?"

"È una minoranza etnica di montagna che vive in assoluto isolamento. Sono molto poveri, malati, mangiano poco e fumano molto, una specie di droga che li stordisce."

"Un bel posto."

"Possiamo non andare, Corrado."

"Ma no, Duong, stavo scherzando, ci interessa molto."

Lasciamo la strada asfaltata dopo un piccolo cimitero di guerra annunciato dal candore di decine di lapidi bianche e da un grande monumento che esalta le virtù combattenti di una specie di sacra famiglia che va alla guerra: madre con fucile, padre con mitra e figlio inginocchiato che lancia una bomba a mano contro il nemico americano.

"Questi monumenti," spiega Duong, "servono per ricordare i caduti, ma anche per inneggiare al modello di vita della tradizione vietnamita, dove la famiglia è il nucleo di base del villaggio che è il nucleo di base dello stato. E il rispetto della tradizione deve servire anche come ammonimento contro le lusinghe dello stile di vita occidentale."

Una lezioncina, così, tanto per gradire, mentre la strada diventa sentiero e piombiamo in una foresta di caucciù. "Alcune aziende che lavorano il caucciù avevano offerto agli uomini del villaggio che andiamo a visitare, di lavorare nella piantagione. Loro hanno rifiutato, perché preferiscono continuare a non avere soldi e fare baratti e sentirsi liberi, piuttosto che essere prigionieri di orari e costretti a obbedire."

"Gente fiera."

"Non so," risponde Duong, "non credo che si possa dire così."

"E come si deve dire?"

"È gente che vive a modo proprio, senza tener conto di quello che accade intorno a sé."

Sono duemila anni che gli abitanti delle montagne e quelli delle pianure non vanno d'accordo. Diffidenze, timori, antichi rancori, ma soprattutto la paura, che attanaglia ancora chi sta in pianura o vicino al mare, che i *montagnards*, come li chiamavano i francesi, possano diffondere tubercolosi e salmonella. Sugli altipiani esiste ancora una cinquantina di comunità etniche che possono vivere in gruppi che vanno dalle cinquanta persone a più di un milione. Hanno poco in comune, e sicuramente non il meglio della loro cultura: un'economia di pura sopravvivenza, l'analfabetismo, la religione animistica e l'assoluta mancanza di coesione sociale.

"In una di queste tribù," racconta Duong, "i nuclei familiari si tengono molto distanti l'uno dall'altro perché sono convinti che lo spirito che vive nei torrenti di montagna si possa offendere se più di una famiglia usa l'acqua."

Siamo pronti per un altro tuffo nel passato remoto: "Ma almeno," dice Carla, "qui non parleremo di guerra".

Siamo arrivati. Lasciamo la macchina dove comincia un viottolo che sale verso la sommità di un colle e attraversa un terreno brullo, completamente disboscato e bruciato.

"Napalm?" chiedo a Duong.

"No," e si sbilancia in un sorriso, "non c'è solo guerra in Vietnam. Seguendo un'antica tradizione, per proteggersi dagli spiriti queste tribù creano tra il villaggio e la foresta una terra di nessuno, accuratamente desertificata, che serve come zona di sicurezza."

Saliamo lentamente e la prima cosa che riusciamo a vedere, prima ancora che si affacci qualcuno, è un reticolato di bambù, una siepe di filo spinato vegetale che serve, spiega ancora Duong, "a proteggere dagli animali della foresta, a impedire agli estranei di entrare nel villaggio da più punti e, soprattutto, a tenere lontani gli spiriti del Male".

Di bene e di bello, qui dentro, ci sono soltanto gli occhi dei bambini. Grandi, brillanti, scuri, svegli. Si spegneranno con gli anni, dopo aver mangiato e fumato soltanto riso: gli adulti hanno in bocca mozziconi di sigarette, accese o spente, fatte con foglie di riso macerate e avvolte in foglie di riso intere. Sembra abbia un effetto leggermente stupefacente, sicuramente stordisce.

Sono in trecento, in questo villaggio costruito tutto su palafitte, a un metro e mezzo di altezza, per proteggersi dagli animali selvatici e garantirsi un'intimità almeno notturna, quando si ritira la scaletta ed è impossibile arrivare così in alto.

Le donne sono a seno nudo, tengono i figli piccoli legati alle spalle con un'intelaiatura di tessuto e battono il riso, lo sistemano al sole per farlo seccare mentre gli uomini fumano, dormono, vanno a caccia. I bambini sono bellissimi e una, avrà sei o sette anni, è meravigliosa. Ha il viso tondo e due lampioni marroni per occhi, i capelli nerissimi tagliati a caschetto che le accarezzano le sopracciglia e una bocca già disegnata a cuore. È vestita di niente, con una tunica di iuta legata in vita con una corda, ha un paio di sandali e un ragazzino in braccio, forse un fratello, forse no.

Non ride, e non per timidezza, perché è perfino impertinente quando ti punta gli occhi in faccia e non li leva più. Fa così con me, perché si accorge che la guardo. Provo a sorridere, a fare le smorfie, a fare la voce cretina, le provo tutte ma non serve a niente, non riesco a farle schiudere la labbra, serrate in quel disegno a cuore. Mi avvicino per farle una carezza e lei fa un passo indietro. Ho una caramella e gliela offro, lei mi porge la mano e solo adesso mi sorride.

"Corrado no, le caramelle non vanno date ai bambini," dice Duong.

Mi fermo, sorpreso: "Come non vanno date ai bambini?"

"Le distribuisce il capovillaggio."

Mi viene in mente la Valtur, col capovillaggio e gli animatori, mi vengono in mente le vacanze "tuttocompreso" e l'assalto ai buffet, con la folla di vacanzieri che divora tonnellate di calorie. Qui i ragazzini stanno in fila ordinata davanti al nonno del villaggio che con la pipa in bocca distribuisce caramelle. Non litigano, non si strappano le liquirizie, ma stanno con calma ad aspettare che il grande vecchio dia a ciascuno la loro parte. E poi la mangiano subito, ma senza voracità, masticano con calma, non danno grandi morsi, abituati, già da bambini, a far durare a lungo il poco cibo che hanno. E si sporcano, più di quanto già non lo siano, si impiastricciano la faccia con il cioccolato e non mostrano alcun bisogno di pulirsi.

"Corrado, chiedono se vuole vedere una loro casa."

"Grazie, sì." Temo che poi mi offrano qualcosa da bere o da mangiare, e sarebbe rischiosissimo, ma voglio vedere.

Ne scelgono una che ha perfino degli intagli ornamentali sul legno intorno all'ingresso, che è un varco alla fine della scaletta ma senza porta. Dentro è buio, perché non ci sono finestre, il tetto è spiovente e basso e la luce filtra dal pavimento, fatto con canne di bambù lavorate e ammorbidite e sistemate a una leggera distanza l'una dall'altra, proprio per permettere alla luce e all'aria di filtrare. C'è un solo grande ambiente, dove dormono tutti i componenti della famiglia, c'è una parete divisoria di bambù che isola il deposito del riso e la cucina dal resto della casa.

Questa palafitta mi dà un senso di oppressione: sarà per la luce che manca, per la gente che ho intorno, debole di spirito, con la disperazione che dall'animo sale fino in faccia, e debole nel fisico, per le malattie che devastano prima il corpo e poi il morale.

Tristi e silenziosi, tossiscono in continuazione, colpa di quella robaccia che fumano e che li debilita e con maggiore facilità li fa ammalare di malaria. Ma anche i bambini stanno male: ne abbiamo visto uno con il viso e gli occhi gonfi e lo sguardo perso nel vuoto, una bambina invasa dalle bolle su tutto il corpo, accanto a una donna con due enormi cisti sul seno nudo.

"Anche lui è malato," dice Duong e indica un uomo che non avevo visto, seminascosto in un angolo della capanna. "Ha la malaria." È appoggiato alla parete, con una coperta addosso e un cappelletto calato fino agli occhi, le braccia abbandonate lungo i fianchi, la testa reclinata sulla spalla.

"*Vietnamite Fever,*" dice lo scemo del villaggio, che forse è soltanto il più fumato. "*Fever, fever,*" ripete, perché per lui la malaria si chiama "febbre vietnamita". Ha qualche raro dente che fa da monumento ai caduti, la faccia rossa, gli occhi liquidi, l'andatura incerta. Dice "*fever, fever*" e poi tace. Ed è proprio il silenzio che colpisce in questo villaggio, che pure è popolato da una cinquantina di famiglie. Anche i bambini stanno sorprendentemente zitti: si trascinano da una casa all'altra, senza mai correre, poveri di energie, si siedono all'ombra, tra i pali delle palafitte. Soltanto i piccoli, quando hanno fame, si abbandonano ai loro lamenti e piangono. Altro non si sente, nel villaggio davanti alla foresta di caucciù. Di notte si accendono i fuochi e quando non fa freddo le famiglie si riuniscono in piccoli gruppi e stanno insieme all'aperto, intorno ai falò. Dicono che ogni tanto, nei villaggi vicini, sentono una nenia lenta e dolcissima, un canto delicato che sembra arrivare da queste palafitte: e dicono pure che succede sempre più raramente e le voci diventano sempre più deboli.

9.

“Shopping!!!” L’urlo del consumismo nell’ultima frontiera del comunismo è la gioia di Carla e la mia disperazione. Perché non è mica semplice andare a far compere a Ho Chi Minh City, patria di minimercati fatti di migliaia di bancarelle, ognuna con la sua particolarità, stravaganza, curiosità. E non è come nelle città consacrate agli acquisti, dove si entra nel negozio o nel grande magazzino e si poggiano i pacchi e ci si rinfresca con l’aria condizionata. Qui anche lo shopping è avventura faticosa che costringe a saltare da una bancarella all’altra, carichi di sacchetti o di cose avvolte nei fogli di giornale, con le camicie bagnate incollate addosso da ettolitri di sudore. L’unico refrigerio sono le gigantesche ventole che girano a duemila all’ora nei soffitti di qualche locale, generalmente i ristorantini, gradevoli per la frescura ma non per l’odore del cibo.

“Shopping!!!” Questo rally delle compere comincia proprio di fronte all’hotel, dall’altra parte della Nguyen Hue.

“Vieni, amore, ci sono un sacco di cose.”

La voce delle donne diventa sempre mielosa quando la passeggiata ha per meta le vetrine. E anche se qui vetrine non ci sono, la voce di Carla diventa suadente. Cominciamo con i sandali, in questo minisupermercato dove si vende di tutto, in un grande pianoterra senza mura divisorie, perché l’aria possa circolare. I sandali, quelli che qui portano tutti e costano meno di mille lire al paio, sono esposti in un centinaio di modelli: c’è la bancarella che li ha a strisce, bianchi e blu, bianchi e rossi, bianchi e gialli, blu e gialli, blu e verdi, verdi e rossi, rossi e blu. Poi la bancarella che li vende a pois, esattamente con gli stessi abbinamenti di colore, quella che li espone a cuoricini, quella a quadratini, quella con i rombi.

"Guarda, perfino tinta unita," che non so come mai qui sembri straordinario, perché è la cosa più semplice del mondo.

Nemmeno un millepiedi riuscirebbe a smaltire in dieci anni le paia di sandali che abbiamo comprato, ma dopo i sandali ci aspettano le stoffe. Questa volta intervengo, come misura preventiva.

"Domani andiamo a Bangkok, troveremo tonnellate di seta e cotone: lascia stare questa robaccia."

Suggerimento accolto. Attraversiamo la strada e imbocchiamo una viuzza che ci avevano indicato per gli argenti. Confesso una passione, innocente e divertente: colleziono papere, ne raccolgo in ogni parte del mondo e credo di averle trovate ovunque, tranne che in Albania. Aguzziamo la vista, anche se non siamo molto convinti di riuscire a trovarne una: in questa terra celebrano draghi e tartarughe, uccelli e bufali, e le papere non appartengono all'iconografia ufficiale del commercio vietnamita.

"Eccola, trovata, c'è una papera!"

Ognuno ha le sue debolezze e io ce l'ho per questo buffo animale. Mi mettono di buon umore, quei becchi strani e simpatici, quei corpaccioni rotondi fatti di ceramica, legno, cristallo. O d'argento, come questa, custodita da un vecchietto in una vetrina chiusa a chiave. È tipicamente orientale, con muso e ali decorate.

"Carina, quanto costa?" chiedo al proprietario.

Passa qualche minuto prima che riesca a dirmelo, perché guarda la papera attraverso il vetro, e poi con movimenti lentissimi prende la chiave, la infila nella serratura, apre la vetrina, afferra con attenzione la papera per non urtare gli altri oggetti, la porta su un banco interno, la gira e guarda il cartellino attaccato sotto la pancia.

"Trenta dollari."

"Cosa, trenta dollari?"

"Trenta dollari, buon prezzo. Quanto vuole pagare?"

C'è la trattativa anche qui, e cominciamo a discutere, anzi a scrivere, perché usiamo un bloc notes per raggiungere un accordo. Chiudiamo a diciotto dollari, che a me sembra un prezzo giusto, ma per il vecchietto dev'essere una fortuna.

"Guarda che carine queste scatole."

Sento la minaccia dei cannoni di guerra dello shopping intercontinentale. Carla ha lanciato la campagna di colonizzazione.

"Fuori le scatole, per favore."

E ricomincia la scena di prima, perché il malfidato vecchietto aveva richiuso la vetrina: così riprende la chiave, apre la serratura e sfila le scatole, che sono forse il prodotto artigianale più interessante nel Vietnam. Da venticinque a cento dollari, per grandezze e forme di ogni tipo, con pietre e senza, lisce o lavorate. Concludiamo un altro affare, e proseguiamo nel tour degli acquisti.

Non pensavo che anche lo shopping avesse i suoi orrori, un mercato macabro e ributtante che offende e fa rabbia. Thanh Huu Phuc ha 32 anni e una rara volgarità d'animo, porta un anello d'oro con le iniziali intrecciate e gestisce un negozio, si chiama Anh Dao, al numero 88 di Mac Thi Buoi, una traversa di Nguyen Hue, la strada del nostro albergo. Vende lacche, oggetti di legno, stoffe, magliette, mobili. Ma è altro che trasforma questo negozio in una bottega della vergogna. Sono due vetrinette basse, identiche a quelle in cui il vecchietto teneva chiuse a chiave le scatole e la papera.

Ogni vetrina ha quattro ripiani e su ogni ripiano ci sono sei file, con cinquanta zippo ciascuna. Fanno trecento accendini a ripiano, milleduecento su ciascuna delle due vetrine, in tutto, duemilaquattrocento zippo. Duemilaquattrocento cadaveri frugati e derubati, duemilaquattrocento nomi, ricordi, pensieri, desideri, sogni, speranze, dolori, lutti, messi in vendita a dodici dollari oppure a quindici, se la decorazione dell'accendino è particolarmente ricca. Perché ogni zippo è personalizzato, con un disegno, una frase, una data, una città.

Resto inchiodato davanti a queste vetrine, sistemate una a destra e l'altra a sinistra dell'ingresso del negozio e vado con lo sguardo da una all'altra e ogni tanto fermo gli occhi sulla faccia di questo giovanotto che se ne sta con l'aria dell'affarista a braccia conserte e gambe divaricate sul gradino che porta dentro la bottega, borioso e tronfio, dieci centimetri sopra la strada e più in alto dei suoi clienti, fiero delle mostruosità che vende.

Per immortalare questo orrore impugno la videocamera e il vietnamita si avvicina, gira la chiave del lucchetto, apre una vetrina e in un inglese forbito e con toni gentili mi chiede se voglio tirarne fuori qualcuno per riprenderlo meglio, senza i riflessi del vetro.

C'è una Linda, in qualche condominio di Manhattan o in una fattoria del Texas o in un pueblo del New Mexico, che dopo tanti anni avrà anche smesso di piangere per il suo John, ma sicuramente lo ricorda ancora, come lui aveva deciso di ricordare lei, facendo incidere quel nome, Linda, sull'accendino che usava nella giungla. E c'è pure una Ann, da qualche parte negli Stati Uniti, che aveva un fidanzato con il fucile in mano, in giro per il Vietnam, che ogni volta che fumava tirava fuori un accendino dedicato a lei, con scritto soltanto "Ann, I love you". E poi c'è Barth, che sul suo zippo aveva voluto incidere soltanto Vinh Lonh '68-'69, e Mike che con uno Snoopy accucciato si augurava da solo "Buona fortuna": non gli è andata bene. Il giovane Hates, invece, era il poeta del plotone e ha ricamato in versi anche il suo zippo: "Quando morirò andrò in paradiso, perché ho speso la mia vita all'inferno, in Vietnam". Nessuno sa se davvero sia salito fin lassù, ma nessuno sa nemmeno dov'è morto.

Quante storie, su questi pezzi di latta, quanti destini bruciati, e quanti caratteri urlati o sussurrati da un disegno o da una breve frase. L'affettuosa malinconia di chi ha fatto incidere sul tappo dello zippo solo la data e il nome di un posto, "Vietnam '67-'68 Da Nang", e sotto ha fatto disegnare un marine con zaino in spalla che in una mano tiene il fucile e con l'altra stringe la mano di un bambino vietnamita. Oppure i simboli pacifisti che mi ricordano le frasi di Duong: "Parlavo con i soldati americani, ho dormito tante notti con loro, e mi dicevano che questa non era la loro guerra, che non volevano venire qui ma ce li avevano mandati e avevano paura". La faciloneria di chi credeva davvero che "una conquista al giorno toglie il medico di torno", il cinismo disperato di un combattente di Tuy Hoa: "Si vive solo due volte, la prima quando nasci, la seconda quando vedi in faccia la morte". E poi la mostruosità che cambia la vita, i diserbanti dell'animo che bruciano i sentimenti e rendono arido il cuore. È successo a chi ha combattuto a Cu Chi, ed è rimasto lì, sopra i tunnel dei vietcong, dove volavano le farfalle delle guerrigliere che forse, durante la notte, aveva ucciso. "Non c'è niente di più dolce," aveva fatto scrivere sullo zippo, "della puzza di morte la mattina."

Siamo ripiombati nella brutalità dei ricordi di guerra e rischiamo di chiudere in questo modo il nostro viaggio in Vietnam. Ma questo stato ancora neonato è così, è come l'Italia degli anni cinquanta, un paese in cui ricostruire serve anche a dimenticare.

Al centro di Saigon c'è un brutto palazzo a cinque piani, un grande alveare di celle quadrate, che è il simbolo del passato e che da allora, da quel 30 aprile 1975, è rimasto intatto, con la cancellata chiusa ma senza più la bandiera e la targa di ottone che annunciavano al popolo vietnamita che quella era la rappresentanza della Casa Bianca. Film e documentari hanno fatto fare il giro del mondo alle immagini incredibili di chi tentava di scappare anche aggrappandosi agli elicotteri che decollavano dall'ultimo piano.

Il terrazzo dell'ambasciata americana, una piattaforma trasformata in foresta di antenne, è stato uno dei capolinea del più vasto, ardito e difficile piano di evacuazione con elicotteri mai realizzato. Il 29 aprile 1975, sessanta elicotteri andarono avanti e indietro dalle portaerei per diciotto ore consecutive, portando via dalla città mille americani e seimila vietnamiti, mentre fuori dell'ambasciata i marine controllavano una folla che piangeva e invocava aiuto e implorava di essere salvata.

Sul marciapiede ci sono ancora le strisce gialle dietro le quali la gente si incolonnava quando andava a chiedere visti o altri documenti.

"C'era sempre una fila lunghissima," racconta Duong, "soprattutto quando si capì che la guerra sarebbe finita male per gli americani e milioni di persone cercarono di fare di tutto pur di scappare da Saigon. Eravamo in molti, quasi tutta la popolazione del Sud, ad aver collaborato con gli americani e avevamo paura dei comunisti."

"Visto com'è andata a finire, con i campi di rieducazione e tutto il resto, avevate ragione di essere preoccupati."

"Sono stati severi con noi, ma adesso il Vietnam è tranquillo, i fratelli si sono ritrovati e non si uccide più."

Si brinda alla pace con il succo di canna, venduto a 500 dong proprio all'angolo del viale dell'ambasciata americana, dove il gestore di un chiosco ha attrezzato un baretto con quattro sedie e due tavolini piazzati proprio dietro un posto di guardia che doveva essere blindato. E sul muro di fronte, accanto ai manifesti pubblicitari della Tiger Beer, i santini murali degli eroi della liberazione, Ho Chi Minh in testa.

È un posto strano, dove si celebra la vittoria del Vietnam ma senza eccessivo trionfalismo, senza offendere né violare nulla. La violenza antiamericana si è fermata fuori del portone d'acciaio: anche perché, si dice, il Vietnam sarebbe felice di rivedere sventolare su questo edificio la bandiera degli Stati Uniti, in cambio di una ripresa delle relazioni commerciali. E dunque nessuno sgarbo e nessuna scritta offensiva sul muro di cinta, ma anche nessun riguardo particolare: un vecchio in calzoncini corti fa pipì appena dopo il cancello, e potrebbe essere uno sfregio, ma credo sia soltanto un'emergenza. Cinquanta metri più giù, prima dell'ingresso per gli automezzi, quella che noi definiremmo una barbona, vestita di giallo, con i piedi nudi, dorme su una stuoia, con il cappello poggiato sulla testa e la testa appoggiata su un cuscino fatto di stracci.

"Gli americani sono andati via, li hanno cacciati, ma nessuno è ancora riuscito a cacciare la povertà da questo paese," dico a Duong.

"Corrado, abbiamo ancora molte cose da fare, ma quella donna ha casa e famiglia, sta soltanto riposando."

"Come sarebbe?"

"Quella è sua figlia," e mi indica una ragazza che tra il marciapiede e la strada ha sistemato un banchetto dove vende sigarette americane, ovviamente di contrabbando.

"Però..."

"Si danno il turno," spiega Duong, "perché stanno qui tutto il giorno, dalla mattina presto fino a notte fonda."

Chissà, magari stavano qui pure quando c'erano gli americani. Saigon è strana, dicono sia immortale, perché riesce sempre a ricrearsi, a reinventarsi, a risorgere. C'è sangue cinese in molti di quelli che vivono qui, e il cinese ha il commercio nei cromosomi.

Così si sfrutta qualunque cosa pur di fare denaro, anche il richiamo devastante dei ricordi di guerra. I bar che vanno per la maggiore, nella Saigon che ha qualche soldo da dedicare allo spreco, si chiamano *Apocalipse Now*, come il film di Coppola con Marlon Brando, e B475, che detto così non significa niente, ma letto nel modo giusto evoca struggenti rimpianti: "*before seventyfive*" significa prima del 1975, cioè prima della vittoria dei vietcong. Non valgono nemmeno la visita, perché non sono né covi di sovversivi anticomunisti, né culle per reduci, né ritrovo di mercenari. Sono posti dove si prova a far colpo, magari con qualche ragazza sfortunata e bella, da stordire con l'alcol e illudere con i dollari. Meglio il karaoke, che almeno fa ridere.

"Corrado, Carla, c'è una cosa che dovete assolutamente vedere prima di partire."

"Cosa, Duong?"

"Il museo dei crimini di guerra."

"Ancora?" sbuffa Carla. Non ne può più di atrocità e massacri, e il museo non si annuncia come una passeggiata.

"Credo sia meglio andare," suggerisco in italiano, "non vorrei mettere Duong in difficoltà."

La macchina entra in un cancello di Vo Van Tan e sulla destra sbuca un carro armato, poi un cannone e un autoblindo e sulla sinistra un aereo e in fondo al cortile una ghigliottina. E davanti a una palazzina, una composizione di bombe, che potrebbe sembrare una scultura pacifista di tendenza transavanguardia ma è un mucchio di esplosivo.

"Prego, entriamo."

I faccioni di Eisenhower, Kennedy, Johnson, Nixon e Ford, incollati su un fondale nero, sono il cartello di benvenuto nel museo, sono i presidenti "sotto accusa", responsabili, secondo i vietnamiti, di tutto quello che segue. Seguono brutture, persecuzioni e massacri in formato gigante che fanno rallentare il passo e crescere il senso di colpa. E forse è proprio questo il faticoso sentimento che non abbandona mai chi viaggia in Vietnam.

Vado via con la papera e quattro scatole d'argento, due *aodai* di Carla, una coppia di draghetti di marmo, qualche maglietta. Mi restano due ricordi: la dolcezza delle risaie e di chi ci lavora, il sorriso delle mondine e della natura in un mondo che potrebbe davvero essere l'Eden di Adamo ed Eva, con le puntine bianche dei cappelli che fanno su e giù tra il verde dei campi e l'azzurro del cielo, mentre intorno non c'è altro che profumo di terra bagnata e colore, e non c'è rumore di macchine o fumo di inquinamento.

Ma come un peso nel cuore, mi porto dietro il ricordo delle due vetrine piene di zippo, quel museo privato degli orrori che Thanh Huu Phuc ha messo in vendita nel suo negozio. Abbraccio Duong, sottile come un bambino malato, e gli offro il nostro affetto sotto forma di biglietti verdi, più di quello che guadagna in un mese. Mi guarda negli occhi con un'intensità che non gli avevo mai visto.

"Il K 4 era duro, Corrado, durissimo."

Tira su una manica e vedo una cicatrice orribile, e penso alle braccia degli ebrei, a quelli che come vacche sono stati marchiati a fuoco nei campi di concentramento nazisti, con i numeri blu che ancora si leggono bene sulla pelle raggrinzita di chi è sopravvissuto.

"Corrado, il K 4 non lo dimenticherò più, ma non posso raccontarle tutto, proprio non posso."

EPILOGO

LA CITTÀ DEGLI ANGELI

1.

La Città degli Angeli ha un'aureola di smog che mette paura. Con l'Airbus della Thai torniamo a Bangkok e quando il comandante avvisa che stiamo per atterrare buttiamo uno sguardo dal finestrino e vediamo la cappa grigia che avvolge e soffoca questa metropoli che per inquinamento, secondo alcune statistiche, sta meglio soltanto di Città del Messico. Là sotto ci sono smog e traffico intenso, ma quante meraviglie tra vicoli e canali, tra strade intasate e templi reali. Amo Bangkok e mi fa sempre piacere tornarci.

"Vedrai, ti piacerà," anticipo con sicurezza a Carla, che debutta nella capitale thailandese.

"Speriamo," dice senza entusiasmi, un po' provata, credo, dal tour vietnamita.

"Tutto bene?"

"Sì, ma sono stanca di angosce e sofferenze, di guerre e povertà. Ho bisogno di rilassarmi e pure di divertirmi un po'."

"Distrazioni garantite, nella Città degli Angeli. Certo, magari un po' ardite."

"Basta con gli spettacolacci, li abbiamo già visti a Phuket."

All'aeroporto ci aspetta la limousine dello Shangri La, l'albergo che preferisco: non avrà la storia antica e blasonata dell'Oriental, dove Somerset Maugham scriveva i suoi racconti, ma ha tutto quello che si può chiedere a un albergo di prestigio e, in più, una vista straordinaria sul Chao Phraya, il fiume di Bangkok.

L'autista in livrea, cappello e guanti bianchi ci spalanca le portiere mentre il facchino carica il bagaglio.

"Mi piace un po' di lusso," si coccola Carla, "ci sta proprio bene dopo Saigon."

Siamo noi, questa volta, ad avere l'aspetto dei vietnamiti, col giubbotto cachi senza maniche, quello di Banana Republic, la catena americana di articoli per viaggiatori, ma nessuno ci fa caso.

"Questa è Bangkok," dico a Carla, mentre siamo fermi sulla superstrada dell'aeroporto, prigionieri di un ingorgo da più di mezz'ora.

"Tutta così?"

"Spesso è così."

La periferia è cresciuta in un modo inimmaginabile, a ritmi spaventosi, con grattacieli che spuntano ovunque, segno che questa tigre dell'Asia, come la chiamano gli economisti, non ha affatto esaurito la sua spinta propulsiva, anche se si vedono ancora in giro le donne con i bilancieri in spalla, quelle aste lunghissime con i pesi ai lati, le bancarelle con il pesce secco e i cibi pronti, che tanto fanno somigliare tra loro tutte le città orientali, sia quelle ricche che quelle povere. Perché la tradizione resiste ancora, e abitudini e cultura non si arrendono di fronte al nuovo che avanza.

"Bentornato, signor Ruggeri, benvenuta signora."

Lo Shangri La è un pezzo d'Oriente, è il tè di benvenuto, è la musica dell'arpa con i pasticcini, il fiume che scorre lento appena oltre la vetrata, la piscina sulla riva, il caldo umido e appiccicoso e il gelo dell'aria condizionata, la salviettina profumata di orchidea per rinfrescarsi, gli olii per cospargere il corpo. L'Oriente è il vizio lecito, è il piacere di vivere, l'arte di gioire. Ed è per questo che mi piace tanto.

Mi piace anche perché sa essere semplice e puro, come questo vecchio di 75 anni, zio Choom, che con la moglie di tre anni più giovane di lui, Pa Toop, vive su un barcone di quindici metri ancorato in un canale secondario del grande Chao Phraya. Ci si arriva con le lance che si affittano agli imbarcaderi di qualsiasi albergo e che per un paio d'ore portano in giro per quelli che vengono chiamati i "canali rurali." La lancia diventa una piccola macchina del tempo che accompagna nel passato, dentro la Bangkok che era e non è più, con le donne imbacuccate per difendersi dal sole che guidano piccole canoe cariche di frutta e verdura, e si incrociano e si uniscono fino a formare un mercato galleggiante, e offrono la loro merce a chi si affaccia sui terrazzini delle palafitte sempre ornate di fiori colorati.

È tra questa serenità antica che vive zio Choom, da oltre 60 anni: "Sono qui da quando le vie d'acqua erano le sole strade della città e anche del paese. Quando è arrivato l'asfalto, molta gente ha lasciato le barche e si è trasferita sulla terra ferma: hanno scoperto trasporti più veloci ma anche una cosa che non conoscevano, la fretta".

Choom è rimasto qui, e ora è l'unico barbiere al mondo che tagli i capelli su una barca. Un primato che non lo rende famoso, ma che a Bangkok lo ha trasformato in una specie di monumento vivente. È piccolo di statura e ingobbito dagli anni, ha un paio di orecchie a sventola che lo fanno somigliare all'elefantino Dumbo e ha sempre uno stecchino tra i denti, anche quando taglia i capelli o affronta una barba.

"Il lavoro è cambiato, oggi ce n'è molto meno. Anche perché prima, quando ho cominciato, tutti tenevano i capelli molto corti e venivano a tagliarli spesso. Oggi ognuno fa come gli pare."

Non gli piace l'anarchia e si vede da come tiene casa e bottega. La barca è bella e pulita, tutta in teak, anche se non ha motore ed è immobile accanto alla riva, dove Pa Toop coltiva un piccolo orto, che serve per la cucina di casa ma anche per arrotondare le entrate, vendendo qualche verdura al mercato.

"Che pace, è incredibile." Carla è affascinata.

"Abbiamo due figli," dice zio Choom, "vivono a Hong Kong e si sono sposati. Ogni tanto ci mandano qualche soldo, ma anche loro hanno molte spese. Pa Toop vorrebbe vendere la barca e andar via, le piacerebbe abitare in una casa normale, sulla terra ferma."

"E perché non andate, zio Choom?"

"Perché sono sessant'anni che dormo cullato dall'acqua, non sarei capace di addormentarmi da un'altra parte, con un pezzo di muro sistemato sulla mia testa."

"Ma ormai sei vecchio e qui è umido, ti fa male."

"Sto bene così, non provare a convincermi."

"Figuriamoci se ti voglio convincere, solo che mi sembra che Pa Toop abbia ragione."

"Questo è il mio posto e resto qui. Guarda quella sedia, ci lavoro da quando avevo 15 anni."

"E si vede, zio Choom, potresti pure cambiarla."

"Sei matto? Cambiare quella sedia?"

Mostra tutti gli anni che ha, con il legno dei braccioli consumato dai gomiti che ci si sono poggiati, dalle dita che hanno lisciato lo spigolo arrotondato.

"Zio Choom, c'è il pericolo di infilarsi una scheggia nelle dita."

"Basta stare attenti e non succede niente."

Si arrabbia, perché sa che il suo lavoro sta finendo, che la gente preferisce le sale attrezzate con l'elettronica e l'aria condizionata alla sua sedia con vista sul canale, al pennello spelacchiato, a quello specchio piccolo e inchiodato a un'asticella di legno. Lo sa e gli dispiace, perché sente che il suo tempo è finito e la sua Bangkok ormai è una città diversa da quella in cui era cresciuto. E se ha deciso di restare ai margini, vivendo nella periferia antica della metropoli, è perché non vuole imparare ad avere fretta, non gli interessa barattare la serenità con la smania avida del denaro. Chiede venti bath per un taglio di capelli, milleduecento lire: "Vengono molti bonzi, sono i miei clienti più affezionati".

Ce ne sono tanti, di bonzi, in giro per Bangkok. Perché questa città, che ha una fama non meritata di capitale del vizio, è anche centro di meditazione e di riflessione, oltre che di preghiera. Cosa vieta a un cristiano di rivolgersi al proprio Dio inginocchiato davanti al Buddha di smeraldo? E il Wat Phra Keo, il complesso di templi del Palazzo Reale, è una delle più belle costruzioni sacre che esistano al mondo, una San Pietro d'Oriente, carica di arte e di fede.

Che Bangkok non sia una città per educande è fatto noto, ma questo, secondo il governo thailandese, non può autorizzare nessuno, nemmeno gli autorevoli compilatori del dizionario enciclopedico britannico Longman, a descrivere la capitale della Thailandia come un "centro internazionale della prostituzione". In difesa del buon nome di Bangkok, si è mobilitato l'intero parlamento Thai che ha deciso di mettere al bando il dizionario per aver definito la capitale come "una città nota soprattutto per l'alto numero delle prostitute". Il volume, che è stato fatto sparire da tutte le librerie, è stato giudicato offensivo perché mette in dubbio i "buoni costumi morali" del popolo thailandese.

Bangkok è comunque teatro ogni giorno di migliaia di storie d'amore che sbocciano tra chi vende sesso e chi sbatte la testa in una passione erotica e comincia subito a parlare d'amore: chi si innamora di queste ragazze spesso non le dimentica più, nemmeno quando rientra a casa. Scrivono pagine e pagine, mandano soldi, tornano: e le ragazze rispondono alle lettere, incassano, accolgono i loro affezionati clienti. È stato addirittura pubblicato un libro, intitolato *Hello, my big big honey*, che raccoglie un centinaio di lettere ricevute da prostitute e spedite da canadesi, australiani, inglesi, francesi, americani, giapponesi, i più odiati dalle ragazze perché, così dicono, "amano il sadomaso". Mancano, ed è strano, lettere di italiani: che siano davvero i meno ingenui?

Qualche brano, oltre a essere divertente, serve a dare un'idea di quello che succede a chi è caduto dentro un letto orientale e al turbamento che rimane anche a migliaia di chilometri di distanza.

Carta intestata della First Class della British Airways: "Darling, ti sto scrivendo direttamente dall'aereo perché voglio che questa lettera ti arrivi il più presto possibile. Ho pianto quando mi hai lasciato all'aeroporto, e proverò a tornare presto, per restare con te almeno due settimane. Cercherò di aiutarti con un po' di denaro, ma non aspettarti troppo. Sono vecchio abbastanza per essere tuo padre e adesso ti voglio rivelare qualcosa di molto importante e top secret che non ti ho detto a Bangkok. Mi piace molto fare l'amore con te, ma per la mia età, a volte posso avere qualche difficoltà nel tenere i tuoi ritmi. Così, per non correre rischi, sono andato da un medico e ho chiesto qualcosa che mi aiutasse a stare bene in forma. Mi ha dato delle vitamine e tu non ti sei mai dovuta lamentare. Ti amo, Hubert".

"Darling, ti sto spedendo duecento dollari, direttamente sul tuo conto a Bangkok. Il denaro sarà disponibile quando leggerai questa lettera."

"Little darling, mi sembra che sia passato così tanto tempo da quando sono partito che tutti i giorni desidero prendere un aereo e venire a Bangkok: ma ho troppo da fare in Belgio e non posso partire. Mi manchi tantissimo. Vivo con la mia fidanzata ma penso soltanto a te e non desidero più lei, ma soltanto te. Volevo spedire del denaro alla tua banca, ma è complicato, così ho messo delle banconote nella busta."

"My darling, mi puoi spedire una foto? Ho bisogno di guardarla. E ti prego, lascia nel tuo cuore uno spazio per me."

Capita anche qualche incidente, come questo, che ha un francese per protagonista: "Mia dolcissima signora thailandese, come va la tua salute? Stai migliorando? Hai chiesto al dottore che tipo di malattia hai? Ricordati che ho bisogno di questa informazione per fare una cura efficace, perché io non ho alcun sintomo evidente ma credo sia meglio che inizi anch'io una terapia".

"Di tutto, di più," dice Filippo, un altro degli iscritti al club dei fuggiaschi, quelli che hanno mollato tutto nel loro paese e sono venuti in Oriente a cercare l'altra faccia della vita. Lui, che viveva a Trastevere, ha finito per incontrare la tradizione anche qui: qualche anno da scapestrato e poi ha sposato una thailandese nobile, vicina alla famiglia reale, e si è messo a lavorare per un'agenzia di viaggi. Conosce bene Bangkok ed è, per forza, un esperto di Patpong e dintorni, sa come vivono le ragazze, sa come incantano i farang, gli stranieri.

"Di tutto, di più," spiega Filippo, "vuol dire che queste ragazze sono furbe, e riescono spesso a ottenere quello che vogliono. E vogliono soltanto una cosa: denaro. Non soltanto per loro stesse, perché aiutano i genitori e magari mantengono pure intere famiglie di parenti, però sono terribilmente avide."

Filippo è la nostra guida nella notte di Bangkok.

"Lasciamo stare Patpong," suggerisce, "la vedrete da soli, tanto lì non c'è nessun problema. Vi porto io dove altrimenti non entrereste."

Un'ora di macchina e siamo al Chaophya 1, il capofila dei saloni di questa catena, un villone a quattro piani che è il supermercato di lusso dei massaggi, frequentato quasi esclusivamente dai thailandesi ricchi. Non si parcheggia, si lascia la macchina davanti alla scalinata d'ingresso e un boy la prende in consegna.

"Buonasera, signor Filippo, bentornato."

"Conosciuto, eh?"

"Cosa pensi? Vengo con i turisti."

Lo trattano come un principe, non fanno nemmeno difficoltà a lasciar entrare Carla, che potrebbe creare qualche imbarazzo. È incuriosita, come le capita sempre davanti a tutte le novità, però mi avvisa, anzi, mi dà un ultimatum: "Non ho voglia di vedere schifezze".

"Nessun problema," spiega Filippo, "ci affacciamo soltanto nell'ingresso, dove stanno le ragazze in attesa."

C'è un'adunata oceanica di fanciulle, saranno duecento, sedute sui gradini di una specie di platea isolata da un vetro.

"Ma poverette, sono come pesci dentro una vasca."

Certo, non è che abbiano la faccia allegra. Indossano un abito rosa, generosamente scollato e con spacchi profondi fino alla vita, e ciascuna ha un cartellino con un numero. Guardano la televisione mentre i clienti le passano in rassegna, finché, fatta la scelta, dall'altoparlante sentono scandire un numero: l'eletta si alza, esce dal retro della sala con le gradinate e raggiunge il cliente vicino alla cassa. Qui si paga, si ricevono creme e saponi e si parte con l'ascensore verso le stanze.

"Volete vederle?"

"Perché no?"

La visita guidata prevede una prima sosta al terzo piano, dove c'è la lavanderia, gestita in proprio, per risparmiare sui costi, e poi la stanza al quarto piano. Corridoio d'ingresso, salottino, camera e bagno.

"Quando il cliente è nella stanza," ci illustra Filippo, "arriva immediatamente la cameriera per ricevere le ordinazioni dei drink, o anche del cibo se qualcuno vuole mangiare. C'è la televisione, è possibile vedere film di ogni tipo. Poi si chiude la porta e i due restano soli."

"Pensavo decisamente peggio."

La stanza è quella di un buon albergo, con le stravaganze adatte alla situazione: letto circolare e materasso ad acqua, specchi sul soffitto, vasca capiente per bagni in coppia.

"La specialità," prosegue ancora Filippo, "è il body body, cioè il massaggio corpo a corpo."

"Una specie di guerra?"

"Non proprio. E comunque funziona così. L'uomo viene buttato in acqua, lavato e unto con una crema e la ragazza fa la stessa cosa prima di stendere il cliente su un lettino. È qui che corre su e giù per il corpo..."

"Filippo, l'hai fatto o no?"

"Ma come sarebbe, che cosa mi chiedi?"

"Fili', il body body, l'hai provato?"

"Ma che te frega?"

Se il dialetto romanesco prende il sopravvento è perché la pazienza rischia di sparire. Sarebbe meglio frenare un attimo, ma Carla dà un micidiale colpo di acceleratore: "E dài, raccontaci, com'è?"

"Ma che stai a scherza'?" Filippo sembra Verdone: per il tono della voce, per l'imbarazzo che ormai è evidente.

"A Fili', e daje."

"Filippo," insiste Carla, "ma come puoi dire no a una ragazza? E su..."

Ride, Filippo. E cede. Con il corpo appesantito da una pancia che, giura, in Italia non aveva, si abbandona sul divano e ordina da bere per tutti.

"L'ho fatto, l'ho fatto," e l'occhio gli brilla ancora come brillerebbe a Carlo Verdone, bugiardo con se stesso al punto di sentirsi un gran *tombeur de femmes*, pur sapendo benissimo di aver soltanto comprato un'ora di compagnia con una delle ragazze con il camice rosa.

"Allora, quando ti mette nella vasca, lei usa uno di quei bagni schiuma che danno giù alla cassa. Ti insapona, ti insapona, insomma è un macello perché poi entra in acqua pure lei, e si insapona, si insapona... Insomma, forse qualcosa succede già dentro la vasca."

"A te è successo? Filippo, vogliamo sapere di te."

"Beh... sì."

"Bene. E dopo?"

"Si esce dalla vasca e lei ti sciacqua."

"E usala questa prima persona, parla per te che è più divertente."

"Va bene, esco e mi sciacqua ma non mi asciuga, perché mi unge con una pomata, anche questa la danno alla cassa. Appena un velo di crema, una cosa molto rapida e mi fa stendere su un lettino candido, con lenzuola profumate di bucato. Nuda, si piazza davanti a me con il corpo che si riflette in uno specchio e si cosparge di crema anche lei, in modo che possa vederla da ogni angolazione: certo, fa un po' di teatrino, qualche moina, un paio di mossette. Garantisco, non si resta insensibili. Il body body comincia adesso, ed è il trionfo delle sensazioni corporee. Disteso a pancia sotto, sento lei che corre su e giù per il mio corpo, accarezzandomi con ogni parte del suo, ripeto, con ogni parte. Ecco, proprio questo è il senso del corpo a corpo: mi gira a pancia in su, mi rigira a pancia in sotto, e di nuovo in su, e in giù, fino a precipitare sul letto normale e..."

"Il resto lo immaginiamo, Fil, grazie."

"È un'esperienza da fare comunque," dice, "perché non necessariamente deve concludersi con un rapporto sessuale."

"E che si fa, si canta la Marianna?"

"Ma, per esempio, le ragazze sono sempre disponibili a ricevere le coppie, moglie e marito, fidanzati."

"Come sarebbe?"

"Semplice: la ragazza fa il body body a tutti e due, e poi la coppia può anche cacciarla via e restare da sola."

"Mmh... non credo mi piacerebbe molto," dice Carla. Resto in silenzio, per non alimentare il dibattito su un discorso scivolosissimo.

"Vogliamo scendere?" propongo.

"Sì," dice Filippo, "perché ho un'altra cosa da farvi vedere."

"Cosa?"

"Andiamo giù."

Nella grande hall all'ingresso, c'è una vetrina più piccola, riservata alle Five Stars, le ragazze "Cinque stelle".

"Sono delle specialiste," illustra Filippo, "istruite fin da ragazzine alle tecniche erotiche."

Sono belle e molto giovani, comunque maggiorenni.

"Sono l'ultima novità," dice Filippo, "anzi, la penultima. L'ultima è il Pegasus, dove andiamo adesso."

Il cavallo alato chiamato "Pegasus" è imprigionato in un night club e presenta sfarzo di marmi e stucchi, sete e dorature. L'arredo non si può proprio definire di buon gusto, anche se qui hanno speso, come spiegano i direttori, quasi sette miliardi di lire, che sarebbero tanti in Italia, e qui sono un'enormità.

Entra chi può, perché l'ingresso è riservato ai soci, titolari di una carta di credito scalare, che autorizza consumazioni di alcol e signorine. Formula un po' complessa da capire e affidata alle spiegazioni di Peter, il cui vero nome è impronunciabile, Prasong Singkalavanich, di notte direttore del locale e di giorno agente di un'assicurazione.

"Abbiamo tre formule di iscrizione," dice Peter, "30.000, 50.000 e 100.000 bath," che corrispondono a due, tre e sei milioni l'anno. "Con la prima," aggiunge, "si ha diritto a consumare nove bottiglie di whisky o cognac e tre ragazze, con la seconda venti bottiglie e venti ragazze, con la terza quaranta bottiglie e quaranta ragazze."

"Come sarebbe, consumare le ragazze?" chiedo a Peter.

"Che si possono portare via e ognuno fa quello che vuole. E, creda, abbiamo le ragazze più belle di Bangkok: adesso ve lo faccio vedere."

È un intrico di sale, salette, saloncini, grandi platee per musical e concerti. È un vero supermarket della notte, con l'aggiunta dell'angolo privato. Il "gran salotto" è al secondo piano, dove si arriva superando corridoi arredati con il solito cattivo gusto carico di orpelli, frange, tendaggi, fortunatamente alleggerito da pareti quasi bianche e da una luce abbondante che rischiara tutto.

"Eccoci, guardate un po' voi."

Non fatica a convincerci. Questo salone, a forma di ferro di cavallo, ha poltrone e divani Chesterfield, eleganti e comodi: sul lato esterno ci sono i separé per i clienti, nella parte interna, al centro del ferro di cavallo, ci sono le ragazze. Poche, una dozzina, almeno per il momento, in abito da sera, con qualche concessione sexy. Belle davvero, e provocanti.

Siamo seduti a chiacchierare, accanto a una finestra che domina il teatro dove un'orchestra accompagna una cantante di colore. Discutiamo sprofondati nei divani, con i liquidi alcolici "da consumare" travasati in eleganti bottiglie di cristallo che non si fa mai in tempo a impugnare, perché, prima delle nostre, arrivano sempre le mani del cameriere, pronte a versare, rimboccare, aggiungere ghiaccio. Ci guardiamo intorno ed è evidente che una delle ragazze ha decisamente puntato Carla.

Filippo è di casa anche qui, e ci racconta la storia di questa meravigliosa fanciulla di Bangkok: "Si fa chiamare Mary, con poca fantasia. Qualche mese fa sono venuto con una coppia di italiani: abbiamo bevuto un drink e loro si sono scelti le ragazze, credo ne abbiano portate via un paio. Tra queste c'era Mary, che prima di accettare si era informata con me sui gusti di quella coppia, perché le sembravano strani. Grande professionista, aveva capito che c'era qualcosa di originale e mi aveva detto che non avrebbe accettato un incontro omosessuale. Intervenne Peter, che la convinse, o meglio, la obbligò a obbedire. La rincontrai due giorni dopo, innamorata persa della signora italiana: mi disse che era stata la notte più magica della sua vita, che non vedeva l'ora che tornasse, e adesso non fa altro che chiedermi quando arriva la signora. Che ogni tanto, in verità, arriva: anche da sola."

"E brava Mary."

Fasciata in un abito nero, di una bellezza che turberebbe chiunque, gioca a provocare Carla. E le scodinzola davanti, passeggiando accanto al nostro tavolo, giocherellando con la spallina dell'abito di seta che fa scendere fino a lasciar vedere un seno e poi tira su, si volta, ancheggia, scosta e spalanca lo spacco della gonna e svela il segreto dell'unico difetto, la gamba lunghissima ma leggeremente incrociata, con le ginocchia che si toccano.

Peter, che è civetta come tutti gli omosessuali, convoca Mary al nostro tavolo. "Guarda quanto è bella. E non sai quanto è ricca: gira con una Bmw 735, un'altra l'ha regalata alla sorella, mantiene la madre e anche qualche parente. Fa quello che vuole."

Sorride e spalanca una bocca che sarebbe la disperazione di qualunque dentista, perfetta come quella che reclamizzava un notissimo dentrificio.

"Non fosse per quelle ginocchia, sarebbe davvero perfetta," provoco Peter.

"Non ci bada nessuno, a quelle ginocchia, amico mio. Mary è richiestissima, e le hanno proposto anche di fare un film."

"Immagino con un bellissimo copione."

"Immagina quello che vuoi, ma lei ha rifiutato, perché le piace lavorare qui, dove sta bene, non ha problemi, guadagna quello che vuole ed è curata. Due volte la settimana viene il medico."

"Paura dell'Aids?"

"Nessuna paura: il controllo medico è rigorosissimo e le ragazze non possono lavorare senza i profilattici. Se scopriamo qualcuna che non lo usa la cacciamo immediatamente. C'è qualche problema con le russe, ma lo stiamo risolvendo."

"Le russe?"

"Certo, abbiamo anche le russe."

"Ma come, la gente viene in Thailandia per conoscere le orientali e voi proponete le russe?"

"Diversifichiamo l'offerta. Anche perché abbiamo molti clienti orientali, giapponesi, cinesi, indiani, che amano le europee: te le faccio vedere."

Le ragazze dell'Est stanno al piano di sotto, sedute in un corridoio un po' meno illuminato degli altri. Fanno tribù, stanno tutte insieme, quando gli impegni professionali non le costringono a separarsi. Salutano con l'inchino, come se fossero in un'antica corte asburgica o nel Palazzo d'Inverno degli zar. Rigorosamente bionde, quasi tutte con i capelli corti, si fanno chiamare Tania o Vassilia.

"Complimenti," dice Peter, "voi italiani siete eccezionali."

"Trovi?" rispondo.

"Certo."

"E perché?"

"L'idea di portare qui le russe è venuta a un ragazzo italiano. Veramente intelligente."

Non faccio commenti e accetto l'ultima passeggiata nel Pegasus per dare "un'occhiata", dice Peter, "alle salette".

Ci rimuoviamo in corteo attraverso gradini, corridoi, sale, salette. Sbuchiamo in un'altra hall, tappezzerie in seta verde chiaro, porte, tante porte, dipinte di beige con cornici bianche. Tutto più soft, perfino elegante. E su ogni porta una targhetta che annuncia se la sala è riservata e per chi: su questa c'è scritto "il capitano".

"Nomi in codice, naturalmente."

"Naturalmente," risponde Peter mentre spalanca la porta di una sala vuota. Dentro ci sono due divanetti, un paio di poltrone e una *dormeuse*.

"Qui dentro succede di tutto," dice con la sua solita brutalità, "ma non si può fare sesso completo. Per fare l'amore con le nostre ragazze bisogna uscire di qui."

"Senti, Peter, vederla vuota non mi interessa. La voglio vedere piena, con la gente dentro."

Sorride, come i grandi ciambellani di corte sfidati a fare una cosa proibita dalle regole del loro regno, e proprio per questo si sentono stimolati a commettere il peccato, a infrangere la legge. Mi guarda e sorride.

"Vieni, ma tu solo."

Riaffrontiamo i corridoi, e immagino di ritrovarmi, alla fine della camminata, dietro uno specchio finto, di quelli che si usano nei palazzi di polizia, per assistere, senza esser visti, agli interrogatori. Peter non dice una parola, io non chiedo. Sfioriamo camerieri che portano vassoi, ragazze che sbucano da camerini in abito da sera, alcune che escono in jeans, riscattate dai clienti.

"Vieni, è qui."

Siamo davanti a una porta socchiusa, una specie di grande buco della serratura.

"Questo è un cinese strano," spiega Peter, "gli piace essere guardato e lascia sempre la porta socchiusa. Ma non sa mai se qualcuno si affaccia."

È eccitato come un ragazzino all'idea di sommare proibito a probito, anche se il guardone attaccato alla porta è soltanto un servizio extra offerto a questo cliente stravagante. Guardo Peter, invece di spiare nella saletta: "Grazie, ma non mi interessa vedere quello che succede".

Si incupisce, cambia espressione: "E perché me lo hai chiesto?"

"Una sfida, una provocazione. Comunque sei stato molto gentile."

Un insulto, sicuramente, è quello che mastica in thailandese tra i denti stretti. Non mi saluta, si gira e scompare dietro una porta. Mi avventuro da solo alla ricerca del salotto dove sono rimasti Carla e Filippo e ci arrivo dopo qualche minuto di saliscendi tra gradini e piani diversi.

"E Peter?"

"Vi saluta, ma ha un problema urgente da risolvere. Andiamo?"

2.

Il ficus, nei cortili di queste case, non è una pianta striminzita come da noi. È un gigante del mondo vegetale, un'esplosione di foglie e rami nuovi. E così anche le dieffenbachie, quasi delle querce a questa latitudine, mentre a casa nostra fanno tanta fatica a sbocciare e tirano fuori foglie scolorite e rachitiche che crollano e appassiscono dopo pochi giorni di vita. Diventa quasi un nano l'uomo che cammina in questo giardino tropicale che cresce spontaneamente lungo i sentieri d'acqua della Bangkok tranquilla, dove il veleno delle auto non arriva, o arriva meno violento, e dove si sente il profumo delle pentole di casa che insieme al riso bollito fanno cuocere salse dai gusti generosi e violenti, forse anche troppo piccanti per i delicati palati occidentali.

La Bangkok che non ha subito la violenza della modernizzazione offre questo e anche altro. Il rumore del bucato, di una donna che lava i panni nell'acqua del fiume e li batte con una pietra per smacchiarli bene, le chiacchiere da una riva all'altra del canale, magari mentre si raccolgono i panni, asciugati con una mezz'ora di sole violento. Angoli di mondo dimenticato, come sarebbe stata questa casa se l'uomo che ci abitava, tale Jim Thompson, nazionalità americana, non fosse scomparso in circostanze che nessuno ha ancora chiarito.

Si dice fosse una spia e che la Cia, o il Kgb, o chissà quale altro servizio segreto per il quale avrebbe lavorato, si sarebbe preso l'incarico di farlo sparire non soltanto da Bangkok, ma proprio dalla faccia della terra.

L'ultima volta lo hanno visto il 27 marzo 1967, sei giorni dopo il suo sessantunesimo compleanno, quando era in vacanza da amici a Cameron Highlands, in Malaysia. A Bangkok era arrivato verso la fine della seconda guerra mondiale, dopo aver effettivamente lavorato per l'Intelligence americana, il servizio segreto di allora. Rimase affascinato dalla Thailandia e dalla sua capitale e decise di rimanerci. Con il senso degli affari degli americani e un po' di spregiudicatezza commerciale, mise insieme un gruppo di artigiani e si diede da fare per rivalutare l'antica lavorazione della seta. Fece tessere pezze di stoffa particolari che mise in valigia prima di partire per New York: le avrebbe mostrate alla direttrice di "Vogue", con la quale era riuscito a ottenere un appuntamento.

Fu un successo clamoroso. Costituì la Thai Silk Company, che gli è sopravvissuta ed è ancora un'azienda fiorente, ma non impiantò mai una fabbrica, perché preferiva affidare il lavoro ai veri artisti della lavorazione al telaio, che costavano meno di un collettivo operaio e rendevano di più. Gli andò benissimo, si arricchì e con un mondanissimo ricevimento, era l'aprile del 1959, inaugurò ufficialmente l'attività, cominciata qualche anno prima, e anche la sua splendida casa.

Eccola qua, in fondo a un vialetto coperto di ghiaia dove nemmeno una foglia secca caduta da un albero o da un fiore resiste più di cinque minuti: gli addetti alla pulizia corrono subito per toglierla. Tutto è perfetto, pulito, controllato. Via le scarpe all'ingresso e piedi sulla cera, che lucida il pavimento e profuma l'ambiente. Una casa meravigliosa, tutta in teak, i tetti aguzzi, i grandi spazi, un'architettura che la protegge dalla luce abbagliante.

"È bellissima," dice Carla, "regala un senso di pace infinita: è come se fosse perfettamente inserita, quasi fusa con la natura qui intorno."

È la Bangkok fuori del mondo, in un pianeta che è dolce e affascinante, fatto di silenzi e gentilezze, è la metropoli della magia che fa volare sul traffico la tecnologia delle sopraelevate ma è capace di nascondere mille piccoli tesori. Questa casa spesso dimenticata dai turisti è un museo prezioso, ma è anche una testimonianza di vita: perché ci sono le collezioni che la vecchia spia amava particolarmente, in salotto ceramiche Bencharong e porcellane Ming, in camera da letto una statua khmer, decimo secolo, di Ardhenari, metà uomo e metà donna, e in giro statue di Buddha e di Chanda Li, la dea del buddhismo tantrico che vince l'ignoranza, ma c'è anche la vita di tutti i giorni, appena oltre il balconcino che si affaccia sul canale.

Basta ancora un bath, sessanta lire, per traversare il Klong Sen Seh, così si chiama questo canale, e arrivare nel quartiere degli antichi tessitori. C'è un camminamento strettissimo che corre accanto alle case, una passerella fatta su misura per i piccoli thai da dove, senza nemmeno sporgersi, si riesce a vedere quello che succede nelle case: ma qui nessuno ci bada, perché ogni casa è come se fosse la stanza di un enorme edificio. Qui c'è ancora solidarietà vera, affetto tra vicini, che spesso sono anche parenti. Si sentono i vecchi telai battere in continuazione e lungo il fiume, sull'acqua immobile del canale, si riflettono i colori meravigliosi delle stoffe appena finite e stese al sole. Come un grande specchio scuro, l'acqua del klong si colora di turchese, rubino, giallo, viola, tra il verde dei ficus giganteschi, l'azzurro profondo del cielo, macchiato dalle nuvole bianche, grandi e veloci, spinte dal vento che tra poco porterà un diluvio tropicale.

Tutto quello che scende dall'alto, secondo un'antica tradizione orientale, è bene accetto e porta anche fortuna. La pioggia crea pure qualche problema, ma quando il cielo si apre e lascia cadere dell'altro, allora bisogna ringraziare Buddha. Succede, nella Thailandia alle soglie del 2000, che una donna di 55 anni si barrichi in casa e rifiuti il cibo per protestare contro il governo che le ha sequestrato un meteorite caduto sul suo piccolo orticello, intorno al quale aveva subito costruito un altarino propiziatorio di buona sorte.

"Siate comprensivi," è la supplica che il figlio della donna ha inviato alle autorità della provincia di Petchabun, nella Thailandia centrale, "restituitele almeno un frammento del meteorite, perché mia madre sta morendo di dolore".

Alla donna, che fa l'ortolana e vive vendendo i prodotti del suo orto, un commerciante aveva offerto dieci milioni di bath, seicento milioni di lire, una cifra astronomica per una contadina thailandese: ma non c'è stato verso di convincerla, e Dio sa quanto i figli ci abbiano provato. Lei ha rifiutato il denaro perché sicura che quel sassone piovuto dal cielo sia caduto nel suo orto per portarle fortuna per tutto il resto della vita.

La tragedia è cominciata così, con una convinzione profonda che si è andata a scontrare con le esigenze irrinunciabili della legge. Il governatore della provincia ha infatti ritenuto di dover sequestrare il meteorite perché i codici thailandesi stabiliscono che qualunque cosa cada dal cielo è di proprietà del governo.

L'astronomo Rawi Bhavilai sostiene che è il primo meteorite che cade in territorio thailandese negli ultimi dieci anni, ed è per questo che è di grande valore per gli scienziati. Tanta preziosità ha la forma di un lingotto, lungo circa dieci centimetri e spesso quindici, pesante quasi venti chili e composto prevalentemente di ferro.

"È difficile monetizzarne il valore," è il parere dell'astrologo, "visto che ogni istituzione scientifica ne ha chiesto un frammento per le proprie ricerche."

Nel villaggio, naturalmente, sono tutti con l'ortolana. Il giorno dopo il ritrovamento del meteorite, tutte le famiglie sono andate a casa della contadina e hanno portato fiori e incensi da offrire all'altarino appena costruito, e per un giorno e una notte hanno pregato. Invano: il governatore ha ordinato il sequestro.

Amo la Thailandia, perché accanto alla cinica fermezza di un paese che vuole arrampicarsi sui gradini del Primo Mondo, delle nazioni industrializzate e ad alto reddito, accanto alle severità e alle fatiche necessarie per crescere e migliorarsi, c'è la faccia naïf, tradizionale e intramontabile: la lotta dei galli, della mangusta contro il cobra, e perfino la battaglia dei pesci, che dura ore e ore, perché spesso nelle vaschette i due combattenti si ignorano completamente.

Appena fuori Bangkok, poche centinaia di metri dopo gli ultimi grattacieli, ci sono ancora le saline, dove la fatica è sovrumana, sotto il sole implacabile, con il sale che secca la pelle e le labbra. I pullmini dei turisti a volte ci passano apposta, si fermano sul ciglio della strada e aspettano che dopo un rullo di fotografie la comitiva di vacanzieri risalga, soddisfatta di qualche scatto esotico.

Peccati veniali. Molto più grave è il week-end con il morto, squallido gioco poliziesco ispirato ai delitti di mafia che alcuni nostri Tour Operator hanno cercato di organizzare in Sicilia: è stato un fiasco, fortunatamente. Mentre si affermano i viaggi sui grandi teatri delle battaglie che hanno fatto la storia, da

Waterloo a El Alamein: non pellegrinaggi, ma itinerari turistici veri e propri, con tanto di geografo e stratega militare al seguito. L'invenzione, questa volta, è inglese.

Personalmente, detesto le sofisticazioni e mi accontento dell'offerta della natura, che mi sembra già molto ricca: le facce degli uomini e la loro intelligenza, le loro abitudini e la loro cultura, soddisfano le mie curiosità e il mio desiderio di conoscenza. Mi piace guardare gli animali in libertà, e per questo non vado alla fattoria dei serpenti di Bangkok, orribile quanto quella dei coccodrilli di Darwin, in Australia: qui a Bangkok i serpenti, prima di diventare cinture o scarpe, stanno annodati gli uni agli altri in vasche differenziate secondo la lunghezza degli ospiti, nelle gabbie australiane bestioni lunghi più di quattro metri, condannati a trasformarsi in borsette, restano immobili per decine di anni, finché non muoiono, perché non hanno spazio nemmeno per cambiare posizione.

A Bangkok ho sempre trovato il sorriso sui volti con gli occhi a mandorla, e l'ho avuto gratis, senza mai andarlo a cercare nel buio delle sale massaggi o dei bar. Ho trovato una natura generosa e violenta, ma mai troppo aggressiva con l'uomo, ho incontrato la storia e l'arte, la religione e il dubbio. È per tutto questo che la notte prima di ogni partenza, penso subito a quando potrò tornare.

Nessun rumore, soltanto lo scoppiettio raro, a quest'ora di notte, dei motori delle chiatte che risalgono la corrente. E qualche lancia veloce, che si annuncia sul fiume con lo stesso frastuono di una motocicletta. La Bangkok che non resta insonne va a dormire presto, perché all'alba sarà di nuovo sveglia, così il buio regala la calma sulle via d'acqua e porta il traffico tra vicoli e piazze.

Scorre lento, il Chao Phraya che nasce lontano, dove la Thailandia ha ancora i ritmi antichi del Siam. Taglia le colline e diventa subito marrone come la terra, che l'impeto della corrente sposta a tonnellate e trascina fino al mare, dove l'onda del fiume penetra per chilometri nell'acqua verde dell'Oceano Indiano, che solo in quel tratto si colora di scuro.

Siamo immobili a non far niente, sulle sdraio di legno chiaro, rese morbide da cuscini imbottiti e rivestiti di cotone candido che i boy dello Shangri La cambiano ogni mattina, o anche più volte al giorno, se si ombrano appena un po'. Lontano da noi, ma non molto, subito dopo la curva del fiume, una dolce curva sulla sinistra, brilla il Wat Arun, il tempio consacrato all'Aurora, adesso illuminato da tenui riflettori, tra qualche ora dai raggi del sole, che faranno scintillare le migliaia di mattonelle. E più giù, gli altri templi, con i monaci che sono quasi pronti ad alzarsi, per le prime preghiere della giornata.

Sento il freddo del bicchiere pieno di ghiaccio che mi pizzica le dita e il torpore della stanchezza che conquista lentamente ogni centimetro quadrato del mio corpo. Non c'è nessuno con noi nella terrazza sul fiume, è rimasto soltanto il cameriere, in attesa paziente di altre nostre richieste. Sul tavolino abbiamo già un vassoio di frutta, quelle meraviglie orientali che sono arcobaleni di colori e profumi, dolcetti di cocco, cioccolatini squisiti che si stanno sciogliendo pian piano e hanno già fatto diventare beige la carta che copre i piattini. Il caldo umido è bello quando non si ha niente da fare, quando si sta sdraiati con il corpo abbandonato e la testa persa nel nulla, perché non c'è niente da rimpiangere o altro da desiderare sulla riva del fiume di Bangkok.

Indice